조지 휫필드의
생애와 사역

조지 휫필드의 생애와 사역

발행 2016년 4월 12일

지은이 서창원
발행인 윤상문
편집부장 권지현
코디네이터 박현수
디자인실장 여수정
디자인 표소영, 박진경
발행처 킹덤북스
등록 제2009-29호(2009년 10월 19일)
주소 경기도 용인시 기흥구 동백동 622-2
문의 전화 031-275-0196 팩스 031-275-0296

ISBN 979-11-5886-039-4 (03230)

Copyright ⓒ 2016 서창원
이 책은 저작권법에 따라 보호받는 저작물이므로 무단전재와 복제를 금지하며,
이 책의 내용의 전부 또는 일부를 이용하려면 반드시 저작권자와 킹덤북스의
서면 동의를 받아야 합니다.

※ 잘못된 책은 구입하신 곳에서 교환하여 드립니다.
※ 책 가격은 표지 뒷면에 있습니다.

 킹덤북스(Kingdom Books)는 문서사역을 통해 하나님의 나라를 확장하고, 한국 교회와 세계 교회를 섬기고자 설립된 출판사입니다.

조지 휫필드의 생애와 사역

18세기 영, 미 부흥운동의 주역, 탁월한 복음 전도자

서창원 지음

George Whitefield: His life and works

킹덤북스
Kingdom Books

서문

나는 전기 작가가 아니다. 이제까지 전기물은 읽기는 했어도 내 손으로 직접 써본 경우는 없다. 그렇기 때문에 한 사람의 전기를 쓴다는 것은 내게 큰 부담으로 다가오는 일이다. 그럼에도 불구하고 본 책을 썼다. 마치 초보자가 운전 주행 연습을 잘 마친 후의 느낌이랄까 안도의 한숨도 나오지만 두렵기도 하다. 진정으로 인물에 대한 소개가 잘 되었을까? 하는 염려가 앞서기 때문이다. 또한 전기 작가도 아닌 자가 써보았자 얼마나 잘 쓰겠는가라는 독자들의 기대치가 별로 없을 것이라는 것 때문이다.

그러나 본 글을 쓰게 된 동기는 두 가지였다. 하나는 그의 탄생 300주년을 맞이하여 한국개혁주의 설교연구원에서 조지 휫필드의 생애와 사역에 대한 집중적 조명함이 필요하다는 것이었다. 또 하나는 그것을 계기로 킹덤북스(Kingdom Books) 윤상문 대표께서 그의 전기를 써달라는 간곡한 부탁 때문이었다. 그래서 그의 생애와 사역을 준비하여 논문을 발표하는 김에 그 연장선상에서 그의 생애와 사역의 특성을 보다 간략하면서도 충분히 소개할 수 있는 글을 써야겠다는 도전이 생겼다. 그러나 본 글은 전기적 성격을 띤 것이기는 해도 평전이라야 옳다. 왜냐하면 그에 대한 방대한 자료들을 샅샅이 살펴보고 정리할 수 있는 여력도 능력도 없이 기존에 나와 있는 것들을 토대로 설교자 혹은 전도자로서의 휫필드의 생애를 다룬 것이기 때문이다. 즉 새로운 무엇이 있는 것이 아니라 이미 발표되고 언급된 내용들을 저자의 관점에서 새롭게 정리한 것이기 때문이다.

본 서문을 쓰는 시간은 그에 대한 세미나도 마쳤고 그의 전기도 다 읽고 난 후의 일이었다. 그리고 어느 정도 기본적인 윤곽을 세우고 새롭게 정리하는 과정이 대략 마무리되는 시점이었다. 하나님께서 그렇게 강렬하게 임재 해주신 특별한 영적 수확의 시대가 무척이나 부러웠다. 그리고 읽는 순간순간마다 주님을 향한 형언키 어려운 애정이 솟구침을 느꼈다. 우리나라에도 없었던 것이 아니었다. 1907년 평양 대부흥운동이 그것이다. 그러한 부흥의 시대에 하나님의 손에 붙들렸던 훌륭한 설교자들의 이야기들은 여전히 우리를 겸손케 한다. 그럼에도 불구하고 하나님의 복음의 능력과 그 영광을 찬란히 비추인 설교자를 꼽으라면 휫필드가 단연 최고이다. 기독교 역사상 설교자로서 그의 위치는 마치 히말라야 산맥에 우뚝 솟아 있는 에베레스트 산으로 비교한다면 그 외의 사역자들은 비록 세계 10대 안에 손꼽힌다고 해도 견줄만한 인물이 없다. 그런 위대한 인물을 낳은 영국이라는 나라가 훗날 해가지지 않는 대영제국이 되었다는 것이 당연해 보였다.

그의 삶은 청교도들을 공부하면서 느꼈던 감동을 새롭게 상기시켜 주었다. 자연스럽게 무릎을 꿇게 한다. 탄원한다. 추수할 일꾼들을 보내소서! 그리고 다짐한다. 남은 생애는 때를 얻든지 못 얻든지 말씀을 전파하는 불타오르는 불길로 살리라고 말이다. 그러나 이런 다짐은 현실의 벽 앞에서 맥없이 무너져 내린다. 휫필드가 직면했고 극복해 냈던 현실의 장벽들이 우리에겐 너무나 커 보이고 넘지 못할 것이라는 믿음의 부족 때문이다. 그가 성령의 인도하심을 받아 그리스도에게 온 몸을 맡긴 것과 같이 그리스도를 얻고 그 안에서 발견되기 위한 영적으로 거룩한 욕심이 육적인 소욕을 제어하지 못하는 무능함 때문이다. 아니 도리어 육적인 안일함과 사람들에게서 기쁨을 얻고자 하는 헛된 꿈에서 벗어나지 못하기 때문이다. 하늘의 것으로 차곡차곡 덧입힘을 받는 것을 기쁨으로 여기기보다 도통 땅에 속한 것에 집착함이 너무 크기 때문이다. 잠시 죄악의 낙을 누리는 것과 장차 누릴 영광과 비교할 수 없음을 알면서도 조금만 맛보고 떠난다는 욕심의 혀끝을 도려내지 못한다.

휫필드는 그 모든 것을 포기했다. 충분히 누릴 수 있음에도, 그렇게 한다고 해서 누구도 비난할 수 없는 자임에도 불구하고 어리석은 길을 갔다. 하나님의 백성들과 함께 고난 받는 것을 더 좋아하였다. 그리고 그리스도의 이름 때문에 능욕 받는 것을 그 무엇보다 큰 재물로 여겼다. 그가 걸어간 고난의 행군은 그리스도께서 가신 십자가의 길을 연상케 한다. 그리스도의 강권적인 사랑에 전적으로 굴복하였다.

그러나 우리는 그와 정반대의 길에 서 있다. 맘은 원하지만 육신이 약한 것이다. 그는 '아골 골짝 빈들에도 복음 들고 가오리다 소돔 같은 거리에도 사랑안고 찾아가서 종의 몸에 지닌 것도 아낌없이 드리다 종의 몸에 지닌 것도 아낌없이 드리다, 존귀영광 모든 권세 주님 홀로 받으소서 멸시천대 십자가는 제가 지고 가오리다 이름 없이 빛도 없이 감사하며 섬기리다 이름 없이 빛도 없이 감사하며 섬기리라'라는 찬송을 부를 자격이 충분한 분이었다.

이 글을 쓰는 중에 이유 없이 머리가 깨질 듯이 아픈 고통에 시달려야 했다. 생전 처음 경험하는 고통이었다. 아내의 말처럼 이제 쉬어야 할 때인 것 같다. 그러나 원고를 다 마무리해야 하지 않는가! 그래서 이렇게 기도했다: "주님, 설교가 휫필드를 살렸듯이 이 작업의 완성과 강단 사역에로의 회복이 나를 살리는 길임을 믿습니다. 신선한 생각과 맑은 정신과 강건한 육체를 주옵소서! 선한 싸움 싸우고 달려갈 길 다 마칠 수 있게 하옵소서, 그리고 꼭 읽어야 할 독자들이 읽게 하시고 그 가운데 복음의 불길이 치솟게 하옵소서!" 여러 주 동안 새벽기도회를 마친 후부터 밤늦게까지 연구실에 앉아서 휫필드를 읽고 썼다. 아내와 큰 딸 내외식구들에게 너무 미안한 마음이었다. 그들이 이 아빠를 본다고 먼 미국으로부터 왔으나 귀여운 손자들, 빌리와 앤디하고 함께한 시간들이 너무나 적었다. 다시 미국으로 갈 날이 코앞으로 다가왔는데 말이다. 친손자 이삭이 얼굴도 자주 못 보고 홀몸이 아닌 며느리에게도 미안한 마음이다. 그들의 희생과 뒷바라지는 이 글이 탄생되는 큰 추진력이었다. 그들과 함께 하려는 기회는 많이 갖지 못했지만, 훗날 어린 손주들이 장성하였을 때, 이 글이 그들의 인생을 움직이는 기폭제가 되어 휫필드와 같은 설교자들로 자라가기만 해준다면, 오늘의 이 미안한 마음이 감사함으로 바뀔 것이다. 끝으로 본 책을 기꺼이 출판해 주신 킹덤북스(Kingdom Books) 윤상문 대표님께 깊이 감사드리며, 솔루스 크리스토스(Solus Christus)! 솔리데오 그로리아!(Soli Deo Gloria)

2016.2.15

저자 서창원

저자 후기

20세기 설교의 거장 마틴 로이드 존스(M. R. Johns) 목사는 그가 살아생전에 교회 역사 가운데서, 지난 50년(1900년도에 들어서서) 동안 조지 휫필드(G. Whitefield) 목사에 대해서 잊고 살아온 것이 가장 슬픈 일이었다고 회고한 적이 있다.[1] 그는 아놀드 달리모어(A. Dallimore) 목사가 그의 전기를 써서 출판했을 때, 40년 동안 기다려 왔던 책이었다며 흥분을 감추지 못했다. 사실 휫필드 목사에 대한 무지는 영국에서만이 아니라 대한민국에서는 더더욱 그러하였다. 존스나 역사가들의 소개가 없었다면 그런 인물이 있었는지조차도 몰랐을 것이다. 동시대에 함께 사역했던 요한 웨슬리(J. Wesley)에 대한 소개는 감리교 목회자들을 통해서 방대하게 이루어졌으며, 설교자들이 강단에서 자주 인용하는 인물로 손꼽히고 있다. 하지만 휫필드는 그야말로 초야에 묻혀있는 진주에 불과했다. 1970년과 1980년에 달리모어가 쓴 그의 전기 두 권이 나오기 전까지, 1837년에 영어권에서도 스코틀랜드(Scotland) 출신이요 런던 킹스랜드(London, Kingsland)

---

[1] *Selected Sermons of George Whitefield*, The Banner of Truth Trust, London, 1958, Foreword. 이 책도 정영식 목사에 의해 『조지 휫필드』라는 제목으로 새순출판사에서 1986년에 소개되었다.

에 있는 마벌리(Maberly) 교회 목사였고 런던선교회에서 크게 활약한 로버트 필립(R. Philip) 목사에 의해 처음으로 휫필드의 전기가 출판되었다. 그 뒤를 이어 1852년에 라일(J. C. Ryle)에 의해, 그리고 룩 타이어만(L. Tyerman)에 의해 1876-77년에 출간된 두 권짜리 전기가 전부였다. 그래서 관심 있는 자들 소수들에게서 간헐적으로 읽혀지고 소개되었다. 이 외에도 영어권에서 마이클 하이킨(M. A. Haykin)이 휫필드의 영성을 다룬 책을 2000년도에 출판하였고 작년에 토마스 키드(T. S. Kidd)가 미국 건립의 영적 시조로서 휫필드를 소개한 책이 있다.[2]

한국에서도 올해 들어와서야 지난 5월에 달리모어의 전기 두 권이 완역되어 출판됨으로써 비로소 휫필드에 대하여 제대로 알 수 있는 길이 열리게 되었다.[3] 물론 표면적으로 나타난 희귀 현상과는 달리 속 내부를 들여다보면 놀랍게도 생각보다 많은 글들과 책들이 한국어로 번역되어 소개되고 있음을 발견할 수 있다. 아마도 가장 먼저 소개된 것이 라일(J. C. Ryle)과 엘리옷(J. Eliot) 목사가 편집한 글을 모아 번역한 정영식 목사의 조지 휫필드(새순 출판사, 1986)라는 책이었을 것이다. 그리고 오현미가 번역한 요약본 조지 휫필드(두란노 서원, 1993),

---

[2] Michael A. G. Haykin, *The Revived Puritan: The spirituality of George Whitefield*, Joshua Press, 2000;Thomas S Kidd, *George Whitefield: America's Spiritual Founding Father*, Yale University Press, 2014.

[3] 이 책은 1993년 오현미 씨가 조지 휫필드 라는 제목으로 달리모어의 전기를 발췌 번역하여 두란노서원이 출판한 것을 2015년 5월에 전권(1,2권 합본, 복 있는 사람)을 번역하여 소개한 것이다.

송삼용 목사의 위대한 설교자 조지 휫필드(생명의 말씀사, 2001), 박세환 목사의 조지 휫필드의 신학사상과 설교(도서출판 영문 2002), 및 라일이 쓴 조지 휫필드의 생애와 업적(서장호 역, 호산나 출판사, 2013년)이라는 책이 소개되었다. 그 외에 휫필드의 설교에 대한 것을 조명하며 석사학위 논문으로 한국에 소개된 것들이 꽤 있다.[4]

본 책을 저술하기 위해서 나는 전적으로 달리모어가 쓴 휫필드의 전기를 의존하였다. 그가 쓴 전기는 사실 더 이상 어떤 새로운 자료를 필요로 하지 않을 정도로 상세하게 기록되어 있다. 우리말로 완역되어 나온 책이 부록을 제외하고도 무려 1200쪽이나 된다. 그 책은 한마디로 휫필드의 통전사(通典史)라고 해도 과언이 아니다. 그가 어떤 사람이었고 무슨 일을 어떻게 했는지 상세하게 알 수 있다. 그래서 전기 작가가 아닌 한 사람의 설교자로서 그에 대한 새로운 무엇을 쓴다는 것 자체가 교만이라는 생각이 들었다. 따라서 본 책의 내용들도 다 그의 전기로부터 발췌하고 소개하는 것이 대부분임을 밝힌다. 그 외에 라일이 쓴 전기 내용들과 최근 미국의 신학자들과 설교자들이 조명한 글들이 주 자료들로 사용되었다. 되도록이면 한국인들의 저서나

---

4   김인수, "죠지 휫필드와 삶과 사상", 『그말씀』(통권 27호,1994) 박명수, "휫필드와 18세기 복음주의", 『그말씀』(통권 27호,1994) 오덕교, "조지 휫필드와 그의 설교", 『그말씀』(통권 27호,1994) 이상규, "휫필드의 신앙부흥운동이 끼친 영향", 『그말씀』(통권 27호,1994) 정철영, "죠지 휫필드 설교연구"(고신대 석사학위논문,1996 조규일. "휫필드의 생애와 설교연구." 미간행 석사학위논문, 고신대학교 신학대학원, 1998. 조성현. "조지 휫필드의 설교사상에 관한 연구." 미간행 석사학위논문, 장로회신학대학교신학대학원, 1996. 차은종. "칼빈주의 설교자 조지 휫필드의 생애와 신학." 미간행 석사학위논문, 총신대학교신학대학원, 1998.

논문 자료 인용은 하지 않았다. 의도적으로 회피한 것은 그분들을 무시해서가 아니라, 그분들 자료 역시 미국과 영국에서 나온 것들을 의존한 것이 대부분이기 때문이다. 횟필드에 대한 해석의 차이들이 있다. 다만 나는 무엇보다 설교자요 목회자의 시각에서 횟필드를 소개하고 강단 사역에 신선한 도전과 감동을 줄 수 있는 것들에 초점을 맞추고자 했다.

올해 초 영국에 가서 횟필드의 설교집 한권을 획득하게 되었는데, 이 책은 속기사 조셉 거니(J. Gurney)가 받아 적은 것을 앤드류 기포드(A. Gifford)목사가 편찬한 것으로, 1771년에 런던에서 출판된 고서였다. 이 설교집에는 총 18개의 설교가 수록되어 있는데, 그 제목들은 다음과 같다: 1) 신실한 목사가 가져오는 복, 2) 신자들의 피난처이신 그리스도, 3) 영혼의 증진, 4) 죽어가는 성도의 승리인 복음, 5) 회개와 회심, 6) 불 가운데서 하나님께 영광돌림, 혹은 환난의 올바른 증진, 7) 하나님의 사랑하는 자, 8) 환난의 용광로, 9) 우리의 빛이신 주님, 10) 하나님의 일과 관련된 자기 점검, 11) 불붙어 있는 가시떨기, 12) 영적 침체, 13) 영적 세례, 14) 죄를 멸하시는 그리스도에 대한 무지, 15) 모든 사람들의 곳, 16) 신자들의 영광이신 하나님, 17) 야곱의 사닥다리, 18) 선한 목자.

그러나 이 설교들은 횟필드의 온전한 설교라고 하기에는 한계점을 지니고 있다. 왜냐하면 이것은 그가 몸이 너무나 쇠약해져서 설교를 거의 하지 못한 시기에, 그의 설교를 속기로 받아 적어 횟필드의 동의도 없이 출판된 설교집이기 때문이다. 이 책이 출판되어 나오자, 횟필드는 "자신이 한 말 그대로 옮겨진 것이 아니라"고 하면서 "어떤 부분은 분별없고 종잡을 수 없는 문구 때문에 의미와 전후 맥락이 파괴되었고, 전체적으로 보아 대중이 읽기에는 전혀 적당치 않다"라고 자신의 설교집을 혹평했다.5 따라서 이 설교집으로는 그의 설교의 진수를 제대로 읽기에는 역부족인 것임을 알 수 있다. 그러나 지금까지 나온 그에 대한 자료들은 그를 이해하고 평가하기에 충분한 것들이라고 본다.

그런데 한편 휫필드에 대해 소개된 책자나 논문이 적잖고, 또한 20세기의 최고의 설교자인 존스의 강론집들이 출판되자마자 번역되어 소개되는 우리의 현실에서 한 가지 의문점이 생겼다. 왜 우리에게는 휫필드나 존스 같은 설교자를 찾기가 어려운가? 그들을 모방하는 설교자가 없을까? 인간 개개인은 다 독특한 개성과 재주를 가지고 있고 시대와 상황이 다르기 때문에 누구도 똑같을 수 없음을 인정한다. 복제기술이 발달했다고 하더라도 인간을 복제할 수도 없거니와 아무리 흠모해도 제2의 휫필드나 존스가 존재하지도 않고 할 수도 없다. 그러나 역사 속에서 한국 교회의 강단을 휫필드나 존스와 같은 설교자들이 점령하도록 기여하지 못하고 있는 이유가 무엇일까? "불붙은 논리"라는 말로 설교를 정의한 존스의 설교들이나 "녹슬어 못쓰게 되기보다는 닳아 없어지는 자가 되겠다며" 불을 토하듯 외친 휫필드 목사의 설교들은 현재의 독자들에게 어떤 느낌으로 다가갈까? 또한 그의 설교를 중심으로 석사 혹은 박사학위를 받은 학자들의 생각은 어떨

---

5 아놀드 달리모어, 『조지 휫필드』, 오현미 옮김, 복 있는 사람, 2015, 1186.

지 사뭇 궁금하다. 휫필드 목사의 설교들은 2003년도부터 2005년도까지 지평서원에서 5권으로 발간하여 소개되었다. 그보다 앞서 그의 일기도 2002년도에 출판되었다.[6] 나도 그 역자들 중 한 사람으로 동참하면서 간절한 소망은 휫필드와 같은 설교자가 우후죽순처럼 일어나기를 바라는 것이었다. 그런 설교자의 반열에 들어서기를 갈망하였다. 그러나 그런 일꾼들이 있다는 소문도 없거니와 나 역시 그런 설교자라고 내세우지도 못한다. 그 원인이 무엇일까?

사람들의 관심이 복음에 있는 것이 아니기 때문인가? 아니면 역사에 대한 하나님의 교훈하심을 알고 싶지 않기 때문인가? 사실 그의 전기를 읽으면서 심한 낙심이 먼저 찾아왔다. 나는 그렇게 살 수도 없거니와 할 수 없다는 것 때문이다. 그러나 한편으로는 도전도 강했다. 복음의 일꾼이 가야하는 길이 이것임을 그가 몸소 보여주었기 때문이다. 그와 같은 성정을 가진 우리도 능히 걸을 수 있다는 희망을 엿보았다. 물론 스펄전(C. Spurgeon) 목사가 지적했듯이 "그 영광스러운 발자취를 따른다는 것은 도저히 감당 못할 일"임은 틀림없다. 그러나 주님의 교훈하심도 하나의 이상 세계의 그림이 아니라, 현실 적용 가능한 실천적 교훈임을 믿을 진대 휫필드의 삶과 사역도 이 시대에 여전히 도전이 되고 격려가 되도록, 우리에게 남겨두신 주님의 보물이라

---

6 조지 휫필드의 일기(엄경희 역). 서울: 지평서원, 2002. 와서 최고의 신랑 그리스도를 보라(서창원 역).서울: 지평서원, 2003. 시험 당하는 자를 도우시는 그리스도(서문강 역). 서울: 지평서원, 2003. 복음잔치 오라, 강청하시는 그리스도(서문강 역). 서울: 지평서원, 2004. 피난처이신 그리스도(서문강 역). 서울: 지평서원, 2004. 하나님의 사랑을 입은 사람들(최승락 역). 서울: 지평서원, 2004.

고 확신한다.

그리스도 안에서 그를 무척 닮고 싶다. 다른 설교자들에게도 같은 마음이 솟구치게 되기를 사모한다. 그런 의미에서 그의 삶과 사역을 조명하고자 한다. 앞에서 언급했듯이 물론 새로운 것은 없다. 이미 나와 있는 작품들로도 휫필드를 이해하는데 충분하다. 그런데 왜 또 한 권의 책을 내고자 하는가? 첫째는 우리의 현실 목회현장에서도 18세기에 그가 경험한 하나님의 영광스러운 임재가 강력하게 경험되어져야 한다고 믿기 때문이다. 그가 가진 열망을 이 시대 가운데서도 다시 얻고자 함 때문이다. 또 하나는 한글로 소개된 그의 전기, 특히 달리모어의 완역본은 휫필드에 깊이 관심을 가진 자들 외엔 다 읽어내기란 그 분량이 너무 많은 백과사전적 책이라는 것 때문이다.[7] 따라서 그 방대한 내용들을 특별히 목회자들이 알기 쉽고 목회현장에 적용하기 쉬운 분량으로 편찬하는 것이 필요하다고 보았다. 물론 다른 한국인 저자들이 쓴 것도 나름 휫필드를 전반적으로 이해하는 데 도움을 준다. 그러나 본 책에서는 전도자요 설교자로서 휫필드의 사역을 더욱 상세하게 조명하고자 한다.

책을 내고자 하는 이유가 어떠하든 그의 탄생 300주년을 맞으면서도 그를 기념하는 학회나 모임하나 없었던 것이 마음이 아팠다. 솔직히 부끄러웠다. 해외에서 그의 탄생을 기념하여 가진 모임이나 글들

---

[7] 물론 이 책을 쓰기 시작했을 때는 그 책이 완역되어 나오지 않았던 때였다. 그래서 그 내용을 원어로 읽을 수 있는 독자들도 많지 않기 때문에, 그 내용을 토대로 읽을 수 있는 분량을 소개하는 것이 좋겠다는 의도가 있었다.

을 접히면서 자각한 후에야, 나 역시 이 기획을 하게 된 것이기 때문이다.[8] 설교자라면 위대한 복음 설교자로서 쓰임 받고 싶은 욕망은 누구나 다 있다. 그러면서도 기독교가 낳은 가장 위대한 설교자라고 이구동성으로 평가받고 있는 휫필드 목사 전기를 읽어본 사람은 그리 많지 않다. 나 역시 이 작업을 계기로 해서 그의 전기를 완독했다. 그에 대한 책들이나 논문들이 단순히 일로서 번역을 해야 하는 번역가들의 욕심이나, 책을 더 출판해야 한다는 출판사들의 경쟁, 아니면 학자들의 지적 호기심 혹은 논문소재 충족의 역할로 끝나서는 안 된다. 그에 대한 책들과 논문들이 읽혀짐으로써 이 시대의 목회현장에서도 휫필드가 그토록 높여드리기를 원했던 주 예수 그리스도의 이름이 존귀히 여김을 받게 하는 증거들이 속속 나타나기를 갈망한다. 또한 그처럼 살아가면서, 영혼들을 사로잡는 말씀사역을 감당할 일꾼들이 이 땅을 뒤덮게 되기를 소망한다.

 그의 전기를 완독하면서 그가 그토록 닮고자 했던 우리 주 예수 그리스도를 본받고자 하는 마음과 그의 손에 붙들림 받아 주님께서 "나보다 더 큰 일을 하시리라"고 하신 말씀의 성취를 이 시대에도 여전히 경험할 수 있다는 소망이 더욱 분명해졌다. 하나님께 그렇게 붙들림 받아 쓰임을 받았던 휫필드를 통한 생생한 역사의 기록들은 오늘날도 여전히 그러한 도전과 꿈을 주는 진한 감동이 넘친다. 그가 걸어간 길은 하나의 이상이 아니라, 이 시대에도 주의 종이라면 마땅히 가야 할

---

[8] 미국의 퓨리탄 개혁주의 신학교(조엘 비키 박사 총장)에서 발간하는 저널에 실린 글들과 스티븐 로우슨의 휫필드 강좌를 접할 수 있었다.

실천적 삶이다.

　나는 이 책이 비록 사역 현장에서의 현실적인 어려움 속에서도 휫필드가 견지한 신학적 지식의 바탕 위에서 성경에 충실한 개혁교회를 세우는 데에 헌신하고 있는 동역자들에게 특별한 격려와 용기와 도전을 주는 것이 되었으면 한다. 강단을 성경의 진리로 충만하게 채워야 한다는 목표를 가지고 한국개혁주의 설교연구원을 설립한지 23년이 되었다. 이 기간 동안 줄곧 포기하지 않고 달려온 이유는 성경만으로 목회가 안 된다는 좌절감에 젖은 한국 교회 목회자들과 성도들에게 성경만으로도 충분하다는 것을 보여주고자 함 때문이다. 그 실증을 휫필드의 사역에서 발견할 수 있다.

　성경에 계시된 진리를 세상과 타협하지 않고, 가르치며 선포하기를 마다하지 않은 그의 삶은, 오늘날 화해와 연합이라는 명분으로 진리까지 포기하는 일들이 많은 이 시대에도, 심령에 충분한 울림을 가져다 줄 것이다. 또 그러한 설교자들을 보내달라고 간절히 기도한다. 지금의 한국 교회의 강단은 교파를 초월해서 황폐하다 할 정도로 혼탁해졌다고 말하지 않을 수 없다. 다른 복음, 다른 예수, 다른 영이 강단을 휘젓고 다니고 있다. 그 어느 때보다 외국에서 수학하고 높은 학력과 자질을 갖추고 돌아와서 지 교회를 맡아 목회하는 사람들이 수두룩하다. 한국은 세계에서 미국 다음으로 신학자들이 많은 나라라고 자랑한다. 그러나 실상은 교회의 세속화와 강단의 비신학화 현상은 도를 넘어가고 있다. 그 결과 우후죽순처럼 일어난 이단들의 유혹에 손쉽게 넘어가는 신자들도 수를 헤아리기 어려울 정도로 많다. 평신도들만의 문제는 아니다. 지도자들도 성경의 가르침에서 이탈되는 경우늘이 넘치고 있다. 외치는 자는 많건만 생명수가 말라버린 상황이 더욱 심화되고 있다. 강단의 빈곤은 영적 기근을 가속화한다. 비복음적 설교와 진리가 아닌 일리 있는 소리들이 전파되는데도, 이것이 진리인양 착각하고 쉽게 수용한다. 거짓된 가르침 안에 안주해 있다. 개인의 범죄에 대해서는 예리한 칼날을 휘두르려고 안달하지만, 교회의 신학적 퇴보와 타락에 대해서는 눈을 감고 있는 현실이다.

윤리 도덕 선포위주의 강단, 주관적인 성경해석 및 올바른 지식을 따르지 않는 신비주의적 강단의 오염을 제거하고, 순전한 복음 선포와 성경의 진리만을 선포하는 강단 사역으로의 변화를 갈망한다. 단지 사람들이 듣고자 하는 메시지가 아니라, 사람들이 들어야 할 메시지, 인간의 전적 타락과 부패, 하나님의 공의와 사랑, 중생의 필요성, 칭의와 성화, 그리스도와의 연합, 참된 교회가 무엇인지에 대한 성경에 그 뿌리를 둔 가르침에 더욱 충실한 강단이어야 한다. 그러나 진리의 창구여야 할 강단조차도 성공지상주의에 매몰되어 강단을 흥밋거리 위주의 공연장으로 전락시켜 버리고, 교세확장의 수단 외에 다른 무엇이 아닌 것으로 변조해 버린 상황을 막아내지 못하였다는 자책감을 늘 가지고 있다.[9]

2014년도는 휫필드 목사의 탄생 300주년이 된 해였다. 그를 기념

---

[9] 설교연구원의 활동 하에 많은 후학들이 일어서서 곳곳에서 개혁교회를 세우고 올바른 강단 사역을 위해 몸부림치는 일들이 그 어느 때보다 많이 있음을 알고 있다. 설교연구원의 일이 실패작이라고 한다면 하나님께서 진작 문을 닫게 하셨을 것이다. 그러나 진리를 좋아하지 아니하고 허탄한 이야기를 좇는 시대적 성향은 진리의 일꾼들을 더욱 절실히 요구한다.

하고 조명하는 목소리는 없었지만, 올해 한국개혁주의 설교연구원 정기 세미나에서 기획할 수 있어서 감사했다. 그 세미나에서 발표된 글들을 토대로 본 책의 내용들이 집필된 것이다. 죄와 허물로 죽은 영혼들을 일깨워 하나님을 대적하는 인간의 모든 사상과 이론들을 사로잡아 그리스도의 발 앞에 복종케 하는 진리의 일꾼들이여 일어서라! 진리의 깃발을 높이 들고서 말씀의 위력을 강렬하게 맛보게 하자. 그 어느 때보다 불법과 배교가 기승을 부리고 있는 21세기에 하나님께서 다시금 부흥의 불씨를 허락하사, 하늘로부터 오는 하나님의 포효하시는 음성을 듣고 싶은 마음 간절하다.

중랑천 뚝방 길이 보이는 공릉동 연구실에서

추천사

*

조지 휫필드는 칼빈주의 감리교라는 특이한 조합으로 개신교 역사에 신선하고 소중한 족적을 남겼다. 칼빈주의를 고수하면서도 감리교적인 부흥을 사모하여 위대한 부흥설교사로서 명성을 남긴 것이다. 휫필드는 칼빈주의가 부흥운동과 어떻게 연결되는지를 보여주는 산증인이다. 본서는 휫필드의 생애를 조명하며 그의 이러한 고귀한 조합과 그것으로 말미암은 아름다운 사역의 열매를 잘 보여주고 있다.

- 원종천 교수(아세아연합신학대학교 역사신학 교수)

*

이 책은 진정으로 고대하던 저술입니다. 조지 휫필드는 하나님의 사역자들과 진리의 선생들이 반드시 듣고 읽고 보고 품어야 할 위대한 스승입니다. 그는 단지 한 시대를 풍미한 하나님의 사람으로만 간주되어서는 안 됩니다. 어느 시대에나 재현되고 재생되어야 할 영적 아버지요 그리스도의 사람이요 사도입니다. 휫필드에 대한 신학적이면서 신앙적인 균형을 갖춘 책이 드문 학계 현실에서 서창원 박사님의 저서는 마른 땅의 단비와 같습니다. 정확한 필치와 심도 있는 논의, 명료한 진술, 영적인 통찰 등 신앙과 신학에서 어느 것 하나 빠짐이 없는 소중한 책을 선물해 주셨습니다. 이 책의 출간 자체만으로 한국 교계와 학계는 큰 유익을 얻었다고 말하고 싶습니다. 귀한 저술을 출간해 주신 서창원 박사님의 노고를 치하드리며 진실로 감사한 마음을 표하고 싶습니다. 또한 모든 분들께 이 책을 적극 추천합니다. 사실 우리 그리스도인들은 이런 종류의 책들을 사랑하고 읽어야 합니다. 그래야만 진실로 지식에서도 진리에서도 사역에서도 영성에서도 큰 유익을 얻을 수 있습니다. 모두 이 책을 누리시고 조지 휫필드의 뜻과 혼과 영에 영감을 받으셔서 그의 사역의 복제가 있으시길 기원합니다. 그리스도께서 우리시대에 이 놀라운 책을 참으로 귀하게 사용해 주셔서 우리 모두의 눈과 귀를 더 열어 주시기를 소망합니다.

- 김동주 교수(호서대학교 역사신학 교수)

*

서창원 박사님의 조지 휫필드에 대한 연구는 이전의 연구결과를 섭렵하면서도 자신의 독창적인 견해를 가미한 연구라고 생각합니다. 이 책은 부흥운동가와 설교가로서의 휫필드의 생애와 사역을 일목요연하게 정리한 작품이라는 점에서 신학도들과 목회자들을 위한 교과서적인 작품이라고 생각합니다. 본서를 집필하기 위해 휫필드가 걸어갔던 여러 현장들을 답사하고 각종 문헌을 섬세하게 검토한 그 흔적들이 이 책의 가치를 더해 줍니다. 널리 읽혀지고 사랑받는 책이 되기를 바랍니다.

- 이상규 교수(고신대학교 역사신학 교수)

*

한국 교회는 지금 심각한 침체와 쇠퇴의 길에 접어들었다. 그 이유가 무엇일까? 여러 가지가 지적될 수 있겠지만, 성령의 능력과 열정이 결핍된 설교자들의 무기력한 설교에서 그 원인을 찾을 수 있다. 이런 위기의 상황에서 다급하게 떠오르는 설교자 한 분이 있다. 바로 조지 휫필드이다. 그는 사도 바울 이래 가장 위대한 복음 설교자요, 사도 시대 이후 성령의 능력이 가장 크게 나타난 설교자로 평가되어온 설교의 거장이다. 휫필드의 설교는 불이요 생명이요 능력 그 자체였다. 설교의 황태자요 왕자로 칭해졌던 스펄전과 로이드 존스 목사에게 강력한 영향을 미친 휫필드는 한국 교회 모든 설교자들이 반드시 찾아서 소유하고 누려야 할 숨겨진 진주와도 같다. 이처럼 소중한 보화를 서창원 목사가 우리 대신 땀과 수고로 캐내어 우리 앞에 공유하고자 한다. 저자는 휫필드에 관한 다양한 자료들과 정보들을 통해 자신이 캐낸 보화를 모든 설교자들이 맘껏 보고 만지고 누리고 활용하기를 고대한다. 냉랭한 자신의 설교와 강단에 성령과 그리스도의 복음으로 불을 붙이기를 원하는가? 그렇다면 이 책을 주저 없이 집어들기를 강력하게 권한다.

- 신성욱 교수(아세아연합신학대학교 설교학 교수)

*

여기 청교도를 사랑하시는 서창원 목사님께서 조지 휫필드의 생애와 사역에 대해 쓰신 책이 우리에게 선물로 주어져 있습니다. 서 목사님은 독창적인 연구에 근거해 이 책을 쓰지 않았음을 겸손히 드러내면서 이 책을 우리에게 전달합니다. 이 책을 읽다보면 왜 서 목사님이 휫필드를 사랑하는지, 왜 그에 대한 이런 책을 쓰는지를 잘 알 수 있습니다. 하나님의 말씀과 교회에 대한 뜨거운 사랑이 본서에 녹아 있습니다. 바로 그것이 청교도를 있게 하였고, 서 목사님이 청교도들 사랑하는 이유입니다. 이 책을 읽으면서 우리들도 하나님의 말씀과 교회를 더욱 사랑해 휫필드가 그 시대의 교회에 했던 그 역할을 충실히 감당할 수 있었으면 좋겠습니다.

- 이승구 교수(합동신학대학원대학교 조직신학 교수)

*

18세기 영미부흥운동의 주역인 조지 휫필드의 생애와 사역에 관한 귀한 책이 출판된 것을 기뻐합니다. 영국에 꺼져가던 전도의 불을 타오르게 하고, 미국의 지역적 부흥운동이 통합된 대부흥 운동이 되게 한 휫필드의 영향력은 기독교 역사에서 잊히지 않는 보석입니다. 이 책이 여러분에게 휫필드의 빛나는 생애와 사역에 대해 귀한 안내서가 될 것을 확신하며 추천합니다.

권호 교수(국제신학대학원대학교 설교학 교수, 로뎀교회 담임목사)

차 례

서문 5
저자 후기 9
추천사 20

제1부
조지 휫필드의 생애와 사역 활동

제1장 설교자로서의 부르심 29
제2장 잉글랜드에서의 초기 설교사역 54
제3장 미국 조지아에서의 첫 번째 사역 62
제4장 브리스톨에서의 옥외집회: 광부들을 위한 사역 69
제5장 휫필드의 결혼과 가정생활 82
제6장 사역의 위기: 웨슬리와의 분열 99
제7장 칼빈주의적 메쏘디즘의 부흥운동(1) 111
제8장 칼빈주의적 메쏘디즘의 부흥운동(2): 분열과 화해 117
제9장 휫필드의 초기 미국 사역 전개 131
제10장 스코틀랜드에서의 사역 158

제11장 미국으로의 귀환과 부흥운동   171

제12장 영국에서의 세 번째 사역(1748년 7월 5일-1754년 3월 7일)   187

제13장 영국에서의 네 번째 사역   202

제14장 영미에서의 마지막 사역과 죽음   210

제2부
조지 횟필드의 삶과 경건 및 설교사역의 특성

제15장 준비된 설교자 횟필드: 그의 경건생활과 사역   223

제16장 설교자로서 횟필드: 그의 설교사역의 특징   262

참고문헌   298

제 1 부
조지 휫필드의 생애와 사역 활동

George Whitefield: His life and works

제 1 장
설교자로서의 부르심

1. 횟필드의 출생과 성장 배경

잉글랜드(England)의 18세기는 복음적 각성운동(Evangelical Great Awakening)이 활발하게 일어난 시기였다. 물론 17세기 후반부터 18세기 각성운동이 일어나기 전까지의 모습은 종교개혁 이후로 가장 암담한 시대였다고 해도 틀리지 않는다. 1662년 당시 찰스(Charles) 2세의 종교통일령 발포 이후로 진리의 물결을 가장 풍성하게 흘러내 보냈던 2천여 명이 넘는 청교도 목사들이 그들의 사랑하는 목회지로부터 대거 추방을 당했으며, 스코틀랜드에서는 장로회주의를 지키려는 언약도들을 박해한 이른바 '살인시대'(1662-1688)를 불러일으켜 대학살의 잔혹함이 자행되었다. 그 결과 신망 있는 강력한 지도자들이 대거 순교를 당하거나 추방을 당했다.

강난의 황폐화로 인한 영적 메마름이 가속화된 것이다. 잉글랜드 강단에서는 더 이상의 진리의 깊은 맛을 풍겨내는 말씀의 사자들이 설 곳이 없었다. 더욱이 그 당시는 시대사조상 자연신론과 계몽주의 사상의 득세로 인하여 사람들에게 종교가 더 이상 힘을 발휘할 수 없었으며, 사람들로 하여금 종교로부터 멀어지게 가속화했다. 그 당시 스코틀랜드에서는 장로교가 더 이상 신사들의 종교가 아니라는 말까지 나돌았으며, 여러 차례 발포된 종교자유령을 통해서 로마 가톨릭 교회들이 들어서기까지 했다.

달리모어도 지적하고 있듯이 이처럼 당대의 상황은 종교적 퇴락과 함께 윤리 도덕적 타락이 급속도로 이루어져 종교적으로 암울한 시대상을 표출하고 있었던 것이다. 말씀의 퇴보는 세속주의의 부흥의 관문으로서 역할을 했다.

삶의 현장에서 두드러졌던 하나님을 두려워하는 모습은 찾아보기 어려워졌다. 신앙과 삶의 유일한 규범으로 인정되어 왔던 성경의 가르침들도 이성적으로 납득되지 아니하면 전면 거부되었다. 성경에서 교훈하고 있는 거룩하고 의롭고 심판하시는 하나님은 들려지지 않았다. 회개와 각성은 말할 것도 없거니와 당연시했던 종교적인 모든 의무들조차 형식뿐이었거나, 사라지고 없었다. 얼마 전까지 누렸던 믿음의 은총들이 이젠 이성의 권위를 능가할 수 없게 되었다. 제어장치가 해제된 상황은 자유와 방종을 만끽하는 부도덕한 풍조가 기승을 부리게 했다.

그러나 언제나 그렇듯 하나님은 희망 없는 상황 가운데서도 소수의 남은 자들을 통해서 일하셨다. 이러한 상황에서도 청교도적인 가르침을 계승하고 국교도들 안에서 그 정신을 이어가고자 하는 노력들은 비록 소수이지만 면면히 이어져 오고 있었던 것이다. 필립 도드리지(P. Doddridge)와 찰스 시므온(C. Simeon)과 같은 설교자들의 활약이 있었다. 그리고 스코틀랜드의 장로교도들인 토마스 보스톤(T. Boston)이나 어스킨(J. Erskine) 형제들의 사역은 사막의 오아시스와 같은 역할을 했다. 하나님을 누구보다 더 사랑하고 하나님의 말씀의 권위와 능력을 굳게 신뢰한 이들의 수고는 18세기 복음적 부흥운동을 일으키는 촉매제가 되었다. 더 나아가 미국에서의 대각성 운동으로 이어지게 한 기폭제가 되었다. 그 결과 성서공회들이 조직되고 선교사 협회가 출범되면서 성경 보급과 복음전파가 전 세계적으로 확산된다.

이와 같은 하나님의 큰일을 만방에 알리는 새로운 출발점이 되었고 대서양을 중심으로 한 양 대륙을 복음의 진리로 하나로 묶는 위업을 감당한 위대한 복음 전도자 횟필드의 생애는 과연 어떠했는가? 사실 56년이라는 그의 짧은 생애에 대한 행적을 낱낱이 더듬어 살피는 것은 쉽지 않다. 그러나 분명한 것은 짧은 생애이지만 복음 전도자로서 기독교 역사에 그가 남긴 족적은 후대를 거쳐 더욱 크고 분명해지리라 본다. 우리는 지금부터 이러한 횟필드가 남긴 족적을 하나하나 추적해 보고자 한다. 무엇보다 횟필드에 대한 방대한 업적을 다룬 달리모어라는 탁월한 전기 작가의 대작의 기술을 토대로 그의 삶의 실제와 사역의 모습을 들여다 보고자 한다.

횟필드의 출생과 성장 배경은 두 가지 선상에서 생각해야 한다. 하나는 세속적인 주변 환경과 또 하나는 그의 가문과 지역에 흘러내리는 영적 기류이다. 그는 암울한 어린 시절을 보냈다. 소위 불량 청소년으로 성장하게 만든 환경이었다. 그러나 동시에 영적인 눈으로 보면, 이러한 불우한 환경은 그가 훗날 회심하고 주의 일꾼으로 나서는 계기가 마련될 수 있는 배경이 되었다고도 볼 수 있다. 그가 태어난 곳은 이미 교회 역사에서 빼놓을 수 없는 최초의 영어 성경 번역자인 윌리암 틴데일(W. Tyndale, 1494-1536)의 고향으로 유명해진 글로스터(Gloucester) 출신이다. 이곳은 잉글랜드의 종교개혁자들 중 가장 위대하고 탁월한 사람 중 한 사람으로 꼽히는 존 후퍼(J. Hooper, 1495~1555)가 교구 감독으로 있었던 곳이기도 하다. 후퍼는 옥스퍼드(Oxford) 대학교 광장에서 피의 여왕 메리(Bloody Mary)의 학정 밑에서 화형당한 순교자들과 마찬가지로[1] 그의 교구 관내에서 그리스도의 진리 때문에 화형당해 순교했다. 즉, 휫필드가 태어난 글로스터는 순교자들의 피가 외치고 있는 동네였던 것이다. 라일도 이점을 간과하지 않았다. 그는 '수많은 기도의 유산이 풍성하게 남은 지역'으로서 글로스터를 묘사하였다.[2] 그러한 영적 기운이 서려 있는 글로스터에서 위대한 설교자 휫필드가 태어난 것은 어쩌면 당연한 귀결인지도 모른다.

휫필드는 이렇게 유서 깊은 글로스터에서 1714년 12월 16일에 일

---

[1] 켄터베리 대주교였던 토마스 크랜머와 니콜라스 리들리, 휴 라티머가 그 유명한 순교자들이었다.

[2] J. C. Ryle and R. Elliot, *Select Sermons of George Whitefield*, The Banner of Truth Trust, London, 1958, 12.

곱 명의 형제들 중 막내로 태어났다. 그러나 그는 잘 알려진 여타 다른 성직자들과는 달리 여관 사업을 하는 부모 밑에서 태어났다.³ 그러므로 외형적으로 보면, 그는 영적 기운이 거셌던 역사를 지닌 곳에서 태어나긴 했지만, 그의 개인 집안 형편을 들여다보면 영적인 것과는 거리가 먼, 오히려 세속적 분위기에 더 가까운 곳이었다고 말할 수 있다. 물론 달리모어가 소개하고 있는 휫필드 가계도에 의하면 증조부가 옥스퍼드 출신이고, 몇 대에 걸친 이 학연 자체가 보여주는 것은 영국의 명문 대학을 나와 사역자의 삶을 사는 것이 이 집안의 전통인 것처럼 보인다. 이러한 가풍은 휫필드의 성품과 기질 형성에 어느 정도 영향을 끼쳤다고 말할 수 있을 것이다.⁴ 그러나 휫필드가 어린 시절을 보내며 성장한 그의 가정환경은 조상들에 비해서 영적으로 탁월한 가풍을 유지하고 있었다고 보기 힘들다. 부모님이 운영하던 벨(Bell) 여관 자체가 당시 '사교활동의 중심지'였고, 17세기 청교도들이 비난했던⁵ 연극 무대까지 보유하고 있던 곳이었기 때문이다. 실제로 휫필드 자신

---

3 달리모어가 쓴 전기에 소개하고 있는 에드윈 하디는 그의 책 조지 휫필드, The Machless Soul Winner에서 '학식 있고 교양 있는 목회자 집안 출신'이라고 하였다(달리모어의 휫필드 전기, 오현미 역, 30).

4 아놀드 달리모어, 조지 휫필드, 오현미 역, 복 있는 사람, 2015, 31.

5 청교도들은 연극배우는 자기 인생을 사는 것이 아니라 남의 인생을 연기하는 위장술이라고 하여 반대하였다. 그리고 음탕한 일들이 벌어지는 곳으로 비난하며 그리스도인으로서 가지 말아야 할 곳으로 여겼다. 1642년 9월에는 극장들을 폐쇄하라는 칙령이 발포되었다. 이에 대한 글을 더 보기를 원하는 자들은 필자의 깨어있는 예수의 공동체(진리의 깃발사) 부록을 참조하라. 그리고 다음 웹 싸이트를 활용하라. www.theatredatabase.com/⋯/closure_of_the_theaters

도 그가 쓴 자전적 책인 『이야기』에서 자신이 여자 아이의 옷을 입고 시의원들 앞에서 연기를 한 부분에 대해서 죽을 때까지 계속 수치스러워해야 할 일이라고 말하였다.[6]

횟필드가 태어난 지 2살 되던 해인, 1716년 12월 23일 그의 부친 토마스(J. Thomas)가 35세라는 젊은 나이에 세상을 떠나게 되었다. 이제 여관 운영과 자녀 교육을 도맡아하는 책무는 어머니 엘리자베스(J. Elizabeth)의 몫으로 남은 것이다. 가계를 잘 꾸려가기 위해서도 엘리자베스는 여관 사업에 열중할 수밖에 없었을 것이다. 그러다보니 자연스럽게 아이들의 양육은 보모에게 일임했을 수밖에 없었다. 그 결과 아직 어린 횟필드의 유년기 시절, 그가 홍역에 걸렸을 때 보모의 부주의로 인하여 눈의 초점이 흐려져 평생 '사팔뜨기'라는 조롱의 대상으로 살아가게 되었다. 뿐만 아니라 그의 모친은 독실한 크리스천이 아니었다. 그의 일기에는 모친에 대해서 이렇게 기록한 것이 있다: '왜 나의 친애하는 어머니께서는 잠시 있다가 사라지고 말 하찮은 것들에 대해서 저토록 갈망하시는지 모르겠다. 왜 어머니는 장차 당신이 죽기 전에 요셉(Joseph)처럼 다가서게 될 당신의 사랑하는 막둥이에게 와서 살펴주지 않으시는지 모르겠다.'[7] 이 일기가 시사하고 있는 것은 그가 영적으로, 정서적으로 안정된 환경에서 성장하지 못했다는 것이다.

---

6 아놀드 달리모어, 상게서. 60. 이 책은 그의 나이 24세 때 쓴 것으로 그가 설교자로 사역을 시작한지 2년차가 되었을 때다.

7 Robert Philip, *The Life and Times of George Whitefield*, 1837, The Banner of Truth repr. 2007, 2.

달리모어는 휫필드의 배경이 상당히 우수한 것이었고 부요했으며 조상들의 기품이 그에게 그대로 이어졌음을 말하고 있다. 반면에 라일은 그는 다른 유명 인사들과 달리 근본이 취약했고, 그를 도와 줄 부자나 귀족과의 연관성은 하나도 없다고 했다.[8] 어머니의 운영 하에서도 사업이 계속해서 번창하였다는 주장과는[9] 다르게 라일은 성공적이지 못했다고 했다. 가정 형편상 휫필드는 학업을 중단하고 어머니 사업을 도와야했기 때문이다. 라일의 주장이 맞는다면 휫필드의 모친은 자식을 잘 교육시키겠다는 마음의 소원과는 반대 상황에 직면했던 것이다. 다시 말하면, 휫필드의 영적 성장이나 세속적인 측면에서의 성공가도를 달리기 위한 뒷받침을 충분히 해줄 수 있는 상황이 못 되었다는 것이다.

물론 당시 대부분의 가정들처럼 그의 가문의 내력이 그러했듯이, 종교적인 외형적 경향은 휫필드로 하여금 자연스럽게 교회에 출석하면서 목사의 설교를 듣고 자라게 하는 틀은 유지되고 있었다. 그러나

---

8 J. C. Ryle, ibid., 12.
9 아놀드 달리모어, 상게서, 58. 상반된 이 주장은 어떻게 이해할 것인가? 아버지의 죽음 이후 한 동안에도 여관 사업은 잘 된 것이 사실이었다. 그러나 8년 후에 어머니가 재혼하면서 그 사업은 급속도로 기울어졌다. 그리하여 조지의 사춘기 소년 시절에 자신이 고백하고 있는 죄악된 생활에 대한 고백들은 경제적인 빈곤에 대한 영향이 매우 컸으리라고 본다. 그 같은 측면에서 보면 라일의 견해 역시 틀린 것이 아니라고 본다. 실제로 휫필드가 대학에 들어갈 나이쯤 되어서는 돈이 없었기 때문에 그가 탁월한 자질들이 있음에도 불구하고 학업을 멈추고 어머니를 도와 일을 해야 했던 것이다. '나는 이따금씩 어머니의 여관 일을 돕기 시작했고 그러다가 결국은 아예 푸른색 앞치마를 두르고 스너퍼로 촛불을 끄고 다니며 자루걸레를 빨면서 객실을 청소했다. 한마디로 말해 거의 1년 반 동안 대 놓고 평범한 급사 노릇을 했다'(달리모어의 휫필드 전기, 68쪽).

그 『이야기』에 의하면 그는 '짓궂은 장난을 하는 활기차고 유쾌한 청년의 모습을 보여주는 한편 친구들에게 놀림당하고 집에 돌아가 울면서 기도하는 아주 감수성 예민한 소년기'를 보냈다. 그가 스스로 밝힌 것처럼 '거짓말과 욕설과 어리석은 농담을 즐겨했고 심지어 어머니의 돈까지 훔치기도 했다.

그와 같은 감수성이 예민한 그의 사춘기 시절의 삶은 다른 여느 아이들과도 별반 다르지 않은 일들이었으나 그는 어머니에게서 훔친 돈을 가난한 사람들에게 주기도 하였고 몰래 가져온 책들도 나중에 네 배로 물어주기도 함으로써 양심의 가책을 종종 받으며 자랐음을' 알 수 있다.[10] 이것은 가정교육의 산물이라기보다는 종교적 생활에서 나타난 일들이었다.

이처럼 죄의 길에 익숙해질 수밖에 없는 환경에서 첫 16년을 보낸 그는, 글로스터 문법학교에서 그의 자질을 익히 알고 있던 친구[11]의 권유로 옥스퍼드 대학으로 진학할 꿈을 가지게 되었다. 더구나 옥스퍼드에서 한 학기를 보낸 경험을 한 어떤 청년으로부터 근로 장학생으로 일하며 공부할 수 있다는 말을 전해 듣고, 어머니와 자신의 오랜 꿈이 다시 고개를 내밀게 된 것이다. 그리하여 그는 다시 문법학교로 돌아가 학업을 시작했고, 그의 나이 18세 때에 옥스퍼드 펨브르크

---

10 달리모어의 횟필드 전기, 61.
11 횟필드는 10세 때 문법학교에 보내져 그곳에서 웅변가로서의 자질을 습득하는 기회를 가졌다고 한다. 달리모어에 의하면 학창시절 그의 유일한 친구는 가브리엘 해리스였다. 그의 부친은 글로스터에서 가장 으뜸가는 서점의 주인이었다고 한다.

(Pembroke) 대학에 입학할 수 있었다. 이것은 그의 모친의 오랜 소원이기도 했고, 또한 횟필드 자신도 어린 시절 목사가 되고 싶어 목사놀이까지 한 그의 꿈을 달성하게 하는 첫 발판이 되었다.

사실 그가 10세가 되었을 때, 어머니의 재혼이 없었다면 어쩌면 횟필드는 더 일찍 대학에 진학하는 기회를 가졌을지도 모른다. 그러나 모친의 재혼은 가계를 급속도로 기울게 하였고, 결국 아들을 옥스퍼드에 보내고자 했던 어머니의 소망조차도 거의 상실되어버린 상태까지 떨어졌었다. 한편 그녀의 재혼생활은 불행했다. 결국 6년간의 재혼생활을 청산한 횟필드의 모친 엘리자베스는 다시 횟필드의 형에게 여관 사업을 맡겨 운영하게 하였다. 그러나 경제상황은 크게 달라지지 않았다. 이러한 상황에서 횟필드가 대학에 입학하고자 하는 꿈을 품게 된 것이다.

그러나 어느 날 횟필드는 '하나님을 부인하는 방탕하고 불량한 청년들과 친해졌고 그 중에서도 자신이 가장 악질로 이름을 높일 가능성이 많은 자'가 될 위험에 처하게 됨을 자각하게 되었다. 달리모어가 소개한 그의 『이야기』 책에서 횟필드는 이렇게 기록하고 있다: '내가 멸망 직전에 있을 때 하나님은 저들의 원칙과 상투적 수단에 혐오감을 느끼게 해 주셨다… 그렇게 마귀의 덫에서 건짐 받은 나는 점점 진지해지기 시작했고 하나님께서 시시 때대로 내 영혼에 강력하고도 설득력 있게 역사하시는 것을 느꼈다.'[12] 그의 이러한 신앙체험은 '하나

---

12 달리모어, 70.

님의 도우심으로 학교 친구들 사이에 일종의 개혁을 일으켰다.'[13] 아주 열심히 고전을 읽고 배웠으며 헬라어 성경을 읽고 공부하면서 목사로서의 자질을 더욱 키워갔다. 이 부분은 제2부에서 그가 설교자로서 성공적인 길을 가는 데에 토대가 된 그의 개인적 경건생활을 다룰 때 좀 더 자세히 살펴보게 될 것이다.

횟필드의 어린 시절 이야기는 많이 알려져 있지 않지만, 여러 정황을 통해서 알려진 바로는 어머니 뱃속에서부터 심술궂은 아이였다고 한다. 전형적인 사춘기 시절의 모든 아이들이 하던 대로 그 역시 어른들 말에 잘 순종하지 않았고 거짓말도 곧잘했다. 도둑질도 했고 심한 욕설과 같은 더러운 말들도 잘 내뱉는 아이였다. 그러면서도 마음 한편으로는 죄에 대한 자각을 늘 가지고 있어서, 많은 눈물을 흘리며 회개의 기도를 한 아이였다. 그래서 그는 어머니가 '특별히 더 큰 위로를 받을 자식으로' 간주했을 만큼 뭔가 남다른 모습을 가졌음이 분명하다.

그의 어릴 때의 외모가 어땠는지에 대해서는 당시에 직접적인 기록이 남아 있지 않아 정확히 알 수는 없지만, 훗날 사람들이 언급한 것을 보면 상당히 매력적인 인물이었던 같다: '횟필드는 기품 있는 자태에 균형 잡힌 몸매를 갖고 있었다. 키는 평균보다 약간 컸다. 얼굴색은 아주 희었고 눈동자는 검푸른 색에 눈매는 작지만 활기찼다. 그는 한쪽 눈이 사시였다… 외모는 전체적으로 훌륭하고 조화로웠다. 표정은

---

13 더러운 말과 행동의 개혁을 의미했을 것이다.

남자다웠고 목소리는 아주 크고 우렁찼다… 젊은 시절엔 몸매가 호리호리하고 민첩성 있게 움직였다.'[14] 그러던 그가 40세가 지나면서 몸에 찾아온 질병으로 인해 상당히 비대해진 몸이 되었지만, 먹는 것과 마시는 일에 언제나 절제의 힘을 잘 발휘하며, 일생을 결코 헛되이 보내지 않은 부지런한 사람이었음을 확인할 수 있다.

2. 휫필드의 회심

이러한 유년 시절을 보냈던 휫필드가 언제 하나님의 부르심을 받았는가? 혹은 그가 언제 진정한 회심을 하게 되었는가? 달리모어가 인용한 제이슨 스티븐(J. Steven) 경의 말을 빌리면 '17세가 되던 해부터 죽는 날까지, 휫필드는 신랄한 적들과 시기심 가득한 친구들 사이에서 그의 명성에 단 한 점의 오점도 남기지 않고 살았다'고 한다.[15] 그렇다면 그의 회심을 우리는 그가 17세가 되었을 때로 보는 것이 타당하다. 그가 쓴 『이야기』에서도 17세가 다 되던 성탄절 때에 성찬을 받았고, 그 뒤 사순절을 지키면서 수요일과 금요일 모두 합쳐서 36시간의 금식 기도를 했으며, 하루에 두 번씩 공 예배에 참석해서 개인 경건시간을 가졌다고 기록하고 있다. 이와 같은 그의 모든 행동은 그가 진정으

---

14 달리모어, 상게서, 393.
15 달리모어, 상게서, 71.

로 회심하지 않았다면, 설명하기 어려운 일들이다. 더욱이 옥스퍼드대학 생활은 그의 형도 예견했듯이, 글로스터에서 보여준 견고한 신앙과 공부 습관을 버리게 될 것이라고 했을 정도로[16] 신앙적, 도덕적 특성이 대학 입학 전보다 더 퇴보한 상태에 있었던 것을 시사하고 있다.

즉, 대학에 가기 전에 이미 회심을 경험한 것이라고 보아야 한다. 그는 대학생활 가운데서 괴로워한 심정을 상세히 기록하여 들려준다. 친구들은 술자리에 참여하라고 강요하기도 했다. 그러나 그러한 유혹들을 이기고자 추운 날씨에 혼자 남아 공부하다가 팔다리까지 어는 경험을 했다고 한다. 그의 회심이 없었다면, 즉 주님을 사랑하는 마음이 없었다면 어떻게 그와 같은 일들이 가능했겠는가? 그는 근로 장학생이라는 열악한 환경 가운데서도 신앙의 의무들을 더 열심히 지켰다.[17] 하루에 3차례씩 기도와 시편 찬송을 부르고, 매주 금요일마다 금식하고 한 달에 1차례씩 성찬을 받으면서 진지하게 신앙생활에 임했다. 이와 같은 영적 실천 생활은 회심이 있었기에 가능했다고 보아야 한다. 종교적인 확신이 없이는 그러한 삶을 꾸준히 이어가리란 불가능하기 때문이다.

그러나 문제는 휫필드가 이 시기의 신앙생활에 대해서 말하면서,

---

16 달리모어, 상게서, 75.
17 달리모어가 밝힌 근로 장학생은 당시 계급사회의 한 단면을 그대로 보여주는 것이었다. 복장도 구별되었고 지체 높은 학생들은 근로 장학생들과 말도 걸지 않았으며 철학적 논쟁에서도 열외시켰고 그들끼리 따로 모여서 논쟁해야 했다고 한다. 그와 같은 굴욕적인 여건을 견디지 못해서 학교에 입학했다가 중도에 학교를 떠나는 이들이 드물지 않았다는 것이다(상게서, 73).

중생의 깊은 경험을 했다고 말하지 않고, 그가 옥스퍼드에서의 근로 장학생으로서의 생활 속에서, 특히 메쏘디스트(Methodist)들과의 교우가 그를 회심의 자리로 나아가게 했다는 점이다. 이점 때문에 그의 회심을 17세 이후로 보기도 한다. 또한 그의 나이 21살 때, 특히 스코틀랜드의 신학자인 헨리 스쿠걸(H. Scougal)이 쓴 『인간의 영혼 속에 있는 하나님의 생명』이라는 책을 읽고 회심한 것으로 본다. 이 사건은 그의 생애에 대전환점을 가져다준 것으로 기록되기 때문에, 대부분이 이때를 기준으로 그의 회심을 말한다. 즉 그의 회심은 그의 나이 21세 때에 일어났다는 것이다.

그러나 그는 그 이전에도 종교적 확신은 가지고 있었다. 다만 그 스스로가 중생의 은총을 지성적으로, 그리고 감성적으로 경험한 것을 깊이 느끼지 못했을 뿐이었다고 보아야 한다. 그는 이미 하나님께 속한 자녀로 살았다. 그의 영적 실천을 외식으로 보아야 하는가? 달리모어는 횟필드의 전기에서 그가 근로 장학생의 신분이기 때문에, 다른 학생들과 어울릴 수 있는 입장이 아니었다고 밝혔다. 비록 그것이 외부적인 차별이었을지라도 언제나 홀로 경건생활에 열중했다는 것이 맞는다면, 그가 실천한 경건훈련은 회심한 자들이 경험하는 것과 다르지 않은 것이었다. 더욱이 그의 근면 성실한 모습이 학생들 사이에 알려지면서 당시 그가 학교에 입학하기 전부터 존재해온 '멸시받는 메쏘디스트들'의 한 멤버였던 찰스 웨슬리의 초대를 받게 되었다. 이들의 만남은 횟필드로 하여금 전혀 새로운 길로 나아가게 하는 전환점이 되었다. 찰스 웨슬리는 그를 '천사 같은 손님'(angel guest)라고 불렀다. 가식도 술책도 없는 겸손한 청년 횟필드는 금방 찰스 웨슬리와 그가 속해 있는 형제들, 즉 '홀리 클럽'[18]의 멤버들과 같은 회원으로서 깊은 교제를 나눌 수 있게 된 것이다.

 홀리 클럽 회원들은 아침 일찍 일어나 긴 경건시간을 가졌으며, 하루 종일 시간을 허비하지 않고 엄격한 자기훈련에 힘썼다. 매일 경건일기를 작성했고 매 주일마다 성찬에 참여하였으며, 수요일과 금요일에 금식을 했다. 토요일은 주일을 준비하는 예비 안식일로서 거룩하게 지켰다. 또한 구제활동에 가담하고 구치소를 방문하여 수감자들을 도왔으며, 그들 자녀들을 위한 학비를 후원하기도 하였는데, 이러한 선한 행실들이 영혼 구원에 이바지한다는 생각을 가지고 있었다. 즉, 알미니안주의(Arminianism) 신학적 바탕에 서 있었던 것이다. 휫필드도 외형적으로는 클럽 회원들과 크게 다르지 않았다. 그는 영적 실천 계획표에 따라 더욱 신앙생활에 정진하였다. 달리모어는 당시 그의 삶에 대해서 이렇게 기록하고 있다. '많은 학생들이 경박한 행실로 시간을 허비하고 있는 동안, 그는 매 시간 단위로 계획을 짜고 그 계획대로 행하여 단 한 순간도 낭비되지 않도록 애쓰면서, 홀리 클럽의 엄격한 규율을 실천했다. 그의 성격은 바로 이 극기의 틀 속에서 빚어졌다.'[19]

 그러나 이 모임 자체가 휫필드를 새롭게 한 것은 아니었다. 그가 지

---

18 달리모어에 따르면 이 클럽은 1728년 세 사람이 시작했다. 로버트 커크햄, 윌리암 모건, 그리고 찰스 웨슬리였다. 찰스의 형 요한은 그 이듬해에 조인하여 그 모임의 수장이 되었다. 이들 모임에 대해서는 '성경벌레', '성경골통', '경건 클럽', '성찬주의자', '메쏘디스트' 등으로 불렸다. 달리모어, 78.

19 달리모어, 상게서, 84.

금까지 해온 경건실천 사항들을 보다 더 굳건히 세워갈 수 있었을 뿐이었다. 왜냐하면 홀리 클럽은 앞에서 지적했듯이 알미니안 신학을 기초로 하고 있었기 때문에, 성경에서 가르치는 은혜에 대해 거의 아는 것이 없었다. 단지 엄격한 경건생활은 인간적인 노력에 불과하였고, 특히 은혜로 말미암는 영혼 구원이라는 기독교의 가장 핵심적인 문제를 해결해 주지 못했다.

그러던 중 그의 회심은 그가 밝혔듯이 스쿠걸의 책을 통해서 이루어졌다. 휫필드는 하나님의 값없이 베푸신 은혜로 거듭나야만, 하나님의 생명이 있다는 사실을 이 책을 통해서 발견하게 된 것이다. 이 책을 통해서 그는 참 신앙이란 단지 교회에 출석하고 기도를 하고 성찬을 받는 것이 전부가 아니라, '영혼이 하나님과 연합하는 것이요, 우리 안에 그리스도의 형상이 빚어지는 것'임을 확신하게 된다.[20] 이 책을 통해서 휫필드는 인간 스스로의 노력으로부터 나와서 하나님의 은혜의 빛으로 나아가는 계기를 마련하게 된다.

사실 그가 육체적인 금욕생활을 더욱 강화하였을 때, 사람들로부터 많은 비난을 받았지만, 그리스도를 위해서 그 모든 수모를 기꺼이 참아냈다. 하나님의 나라는 먹고 마시는데 있는 것이 아님을 알았고, 그는 의복이나 신발뿐만이 아니라,[21] 음식물조차도 금욕적인 규율을

---

20 달리모어, 상게서, 87.
21 그는 털장갑을 끼고 천 조각으로 만든 가운을 입었고 더럽고 낡은 신발을 신고 다녔으며 일주일에 이틀은 금식기도를 하였다. 그의 몰골은 말이 아니었다. 음식은 가장 나쁜 것만 골라 먹었다고 한다. 마치 수도승들의 금욕적인 삶을 강렬하게 추구한 것이었다.

정해 흐트러짐 없이 실천했다. 그것이 영적 생활에 도움이 된다고 믿었기 때문이다.

그러나 금욕적인 삶을 추구할수록 그의 마음은 더욱 공허해졌다. 두려움과 공포심만 찾아왔다. 왜냐하면 하나님께로부터 버림을 받게 될지도 모른다는 두려움이 가시지 않았기 때문이다. 그 두려움에서 벗어나기 위해서 그는 몇 날 몇 주를 신음하며, 온 몸에 땀이 비 오듯 흐르기까지 기도하면서, 그 모든 고통에서 해방되기를 갈망하였다.

그러나 결국 그럴수록 구원을 추구하기 위한 그의 인간적인 모든 노력과 수고가 아무 효험이 없음을 알게 되었다. 그때, 그는 구원은 자신의 노력이 아니라 전적으로 하나님의 은혜로 말미암는다는 것을 깨닫게 된다. 그의 이런 발견을 가져다 준 책이 바로 스쿠걸의 『인간의 영혼 속에 있는 하나님의 생명』이었다.[22]

그 이후로 휘필드는 조셉 얼라인(J. Alleine)의 『회심하지 않은 죄인에게 주는 경고』, 윌리암 로(W. Law)의 『진지한 부르심』, 리차드 박스터(R. Baxter)의 『회심치 않은 자들을 청함』, 메튜 헨리(M. Hennry)의 주석들을 읽으면서 은혜의 교리를 더욱 굳게 붙드는 데 큰 도움을 얻었다. 무엇보다 성경을 더 가까이 하게 되었고, 그리

---

[22] 그는 이 책을 통해서 '하나님의과 영혼의 연합, 신의 성품에 참여함, 영혼에 새겨진 하나님의 형상, 그리스도께서 성도들 안에 형성한 하나님의 형상'의 중요성을 깊이 깨닫게 되었다. 그 이전에는 단순히 죄의 억제와 자신의 경건의 금욕적인 삶에만 치중하였다면, 이제 하나님이 하신 일들을 보게 된 것이다. 구원의 근거와 믿음 생활의 실천적 삶의 근원이 하나님에게 있음을 알게 된 것이다. 한마디로 신적 생명이 무엇인지를 깨닫게 되었다. 토마스 키드의 휫필드, 28을 참고하라.

고 읽은 그 말씀을 가지고 기도하는 시간들을 더 많이 가지게 되었다. 횟필드는 그가 쓴 일기에서 그 당시의 경험을 이렇게 밝히고 있다: '하나님은 쾌히 그 무거운 짐을 치워 주셨고 살아있는 믿음으로 그 귀하신 아드님을 붙잡을 수 있게 하셨으며, 양자의 영을 허락하심으로써 영원한 구속에 이를 때까지 나를 인치셨다. 아, 죄의 무게가 벗겨지고 죄를 사하시는 하나님의 사랑에 대한 영원한 안식과 완전한 믿음이, 확신이 비탄에 잠긴 내 영혼에 침투해 올 때, 내 영혼은 얼마나 기쁨으로 충만했던가! 그것은 말할 수 없는 기쁨, 영광으로 충만한 큰 기쁨이었다. 그 날은 나의 결혼식 날, 영원히 기억할 날이었음이 분명하다. 처음에 내 기쁨은 마치 홍수처럼 둑을 넘어 범람했다.'[23]

횟필드의 이러한 체험은 중생의 깊은 체험으로 말하고 있지만, 사실은 신학적 회심(Theological Conversion)으로 보아야 한다. 구원을 얻기 위한 인간적 노력이 주지 못한 삶의 강조에서 벗어나, 전적으로 하나님의 은혜를 붙드는 환희를 맛본 것이다. 그는 단지 이성적으로만이 아니라 온 마음으로 맛본 신학적 회심을 하게 된 것이다. 자신의 노력으로 구원을 이루어보겠다는 생각을 가지고 갖은 금욕적인 방법들을 동원한 것은 분명 성경의 교훈과는 다른 것이었지만, 그가 하나님을 신뢰함이 없이 그와 같은 행위들을 자발적으로 할 수 있었겠는가? 그런 차원에서 본다면, 그는 예수를 믿었으나 성령이 있음도 알지 못하였던 에베소 교인들이 성령을 받고 변화된 것과 같이(행 19:1-7),

---

23 *Journal*, 58, 달리모어의 전기 91, 92에서 인용.

하나님의 은혜가 무엇인지를 온 마음으로 경험하여 인간적인 모든 수고와 공로사상들을 다 버리고 전적으로 하나님의 은혜를 의지하는 신학적 회심을 경험한 것이라고 말할 수 있다.

그 신학적 회심은 새로운 경험을 낳았다. 처음 복음을 접할 때 사람들이 이성적으로 수용을 하지만 그것이 자신의 것이 되기 위해서는 성령의 감동하심이 필요한 것이다. 그 성령의 감동하심이 있는 곳에 자유함이 주어진다. 횟필드는 자신의 노력에 의존하는 것에서 성령의 감동하심에 의존함으로 자유를 얻었고, 날마다 위로부터 오는 신선한 생명과 빛과 능력을 받으면서 영적 깊은 자리로 나아간 것이다. 그가 훗날 칼빈주의(Calvinism) 메쏘디즘의 선두 주자가 된 근원이 여기에 있다.

오늘날도 주 예수를 믿지만 인간의 공로와 헌신을 강조하고 마치 그것이 하나님께로 나아갈 수 있는 자격 조건인양 말하는 알미니안 사상에 젖어 있는 신자들이 교회마다 널려있다. 그렇다고 그들이 다 홀리 클럽 사람들처럼 철저한 자기 금욕적인 삶을 살지도 못한다. 이는 칼빈주의자들도 마찬가지이지만 신학적 차이는 분명하다. 자기 노력을 중시하는 것과 은혜로 인도함을 받는 것의 차이는 크다. 전자는 종종 금식기도도 하고 철야도 하고 교회의 일에 열심을 내기도 하지만 은혜로 말미암지 않는 것은 자신의 공로를 쌓는 것일 뿐이다. 그것이 자랑이 되어서 하나님께 나아갈 때 자신의 선한 행실과 거룩한 삶을 앞세우기도 한다. 성경적인 성도는 나의 나 됨이 전적으로 주님의 은혜임을 고백하는 자이다. 한없이 자신을 낮추고 전적으로 하나님의 은혜의 교리를 붙드는 신앙인이다.

횟필드는 이 후자의 신앙인으로 거듭난 것이다. 키드는 그의 옥스퍼드 대학에서의 금욕적인 생활을 악마와의 싸움으로 설명하고 있다.[24] 그렇다면 육에 속한 사람이 악마와의 싸움을 인식할 수 있는가? 아니다. 오직 거듭난 자만이 깨닫는다.

3. 휫필드의 소명과 신학 훈련

그렇다면 그가 언제 설교자로 부르심에 대하여 확신을 가지게 되었는가? 키드에 의하면, 그가 옥스퍼드에서 공부하는 동안 감옥에 갇힌 가난한 자들을 섬기라는 소명을 어렴풋이나마 가지고 있었다고 한다.[25] 자살 일보직전에 있던 한 죄수의 아내가 휫필드를 만나게 되면서 감옥에 있던 남편과 함께 큰 도움을 얻고 새로운 인생을 사는 계기가 있었다. 이 사건을 통해서 휫필드는 사탄이 자신의 발뒤꿈치를 상하게 하려고 덤볐지만, 자신은 곧 그의 머리를 상하게 할 것임을 확신하게 되었다.[26] 이때부터 다른 사람에게 영향을 주는 사람으로 발걸음을 내딛게 되었다고 볼 수 있다.

옥스퍼드에서 근로 장학생으로 학업과 일을 병행해야 했던 그는 쇠약해진 몸을 이끌고 고향으로 잠시 돌아왔다. 그를 맞이해 준 것은 그의 친구 가브리엘 해리스(G. Harris)였다. 그들 부자(父子)는 휫필드에

---

24 Thomas S. Kidd, *George Whitefield*, Yale University Press, 2014, 20.
25 상게서, 31.
26 상게서, 32.

게 큰 친절을 베풀었다. 글로스터에 돌아온 그는 그리스도 안에서 새로운 피조물이 되었다는 증거들을 나타내기 시작했다. 그는 무릎을 꿇고 기도만 한 것이 아니라, 무릎을 꿇고 성경도 읽었다. 성경이 그의 삶의 지침서요 안내자가 된 것이다. 그는 성경을 읽으면서 성경으로부터 날마다 신선한 은혜를 경험하였다. 그가 쓴 『이야기』에 기록된 것을 보면, 글로스터에서 한 달간 성경으로부터 받은 교훈이 지금까지 '인간의 모든 책에서 얻을 수 있었던 것보다 더 많았다'고 했다.[27]

그리고 앞에서 언급한 청교도들의 책들을 통해서 당시 청교도들이 가장 많이 강조했던 회심이라는 설교의 주제가 그의 사역의 주된 바탕이 되었다. 횟필드에게 있어서 회심과 그리스도와의 연합은 모든 신앙생활의 출발점이 되었다. 진정한 회심은 단순한 종교적인 의무들을 수행하는 것에 있지 않았다. 청교도들에게 있어서 회심은 새 사람으로의 인격적 전환을 말한다. 영혼 속에 하나님을 향하는 의지적 행동을 나타내는 것이다. 박스터의 표현대로 참된 회심은 '새로운 지각, 새로운 의지, 새로운 결단, 새로운 슬픔과 욕구, 새로운 사랑과 기쁨, 새로운 사상, 새로운 말과 새 친구들, 그리고 새로운 교제'를 가지는 것이다.[28] 이는 전적으로 하나님의 은혜로 말미암는 것이었다.

이와 같은 복음의 진수를 터득하고 난 이후 그의 삶은 비록 그 전부터 해오던 경건의 연습을 중단한 것은 아닐지라도, 금욕주의나 율법

---

27 Ryle and Elliot, 상게서, 13.

28 Richard Baxter, 'A Call to the Unconverted to Turn and Live', in *the Practical Works of Richard Baxter*, London: Henry G. Bohn, 1854. vol. 2, 513.

주의적인 규율에는 매이지 않게 되었다. 또 완전주의나 어떤 신비주의에도 빠져들지 않았다. 그러면서도 영적 기쁨은 이루 말할 수 없이 컸다. 은혜의 교리를 깊이 붙들게 되었기 때문이다. 뿐만 아니라 성령의 임재하심을 매 순간마다 느꼈다. 이것이 그로 하여금 복음전파 사역에 본격적으로 뛰어들게 한 출발이었다. 그는 목사가 아니면서도 글로스터에 머무는 동안, 사람들을 만나거나 여성 모임을 만들어 이끌기도 하고, 교도소를 방문하여 복음을 전해주거나 읽은 책들을 설명하여주고, 또 말씀을 가지고 권면하는 등 사역자로서의 길을 가고 있었다. 그 시절의 휫필드를 보며 찰스 웨슬리는 이렇게 묘사하였다:[29]

> 이제 모든 짐에서 자유로워진 그는
> 온전히 자신의 사역을 시험하기 시작한다.
> 그의 열심은 일시에 사방으로 쏟아져 나가
> 흐르고 날아간다. 그루터기에서 피어오르는 불꽃처럼
> 도우시는 성령께서 이끄시는 곳 어디든,
> 이 집에서 저 집으로 그는 천상의 불을 퍼뜨린다.
> 그는 도시의 모든 골목길과 대로를 헤매고 다니며
> 탕자를 만날 때마다 그 사람을 붙잡는다.

새 사람이 된 휫필드의 모습은 사람들로 하여금 자연스럽게 목사

---

29 달리모어, 상게서, 101에서 인용.

안수를 빌도록 촉구하게 만들었다. 이에 사람들의 쇄도하는 요청으로 인해, 당시 벤슨(Benson) 주교는 횟필드의 활동에 대한 보고를 근거로, 횟필드의 나이 21세 때 그와 대면하면서 목사 안수를 받고 주교로서의 사역할 것을 제안하였다. 벤슨 주교의 이러한 제안은 당시 통상적으로 23세가 되어야 안수를 받을 수 있는 관례를 깬 파격이었다.

그러나 횟필드는 사람들의 반응과는 달리 두려운 마음을 떨칠 수 없었다. 그에 따르는 영적 책임감의 무게 때문이었다. 달리모어가 인용한 그의 말년의 기록에서 이 당시의 그의 마음을 읽어볼 수 있다. '목회와 설교사역에 들어선다는 것이 나에게 얼마나 깊은 근심거리였는지 오직 하나님만이 아신다. 나는 얼굴에서 땀방울이 비처럼 쏟아질 때까지 수도 없이 기도했다. 하나님께서… 나를 부르사 억지로 그 분의 일을 시키기 전에는 내가 교회에 들어가지 못하게 해 달라고 말이다.'[30]

횟필드는 결국 목회의 길에 들어설 것을 알고 있었지만, 그는 주님으로부터 오는 분명한 확신을 갈구하였다. 달리모어에 의하면 이중적인 확신이 필요했다고 한다. 하나는 학교 졸업 문제였다. 목사가 되는 것이 하나님의 뜻이라면 옥스퍼드로 돌아가 학업을 마칠 수 있는 필요한 경비를 마련해달라고 구했다. 그 기도는 놀랍게 응답되었다. 여러 사람들의 도움의 손길이 답지한 것이다.[31] 그리고 하나는 학업을 잘 감당하는 것이었다. 옥스퍼드에 돌아온 그는 홀리 클럽의 회장직을

---

30 달리모어, 상게서, 102.
31 이에 대한 상세한 내역도 달리모아가 기록하고 있다. 103쪽 참고.

맡아 봉사하면서 학업에 충실하게 임했다.

　물론 그는 사역을 하는데 있어서 그리스도가 십자가에 못 박히심을 아는 것 만한 지식은 없다고 믿었지만, 효과적인 사역을 위한 필요한 학문적 수양을 갖추는 것도 진지하게 준비하였다. 그가 그토록 염려했던 학업은 엄격한 시험을 잘 통과하며 무사히 마치게 되었다. 사람들의 이목이 있었고 그를 못 마땅하게 여기는 자들의 시기심이 가득했지만, 그 모든 것들을 다 극복하고 안수받기에 필요한 모든 과정을 은혜롭게 마무리할 수 있게 된 것이다. 그의 나이 22세 때에 그는 사역에 들어서는 것이 하나님의 뜻임을 완전히 확신하고, 이 일을 미루게 되면 하나님께 대적하여 싸우는 것이 된다는 생각이 들었다. 이에 마침내 그는 사계재일(Ember Days, 계절마다 각각 3일씩 금식하고 금욕하며 속죄하는 마음으로 특별히 기도하는 기간을 말함)에 성직에 들어서기로 결단한다.[32]

　휫필드는 글로스터에 돌아가서 벤슨 주교에게 안수를 받았다. 벤슨 주교와의 면담 이후에 하나님의 부르심을 확신하였기 때문에 그에게 돌아가 안수를 받고자 한 것이다. 그는 이 일에 대해서 이렇게 기록하였다: '나는 하나님을 위해 내 몸과 영혼과 피를 모두 포기한다! 나는 어린아이이다! 나는 어린 양 예수께서 어디로 가시든 그분을 좇고자 한다.'[33] 오늘날 사역에 들어서는 자들에게 이와 같은 고민과 자기

32　*George Whitefield's Journals*, The Banner of Truth, Edinburgh, 1985, 67.
33　달리모어, 상게서, 109, 110. 이탤릭체는 필자의 것임.

점검이 얼마나 있을까 생각해보면 두려움이 앞선다. 그의 안수식은 1736년 6월 20일 주일이었다. 그의 나이 22세 때였다. 그의 안수식은 정식 국교회 사제로서의 안수가 아닌 부사제(副司祭), 우리식으로 표현하면 강도사 혹은 준목 과정의 안수식이었다. 그는 안수를 받기 전날 토요일은 하루 종일 기도하고 금식했다. 저녁에는 마을 근처 동산에 올라 두 시간 가량 기도했다. 그는 안수를 받을 때 어린 사무엘을 생각하며 이렇게 기도했다: '하나님 제가 비록 어리지만 부디 진실한 주님의 선지자가 되게 하소서.'[34] 안수를 받자마자 목회자의 직무를 수행했다. 그 주일 오후에 교도소를 방문했다. 저녁예배에 참석하여 기도문을 봉독했으며 월요일에는 유아세례를 베풀었고 목요일에는 결혼식까지도 주례하였다.

안수 받은 후 맞이한 첫 주일에 성 메리 드 크립트(St. Mary De Cript) 교회당에서 그는 전도서 4장 9절에서 12절 말씀을 중심으로 신앙회의 필요성과 유익에 관하여(Necessity and Benefit of Religious Society) 설교를 했다. 이 설교에서 그는 그리스도인들이 서로 도우며 살아야 할 필요성과 중생의 필요성 및 거룩한 삶을 살 것을 설파하였다. 그곳에 모인 300여 명의 청중들 대부분이 크게 은혜를 받았다고 한다. 그들 중 15명은 휫필드 설교에 미치게 되었다고까지 한다. 자신의 설교를 들은 청중들의 반응을 보면서, 휫필드는 분명 마음 가운데 자신이 하나님이 부르신 참 일꾼이라는 확신을 더욱 굳게 가졌을

---

[34] 달리모어, 상게서, 112.

것이다. 그러나 그 길은 영광과 찬사의 사역이 아니라, 고난과 역경의 길임을 그는 가슴에 새겼다. 평안과 안락을 추구하는 길이 아니요, 수고하며 애쓰는 사역이며 책망과 바르게 하는 사역임을 되새겼다. 그는 달리모어가 지적하고 있는 것처럼 '그리스도 때문에 어리석은' 자로 취급받을 것을 예상하였고, 자신의 몸이 하나님의 처분에 맡겨져 그분을 섬기는 일에 소진될 것으로 내다보았다.[35] 그리하여 그는 사람들의 찬사와 환호를 뒤로하고 글로스터를 떠나 옥스퍼드로 돌아간다. 그곳에서 그는 먼저 성도가 되고, 그 다음 학자가 되고자 힘썼다.

사실 이상이 휫필드가 목사가 되는데 필요한 학문적 훈련의 전부였다. 물론 나중에 뉴저지(New Jersey) 대학에서 명예 문학 석사학위를 수여받지만(1754년 9월), 그는 한 번도 자신을 가리켜 표기할 때 학위를 기록한 적이 없다. 그의 학위가 그의 이름 뒤에 등장한 것은 그의 출판물 저자 프로필이 유일한 것이었고, 이것마저도 그 자신이 알지 못하는 사이에 등재된 것이었다고 달리모어는 밝힌다.[36] 그가 언제나 '그저 만인의 종'으로 살았다는 것은 그를 부르신 그의 주인 하나님께 대한 충성심의 발로였으며, 자신을 일꾼으로서 부르셨다는 확실한 소명의식에서 나온 것이었다. 그리고 그는 그 부름에 합당하게 그 길을 가장 순결하고 흠이 없는 사역자로서의 삶으로 충실하게 일구어나갔다.

35　달리모어, 상게서, 117.
36　달리모어, 상게서, 1017.

제 2 장

잉글랜드에서의 초기 설교사역

횟필드는 앞에서 언급된 바와 같이 그리스도의 '좋은 선지자'가 되기를 갈망했다. 그 일을 위해서 학업을 계속해야 했기에, 그는 글로스터에 오래 머물지 못하고 다시 옥스퍼드로 돌아갔다. 이후 그가 다시 글로스터에 돌아와서 안수를 받을 때, 영혼 구원이야말로 자신의 사역의 중심 원리가 될 것임을 천명하였다(I hope the good of souls will be my only principle of actions).

옥스퍼드에 돌아간 그는 3년 6개월 만에 공부를 마치고 학사학위를 받게 된다. 그러나 석사과정까지 학업을 더 원했던 그의 바람과는 달리, 그는 런던 타워 채플(London Tower Chapel)의 보좌 신부 자리를 잠시 맡게 되었다. 당시 담당 신부가 잠시 자리를 비웠기 때문이다. 그곳에서 두 달간 사역하는 동안 처음에는 아직 나이 어린 앳된 외모만 보고 '애송이 목사'라고 놀려대던 사람들이 깊은 영성에서 울려나오는 그의 설교를 들으면서 그를 보는 태도가 완전히 달라졌다. 청중들 대부분이 그의 설교에 깊이 빠져들었으며, 다들 그에게 경의를 표하기까지 했다.

두 달 후에 옥스퍼드로 돌아온 휫필드는 영적 생활에 더욱 매진하는 시간을 가졌다. 청년들을 크게 각성케 했고, 모여서 거룩한 믿음으로 서로를 강하게 세위가는 일을 했다. 그러나 그 일도 잠시 뿐, 옥스퍼드 대학에서 연구시간을 갖고자 했던 햄프셔의 더머(Hampshire, Dumour)에 있는 교구 사제인 찰스 킨친(C. Kinchin)이 그 기간 동안 교구를 돌봐달라고 휫필드에게 요청을 해왔기 때문이다. 그는 다시 옥스퍼드를 떠날 수밖에 없었다. 그가 맡게 된 교구는 사람들 대부분이 가난하고 글을 모르는 자들이 많은 곳이었다. 그는 그곳에서의 사역을 통하여 '가난하고 무지한 사람들을 섬기는 것이 부유하고 학식 있는 사람들을 섬기는 것만큼 행복하지 않다'는 편견을 떨쳐버리는 교훈을 터득할 수 있었다.[1] 그리고 그곳에서의 경험이 중요했던 것은 그의 전 생애에 걸쳐 가장 원대한 결단이 이 경험을 통해서 내려지게 되었기 때문이다. 즉, 그것은 신대륙의 조지아(Georgia) 선교사가 되어 하나님께 헌신해야겠다는 믿음의 결단이었다. 당시 그의 사역은 곧 런던에서 자신의 명성을 떨칠 수 있는 기회들이 폭주했었다. 그럼에도 불구하고 그는 자신에게 주어진 모든 것을 버리고, 낯선 미국 식민지로 가서 고달픈 사역을 하라는 주님의 부름에 순종하였다.

---

1 달리모어, 상게서, 123, 124.

물론 그 배경에는 홀리 클럽의 회원이었던 웨슬리 형제가 그곳에 가서 경험한 사역 보고를 통해서 현실로 구체화된 것이다.² 요한 웨슬리가 보낸 두 번째 편지를 받은 휫필드는 마치 사도 바울이 마게도냐(Macedonia) 사람 하나가 건너와 우리를 도우라는 음성을 듣는 것과 같이 그 '편지를 읽으면서 가슴이 뛰었고 그 부르심이 메아리쳤다'고 훗날 고백했다.³

그는 오랜 시간 동안 기도하며 성령의 인도하심을 따라 적당한 상황이 되었을 때, 드디어 조지아로 향해 떠나기로 결단을 내리고 만반의 준비를 했다. 떠나기로 한 날을 불과 얼마 남겨 놓지 않고, 그는 글로스터에서 2주간, 그리고 브리스톨(Bristol)에서 2주간 머물며 평일에 1차례, 주일에 2차례 설교를 했다. 그가 설교하는 곳마다 사람들로 붐볐으며, 자리가 없어서 돌아가는 자들도 많았다.

그의 고별 설교의 장소가 된 글로스터에는 그의 설교를 듣기 위해 모여든 회중들의 인파로 인산인해를 이루었다. 그러나 그는 미국으로 가야 한다는 중압감 때문에 서둘러 런던으로 떠나 그곳에서 배의 출항 소식을 기다렸다. 하지만 예상과는 달리, 떠나는 일정이 그 뒤로 많

---

2   미국에서 요한 웨슬리가 보낸 편지 내용은 다음과 같다: '(조지아의) 프레데리카를 비롯해 소규모 이주지에는 목자가 없다시피 방치된 양 무리가 500명이 넘습니다. 불의한 자는 계속 불의한 자로 있어야 하고… 그리스도 안에서 갓난아이인 자도 여전히 갓난아이 상태로 머무를 수밖에 없습니다… 만군의 주님을 위해 진정 열심인 그대들은 어디 있습니까?… 누구든 온다면 내가 하고 있는 일을 전부 혹은 일부 맡길 것입니다…' (달리모어, 상게서, 124, 125).

3   달리모어, 상게서 125.

이 연기되었다. 함께 떠나기로 한 조지아 총독의 지체로 인해서 출발이 지연되었기 때문이다. 선교사로 떠나기로 결정을 한 후, 거의 일 년이라는 세월이 지체된 것이다.

당시 영국 내에서 그의 인기는 나날이 커져만 갔다. 흔히 말하는 세상적인 출세가도를 달릴 수 있는 기회가 보장되었고, 명망 있는 인사로 추앙 받는 일만 남아 있었다. 그러나 그는 지금의 세상적인 성공과 사람들의 환호보다 고난의 길이지만 주님의 뜻에 순종하는 길을 택했다. 사실 그를 초청한 웨슬리 형제들도 극심한 시련을 감당하지 못하고 되돌아오고 만 그곳에 기꺼이 나아가겠다는 그의 결심은 흔들리지 않았다. 비록 배의 출항이 지체되었지만, 그는 그렇다고 해서 그저 의미 없이 시간을 흘려보내지 않았다. 쇄도하는 설교 초청에 응하면서 열심히 복음을 전하는 일에 매진하고 또 매진했다. 브리스톨로 돌아오라는 빗발치는 요구에 응한 그의 귀환은 개선장군의 입성과도 같았다. '그가 거리를 지나는 것을 보고 거의 모든 사람들이 인사를 하며 찬사를 보냈다.'[4] 브리스톨에서도 그는 일주일에 5차례 설교를 했다. 그가 설교를 할 때마다 그의 설교를 듣고자 하는 사람들로 홍수를 이루는 것은 물론이거니와, '설교를 마치면 수많은 사람들이 감동을 받아 울면서 그의 집까지 따라왔고, 다음 날이면 아침 7시부터 한밤중까지 휫필드는 이곳저곳으로 불려 다니며 영적 훈계로 뭇 영혼들을 일

4　달리모어, 상게서, 128.

깨웠다.'⁵ 그의 명성은 사람들의 입 소문을 타고 더욱 사방으로 퍼져갔다. 사람들이 잘 모이지 않는 시간인 이른 아침, 오전 6시의 설교 부탁에도 그는 마다하지 않고 달려가서 복음을 전하였다. 사람들이 기피하는 몇몇 신앙단체들의 모금을 위한 집회 형식이었기 때문에, 불가피하게 이른 아침에 모일 수밖에 없었는데, 이른 시간임에도 불구하고 사람들은 그의 설교를 듣기 위해 몰려들었다. 당연히 단체들의 우려는 사라지고 성금도 풍성히 모금되어서 성공적인 집회로 마치게 되었다.

어떤 경우에는 하루에 12곳의 설교를 하기도 했다. 그의 집회에는 모여드는 인파로 인해 거의 예외 없이 질서유지를 위해서 경찰들이 동원되었다. 급기야 그는 일주일에 5차례 설교에서 9차례의 설교로 늘리기에 이르렀다. 그는 자신의 설교를 사모하며 교회로 나오는 사람들에 대해 이렇게 묘사한다. '주일 아침 날이 밝으려면 아직도 먼 시각, 손에 손마다 초롱불을 밝혀들고 교회로 향하는 사람들이 거리를 가득 메운 광경이 보이고 하나님의 일에 관해 이야기를 나누는 소리가 들린다… 내가 설교하고 있는 교회당에 들어오지 못한 사람들로 가득 찼고 들어온 사람들은 어찌나 깊이 감동받는지 마치 화살에 맞은, 혹은 맏아들을 잃고 애통해 하는 사람들 같았다.'⁶ 이러한 사역이 넉 달 간이나 계속되었다.

---

5   달리모어, 상게서, 129.
6   달리모어, 상게서, 132.

그러나 한편으로는 그에게 쏟아진 대중의 폭발적인 관심과 사랑(귀족들도 예외가 아니었다)은 또 다른 어려움을 야기하기도 했다. 그는 더 이상 평범한 시민으로 살 수 있는 존재가 아니었다. 대중의 시선은 그의 일거수일투족을 따라다녔다. 그의 설교를 듣고 영적 감흥을 경험한 사람들이 그가 머무는 숙소로 찾아오는 일이 끊이지 않아서, 다른 개인적인 일은 물론이거니와, 제때 식사하는 것조차도 어려울 정도였다. 어떤 경우에는 겨우 한 시간 취침하고, 다음 날 계속해서 설교를 해야 할 때도 있었다. 그러나 그는 주 예수 그리스도만을 굳게 붙들었다. 만일 그가 사람들의 환호에 있는 그대로 반응을 보였다면, 그 인기는 그를 파멸시키고도 남았을 것이다. 그는 이렇게 고백하였다: '주님은 내 간구를 들으사 하나님의 칭찬 외에는 모든 찬사가 헛될 뿐임을 알게 해 주셨다.'[7]

잉글랜드에서의 그의 첫 사역 기간 동안, 그것도 그가 조지아로 가기 위해서 기다리던 중 4개월 동안에 있었던 놀라운 모금 활동과 성공적인 설교사역을 통한 그의 인기는 주변 사람들의 시샘을 불러왔다.[8] 그가 쓴 일기에 의하면, 당시 그를 시기 질투하는 자들의 비난의

---

7 달리모어, 상게서, 151. 달리모어는 그가 회심한지 얼마 되지 않아서 그가 경계하고 있는 것이 무엇인지를 보여주는 그의 기도문을 소개하고 있다: '오, 하늘에 계신 아버지, 귀하신 아드님의 이름으로 구하오니 부디 저로 하여금 출세를 멀리하게 하소서, 지위가 높아지는 것을 싫어하게 하소서, 주님의 무한한 자비에 의지하여 구합니다. 멸시받는 비천한 삶을 사랑하게 하옵시고 이생의 행복과 다가올 생의 행복 사이에서 적당히 타협할 생각 따위는 절대 하지 말게 하옵소서.'

8 달리모어에 의하면 불과 넉 달 사이에 자선 학교를 위해서 약 1천 파운드, 조지아 빈민들을 위해 3백 파운드가 넘는 돈을 모금했다고 한다. 당시 휫필드를 지원하고자 한 준남작

소리가 어떠했는지 알 수 있다. 예배당이 지저분하다는 비방에서부터 영적 소매치기 또는 일종의 마법을 써서 사람들의 돈을 빼앗아가는 광신주의자들의 소행이라는 말까지, 갖은 비방이 난무했다.[9]

그러나 휫필드는 악을 악으로 갚지 아니하고, 온화하고 넓은 마음으로 원수를 사랑하라는 설교를 하면서 인간적인 갈등을 최소화하고자 했다. 그는 다른 사람의 인격을 훼손하면서 자신을 높이고자 하지 않았다. 그 시절의 사역에 대해서 휫필드는 '얼마나 많은 사람들이 각성하였고 얼마나 많은 사람들이 나를 위해 기도하는지 다 이야기하려면 아마 시간이 부족할 것이다. 큰 심판의 날이 모든 것을 밝혀줄 것이다'라고 기록했다.[10]

조지아로 가기 전까지 글로스터와 브리스톨, 바스(Bath) 및 런던에 이르기까지 그의 사역을 통해서 수많은 사람들이 회심하고 영적 깨우침을 받았으며, 그를 통해서 도움을 받은 신앙단체들의 규모들은 날로 커졌다. 심지어 그가 배를 타기 위해서 항구에서 기다리는 잠깐 사이에도, 그곳에 몰려든 사람들에게 설교하였는데 런던에서 경험한 것들 못지않은 결과를 낳았다. 게다가 그가 잠시 머무는 하숙집에까지 사람들이 몰려와서 저녁 6시부터 10시까지 3내지 4그룹으로 나누어 성경을 강론하기도 했다. 이러한 사역의 영향으로 만일 그가 런던

인 존 필립스 경으로부터 매년 30파운드의 수당을 받는 것이 그의 수입의 대부분이었음을 비교할 때 1천 파운드의 액수는 엄청난 것이었다.

9   달리모어, 상게서, 153.
10 달리모어, 상게서, 157.

에 머물겠다고만 하면, 누구나 솔깃해 할 수 있는 엄청난 제안들이 들어왔을 것이다. 그러나 그는 그 모든 것들을 이 세상에 속한 덧없는 제안들로 간주하고, 그 모든 것을 내려놓고 미련 없이 배에 올랐다. 손에 쟁기를 잡고 뒤를 돌아보는 합당치 않은 일을 일언지하에 거절한 것이다.

제 3 장

미국 조지아에서의 첫 번째 사역

드디어 갈망하던 조지아로 가는 휘태커(Whitaker)호에 승선하게 되었다. 1736년 12월 30일 딜(Deal) 항구에서였다. 그와 함께 한 일행은 총 5명으로 그 중 두 사람은 정착민들의 자녀들을 위한 학교 선생으로 일할 자들이었고, 나머지 둘은 가사 일을 돕는 남자 하인들이었다. 그리고 마지막 한 명은 그의 개인 비서 역할을 맡은 제임스 하버샴(J. Harbersham)이었다. 조지아로 가는 배안에서도 휫필드는 매우 신중하고도 인내심 있는 태도를 보이면서도 불신앙의 군인들과 승객들 모두에게 상당히 지혜롭게 복음전하는 일에 사력을 다했다. 휫필드는 냉소적이고 비아냥거리는 자들, 영적인 일에는 전혀 관심이 없는 자들이 대부분인 그들을 하나님께서 자신에게 맡겨주신 영혼들로 간주했다. 병자들을 보면 극진히 돌아보며 기도해 줌으로써 사람들의 닫힌 마음을 하나씩 열어갔다. 이에 그의 사랑의 수고에 무관심으로 일관하던 군인들, 그리고 일상적인 대화조차도 심한 욕설이 대부분이었던 강퍅하고 무지한 사람들의 마음이 점차 하나님께로 열려지는 역사가 일어났다.

넉 달간의 항해 기간 동안 참으로 믿기 어려운 놀라운 변화들과 기적들이 일어났다. 그들은 기도문을 외우고 요리문답을 외우며 성경을 읽고 나중에는 설교까지 들었다. 선장은 자신의 선장실을 개방하여 횟필드 목사로 하여금 그곳에서 쉬며 연구하는 시간을 가지도록 배려해주었다. 여객선이 하나의 교회가 된 것이다. 넉 달간의 항해에서 얻은 열매들은 참으로 컸다. 악질 중의 악질이었던 선원 한 사람은 어느 날 횟필드를 찾아와 자신의 죄를 고백하고 하나님 앞에 울부짖으며 회개하기도 했다. 심지어 횟필드를 사기꾼으로 여겼던 한 사관후보생은 전역 신청을 했다. 이유는 목사가 되어 그리스도를 섬기는 일에 일생을 바치고자 하는 열정 때문이었다. 선실에서 욕설과 험한 말을 일삼던 승객들의 입에서는 하나님과 그리스도 이야기 외에는 아무 것도 하지 않았다.

이러한 변화는 그와 함께하시는 하나님의 은혜의 큰 역사가 아니고서는 도저히 말로서 설명할 수 없는 일들이었다. 결국 배에서 내리기 전 그들이 함께 예배하며 작별의 시간을 가졌을 때는 배안은 성령의 감동의 물결로 온통 눈물바다를 이루었다. 성령의 임재하심이 이들을 감쌌다. 그러나 휘태커호에서의 하선은 더 이상 그와 같은 감격에만 젖어 있게 하지 않았다. 그곳은 불과 다섯 달 전에 웨슬리 형제가 사역하다가 쫓겨나온 곳으로서 영적인 거대한 폭풍우가 대기하고 있는 곳이었기 때문이다.

횟필드는 그의 생애에 있어서 미국을 총 7차례 방문했다.[1] 그리고 그의 마지막 방문 기간 중에 매사추세츠(Massachusetts) 주에 있는 뉴 베리포트(New Beryport)의 장로교회 목사관에서 1770년 9월 30일 만 56세를 석 달 앞두고 세상을 떠났다. 그가 사랑한 선교지에서 죽어 묻혔다. 짧다면 짧은 생애였지만 그가 미국에서 이룬 복음의 큰 업적은 실로 대단한 것이었다. 7차례의 방문기간 동안 그는 남부 사우스캐롤라이나 찰스턴(South Carolina, Charleston) 항구로부터 북쪽 매사추세츠 주에 이르기까지 가는 곳마다 수많은 사람들을 그리스도께로 인도하였다. 더욱이 미국의 대각성 운동의 불길을 활활 타오르게 한 위대한 역사를 감당하였다. 물론 미국의 대각성 운동은 화란계 목사인 데오르도스 플렐링호이젠(D. Frellingheizen)의 사역과 통나무 대학으로 유명한 테넌트(Tennent) 목사의 아들 길버트 테넌트(G. Tennent) 목사의 사역을 통해서 시작되었지만, 횟필드의 등장은 그 대각성 운동을 정점에 달하게 했으며, 식민지를 하나로 묶는 가장 위대한 단일 요소가 되게 했다. 이 부분은 제11장에서 좀 더 깊이 다뤄볼 것이다.

횟필드가 도착하여 머문 조지아는 식민지로서 개척된지 막 5년이 된 곳이었다. 정착민들은 빚 때문에 감옥에 갔다가 풀려나서 이

1　1738년 5월에서 8월까지 1차 방문, 1739년에서 1741년 2월까지 2차 방문, 1744년에서 1748년까지 3차 방문, 1751년 9월에서 1752년까지 4차 방문, 1754년에서 1755년까지 5차 방문, 1763년에서 1765년까지 6차 방문, 1769년에서 1770년 사망하기까지가 마지막 방문이었다.

곳에 정착하려고 온 자들을 비롯하여 유럽(Europe) 각지, 곧 스위스(Switzerland), 독일(Germany), 프랑스(France), 스코틀랜드 등에서 건너온 자들이 함께 섞여 살았다. 사바나(Savannah)에는 대략 5백여 명의 주민들이 모여 있었고 프레데리카(Frederica)에는 1백 20여 명, 그리고 주변 마을 사람들 및 휫필드와 함께 온 승객들을 다 포함하여 전체 1천 명이 채 안 되는 사람들이 모여 있는 곳이었다.

 그는 도착한 다음 날 새벽 5시부터 예배를 인도했는데, 어른들과 어린이 합해서 모두 32명이 참여했다(어른 17명 어린이 25명). 저녁 기도회 모임에는 1백여 명이 꾸준히 모였다. 그들을 위한 사역을 하면서 그는 낯선 식민지 상황에 곧 익숙하게 적응해갔다. 매일 심방을 하면서 집집마다 요리문답을 가르쳤고 주일에는 아침 7시부터 사역에 임했다. 주일에는 2차례 설교를 하였다. 하인들과 그 밖의 사람들에게 요리문답도 강론했다.

 그에 대한 사람들의 환대는 식민지에서도 다르지 않았다. 그의 모범적인 삶과 강력한 설교의 영향 때문이었다. 식민지 내 모든 정착촌을 찾아다니며 영적인 일뿐만 아니라, 그들의 일상적인 일들에게까지 깊은 영향을 미쳤다. 아이들을 위하여 학교를 세웠고, 사바나에서는 여학교도 지었다. 교회당이 없는 곳에는 교회당을 지을 비용도 제공해 주었다. 가난한 사람들에게는 가축(소나 돼지)들을 사 주면서 자급자족하도록 돕기도 했다. 그는 단지 설교나 성경공부만 인도한 것이 아니었다. 이렇게 사람들과 접촉하면서 그들의 육적인 필요를 공급해 주는 일까지도 즐겁게 감당해 나갔다.

 그가 조지아에서 가장 먼저 한 일은 베데스다(Bethesda) 고아원 건축이었다. 사실 이 고아원 사역은 그의 평생에 무거운 짐으로 남은 것이었지만, 그 사역을 통해서 아이들을 교육시키고 심지어 흑인 아이들까지도 돌보는 발판을 만들었다. 그는 지금까지 누구도 선뜻 나서지 못하는 인디언들에게 복음을 전하는 일과 특히 흑인들에게도 복음을 전하면서 뉴잉글랜드에서 조지아까지 식민지 땅 위아래로 종횡무진 말씀으로 누비고 다녔다.

주의 일이 흥왕하면 할수록 사탄의 방해도 거셌다. 그곳에서의 사역에서 교통의 어려움과 대적자들의 반대공작은 사도 바울이 경험했던 것(고후 11:23-27 참고) 못지 않은 것이었다. 늘 따라붙어 그를 괴롭혔다. 그것은 생명의 위협을 느낄 정도로 강렬했다. 그러나 그러한 것이 휫필드가 달리고자 하는 길을 막을 수는 없었다. 오로지 그는 주 예수 그리스도만 바라보며, 주님의 풍성한 은혜의 복음을 전파하는 사명에 따라 달려갔다. 마치 사도행전 20장에서 만나는 사도 바울의 일사각오의 정신에 사로잡힌 자와 같았다.

그에 관한 전기물 대부분이 다루고 있듯이 조지아에서의 초기 사역에서는 하루에도 보통 3,4차례씩 설교하였다. 그것도 부족함이 있어서, 영국에서 경험한 것과 같이 아침 6시부터 설교를 하였다. 몰려드는 인파들 때문에, 설교를 할 때면 그는 목소리를 최대한 높여서 할 수밖에 없었다. 결국 목이 상하여 때로 피를 토하는 지경까지 이르렀어도, 움직일 수만 있으면 그는 입을 벌려 복음 전하기를 멈추지 않았다.

그는 몸이 아파서 가누기 힘든 상태에서도 빗발치는 사람들의 요구를 거절치 아니하고 복음을 전하였다. 사람들은 그의 설교를 듣기 위해서 먼 거리를 마다하지 않고 달려왔다. 휫필드의 사역에 대해서 매우 비판적인 입장으로 시작했던 벤자민 프랭클린(B. Franklin)은 그의 설교를 듣고 난 후에는 평생토록 그의 설교나 글을 출판하며 소개하는 일에 앞장섰다. 휫필드와 끝까지 우호적인 관계를 유지한 그는 휫필드의 설교를 듣는 청중들의 군집에 놀라, 산술적으로 그의 설교를 들을 수 있는 청중을 계산하였는데, 최소한 3만 명은 모이게 할 수 있는 능력을 지닌 설교자로 말하였다.[2]

휫필드는 정착촌을 돌아다니면서 사람들의 애로 사항들을 파악하였다. 그것을 바탕으로 조지아의 경제정책 문제까지도 조언을 할 수 있게 되었다. 그는 먼저 무지한 자를 일깨우기 위하여 학교를 세웠다. 교육을 통해서 게으른 자들을 부지런한 자들로 변화시키고자 힘쓴 것이다. 학교 설립의 주목적은 '아이들에게 기본 교육을 제공할 뿐만 아니라, 복음을 가르치고 그가 기독교 신앙의 핵심이라 여겼던 원리, 즉 열심히 일하는 것과 질서 잡힌 삶을 훈련시키기 위함이었다.'[3] 학교 세움과 더불어 그는 고아원도 설립했다. 이것은 독일 경건주의 운동의 핵심이었던 헤르만 프랑케(H. Franke)의 영향에 힘입은 바였다.[4] 이 일 때문에 그는 영국을 자주 찾을 수밖에 없었다. 막대한 자금이 소요

---

2   달리모어, 상게서, 1090.

3   달리모어, 상게서, 228.

4   독일 할레 지역에 프랑케(1663-1727)가 고아원을 설립하여 운영한 것을 본받은 것이다. 프랑케는 독일의 할레에서 루터교 목사로, 그리고 할레 대학교의 교수로 활동하면서, 그의 선생이자 동료인 슈페너가 제안했던 경건주의적인 삶을 살았다. 그는 교육 사업과 선교 사업에 탁월한 업적을 남긴 자로서, '개인의 변화를 통한 사회의 변혁'을 꿈꾼 사람이었다.

되었기 때문이다.

    횟필드의 이 사역, 오늘날의 용어인 일명 복지사역이 교회가 할 일인지에 대해서는 논란의 여지가 있다. 다만 당시 사회 전반이 가지고 있는 열악한 상황에서 국가의 손이 미치지 못하는 일들을 교회가 앞장서서 한다는 것은 잘한 것이라고 생각한다. 그러나 복음전파의 사명에 충실하고자 했던 횟필드의 길에 고아원은 평생 무거운 짐이 되었고 복음전파에 전념하는 것에 방해가 되었다는 것은 어느 정도 일리 있는 말이다. 초대교회 때도 사도들은 공궤하는 일로 인해 본연의 업무에 막대한 지장을 받게 되자, 그것을 담당할 7명의 대표를 따로 뽑아 일임하고 자신들은 '기도하는 것과 말씀 전하는 것을 전무하기로' 작정했다(행 6:4). 횟필드 역시 학교나 고아원 사역을 하는 자리에서 물러나 복음전파 사역에만 매진했더라면 어떠했을까 하는 가정을 해본다. 그렇지만 그는 현실적인 문제를 외면하고 복음사역에만 몰두할 수 없었을 것이다.

제 4 장

브리스톨에서의 옥외집회: 광부들을 위한 사역

고아원 기금 모금을 위하여 긴 항해의 고통과 위험을 무릅쓰고 1738년 11월 30일에 영국으로 돌아왔다. 런던에서 지인들을 만나며 크게 기뻐하였다. 왜냐하면 그가 미국으로 떠나기 1년 전에 뿌렸던 씨앗들이 많은 열매로 이어졌음을 볼 수 있었기 때문이다. 흡족한 마음을 안고서, 자신이 영국에 다시 돌아온 목적을 달성하고자 캔터베리(Canterbury) 대주교와 런던 주교를 찾아갔다. 고아원 설립 프로젝트를 알리고 모금을 위하여 국교회 예배당 사용에 대한 협조를 부탁했다. 그러나 결과는 그들이 기꺼이 도와줄 것으로 기대한 그의 소망과는 상반된 것이었다. 충격이었다. 자신의 사역이 국교회 교리에 어긋난 것이 없었다. 더구나 성공회 자체도 이미 구제활동에 적극 나서고 있는 상황이었기 때문에, 휫필드가 고아원 설립 기금 마련을 위해서 국교회 예배당 사용을 청했을 때, 당연히 도와줄 것으로 생각했는데, 그들의 반응은 전혀 예기치 못한 것이었다. 그의 사역에 대하여 크게 고무된 자들이 많았지만 동시에 그를 곱지 않은 시선으로 바라보고 있는 국교회 지도자들의 반감 역시 만만치 않았다. 열매도 많았지만 그만큼 대적자들도 많았다. 대다수 교회들은 문을 열어주지 않았다. 결국, 그에게 호의적인 입장을 가진 네 교회만 허락해주어 고아원 기금 모금 활동을 할 수 있었다.

휫필드는 허락된 예배당에서 주일마다 2차례씩 설교를 했고 주중에도 자주 설교를 했는데, 그때마다 구름 떼처럼 관중이 몰려들었다. 그가 머문 56일 동안 그는 총 17개 교회에서 총 57회 설교를 할 수 있었다.[1] 그는 지칠 줄 모르는 설교자였다. 한 주에 교회당에서 설교한 것이 9회, 신앙단체에서 강론한 것이 18회, 도합 27회나 설교사역에 임하였다. 이렇게 그는 이른 아침부터 깊은 밤까지 쉴 새 없이 일했다.[2] 그의 일기에서 밝히고 있는 것을 보면, 한주에 6차례 내지 9차례 설교를 하고 매일 밤 2, 3차례씩 강해를 했으며, 12차례나 14차례 강론을 했다.[3]

설교를 허락해 주지 않은 목사를 위해서는 '나는 나의 원수를 사랑합니다!'라고 말할 수 있게 하시는 하나님을 찬양한다고 했다.[4] 그는 자신의 청에 협조하지 않고 불응한 교회에 대한 비판이나 지도자들에

---

1 이 교회들의 이름은 달리모어의 책 각주에 수록되어 있다. 각주 12번, 1272쪽.
2 1738년 12월 30일자 일기, 달리모어, 상게서, 240.
3 휫필드의 일기, The Banner of Truth, 1985, 197.
4 1월 6일자 토요일 일지.

대한 공격으로 불필요한 에너지를 소모하기보다는, 사랑의 마음을 가지고 주님을 신뢰하며 사람들이 있는 곳에 찾아가 복음을 전파하는 일에 전념함으로써 보다 생산적인 일에 힘썼다.

한편 이왕 영국으로 돌아온 터에, 그는 정식 목사 안수를 받고자 1739년 1월 초에 옥스퍼드로 향했다. 이번에도 그에게 부사제 안수를 준 벤슨 주교가 집례를 거행했다. 안수식 후에는 성 알반(St. Alban) 교회당에서 실내에 가득한 사람들과 성직자들, 교회당 밖에 모인 자들을 향해 하나님 말씀을 전파하였다. 정식 목사 안수를 받은 후에도 그의 복음전파 사역은 변함없이 계속되었으며, 그는 자신을 허락하는 곳, 또는 초청하는 곳이면 어디든 마다하지 않고 가서 주님의 말씀을 전파했다. 그러나 그가 하나님의 진리를 전파하면 할수록 그를 환호하는 사람들의 반응이 폭발적으로 늘어났고, 휫필드에게 환호하는 사람들이 늘어나면 날수록 그를 대적하는 자들도 그만큼 늘어갔다. 교회의 적은 외부로부터 오는 것이 아니라, 대부분 내부로부터 발생하는 이런 현상은 시대를 불문하고 참 교회가 직시하는 양상들이다. 대적자들은 할 수만 있으면 휫필드의 입을 막고자 했다. 심지어 신앙단체를 섬기는 것까지도 금하고자 공작을 했다. 휫필드는 이들이 행하는 악의에 찬 비난과 훼방을 감내해야 했다. 그는 이러한 상황 가운데서도 묵묵히 하나님께서 자신을 통해서 성취하실 일들을 기대하며, 모든 판단은 하나님께 맡겼다. 그가 받은 위로는 그가 설교하는 곳마다 엄청나게 몰려드는 군중들의 반응이었다. 그러한 것들을 보면서 더 많은 사람들에게 다가갈 새로운 방법을 구상하였다. 교회 경내에 그의 설교를 듣기 위해 1천여 명의 사람들이 모여들었는데, 밖에서는 그 만큼의 숫자가 교회 안으로 들어설 자리가 없어서 그냥 돌아갔다는 소식을 듣고, 그는 처음으로 '건물이 아닌 밖에서 설교를 하면 어떨까'하는 생각을 했다. 이에 대해 친구들에게 조언을 구해 보았다. 그러나 그들은 모두 이구동성으로 '미친 짓'이라며 부정적인 입장을 보였다. 그러나 옥외집회에 대한 생각은 그의 마음과 뇌리에서 떠나지 않았다. 그는 '교회들이 그를 대적하여 문을 닫을 때, 감사합니다, 하나님! 들판은 열려 있잖아요!'라고 부르짖었다.[5] 그는 결단하고 즉시 실행하기로 했다.

횟필드는 교회당 밖에는 죄 가운데 살면서 하나님의 말씀을 듣지 못하는 수많은 사람들이 있는데, 교회당 건물 안에서 선포되는 말씀이 건물 밖에 있는 그들에게는 전혀 미치지 못하고 있음을 안타까워 했다. 따라서 어떻게 하면 저들에게 복음을 전할까를 늘 고민해 왔었다. 이제 그러한 안타까움을 해결할 수 있는 방안이 생긴 것이다. 거룩한 열정을 가지고 주님께서 보여주신 원칙대로 산과 들판과 거리 골목으로 나아가 그들을 강권하여 데려다가 채워야겠다고 결심했다. 횟필드의 사역에 있어서 가장 특징적인 것으로서 이것을 빼놓고서는 그의 사역에 대해 말할 수 없는, 바로 역사적인 옥외집회가 시작이 된 것이다.

그의 첫 옥외집회는 1739년 2월 7일 브리스톨 근처의 광산지역인 킹스우드(Kingswood)에서 광부들과 함께 하는 자리에서 열렸다.[6] 그

---

5 달리모어, 상게서, 250. 이 생각은 본래 그의 생각이 아니라 웨일즈의 복음 전도자 하웰 해리스와의 편지 교류를 통해서 알게 된 것이었다.
6 스펄전 목사는 『목사 후보생들에게』라는 책에서 횟필드가 옥외설교를 시작한 날이 영국

지역 주민들은 대부분 무지하고 타락한 상태로 살아가고 있었지만, 교회나 국가도 그들을 위한 배려는 전혀 없었다. 교회는 물론이거니와 학교조차도 없었다. 휫필드는 많은 기도로 준비한 후에, 한남 산 등상(Hannam mount)에서 마태복음 5장 1절에서 3절 말씀을 본문으로 설교를 시작하였다. 광부들이 대부분인 회중은 2백여 명이었다. 옥외집회에 대한 소식은 삽시간에 퍼졌으며, 청중의 숫자도 급증했다. 급기야 그곳에 모인 회중의 수가 수천 명으로 늘어났다.

사실 그의 옥외집회는 국교회 입장에서 볼 때 당황스러운 것이었다. 그가 합법적으로 허가를 받아 집회를 연 것이 아니었기 때문이다. 더욱이 이전에 그를 시샘하던 자들의 격렬한 반대로 인해서 예배당까지도 쉽게 내어주는 교회가 거의 없었던 상황에서, 군중들의 회집은 당국자들을 당혹스럽게 만들었다. 브리스톨에 머무는 5일 동안 그는 옥외집회 이외에도 세 곳의 교회에서 설교했다. 교도소는 날마다 찾아갔고 신앙단체들 모임에서는 매일 저녁 2차례씩 설교를 했다. 이러한 그의 사역들이 불법적 행위라고 그를 소환한 법률고문은 그에게 설교를 하지 말 것을 권유하였다. 사명자는 물러서지 않았다. 그에게 위협이 가해졌다. 허가를 받지 않고 계속해서 지금처럼 설교한다면 정직과 출교를 시키겠다는 내용이었다.[7]

법률고문관의 협박에도 불구하고 킹스우드에서 가진 두 번째 집회

을 위한 담대한 날이었다고 평가하였다.

7   달리모어, 상게서, 276-77.

에서는 2천여 명의 청중이 모였다. 한편 횃필드에 대한 호의적인 명성을 주변 인물들로부터 들었고, 당시 영국 국교회 상황이 심히 암울하다며 '기독교가 아니면 침몰할 수밖에 없는 땅에서 기독교 신앙을 유지해야 한다'고 깊이 인식하고 있던 버틀러(J. Butler) 주교가 보낸 긍정적인 편지는 횃필드를 압박하던 법률고문관의 입을 다물게 했다. 장애물이 해결되자 그의 설교를 듣고자 모인 청중의 숫자는 4천에서 5천 명으로 급증했다. 그 다음 날 주일에는 대략 어림잡아도 1만 명이 훨씬 넘는 사람들이 몰려왔다. 더욱 놀라운 것은 이렇게 수많은 군중들이 모였음에도 누구 하나 소란피우지 않고 조용하고 경건한 가운데 예배가 드려졌다는 사실이다. 이들은 너나 할 것 없이 한마음이 되어 횃필드라는 걸출한 복음 전도자의 입술을 통해서 선포되는 하나님의 메시지에 귀를 기울였다.

    매 주일 아침 6시에 시작한 누이 집에서 가진 모임은 처음에 50여 명이 참석했었다. 그러나 다섯 주가 채 지나지 않아서 그 숫자는 처음의 백배로 늘어났다. 밖으로 나갈 수밖에 없는 상황들이 조성된 것이다. 그가 설교만 한다 하면 사람들은 시간에 구애 받지 않고 모여들었으며, 이미 사람들로 꽉 차서 비집고 들어갈 틈조차 없었다. 한번은 횃필드가 설교를 하러 안으로 들어가야 하는데, 사람들이 너무 많이 모인 관계로 그 안으로 비집고 들어갈 수가 없어 사다리를 타고 창문을 통해서 들어가기도 했다. 때로는 마당에 가득 들어찬 사람들을 위해서 창가에 서서 말씀을 강론하기도 했다.8 이제 주일 아침 6시 모임조차도 대략 7천에서 8천여 명이 모이게 되었다.

브리스톨을 본거지 삼은 그는 주변 지역을 두루 찾아다니며 날마다 말씀을 전파하였다. 그가 브리스톨과 런던을 오가며 머문 8주 동안의 사역 현장에는 많게는 2만 3천여 명이 넘는 인파들이 몰려왔다. 그가 전파하는 말씀을 듣고 감동을 받아 변화되는 감격적인 일들이 연일 벌어졌다. 청중들의 숫자는 더욱 늘어나서 4,5만 명이나 몰려들었다. 이렇게 그는 일주일에 거의 30회의 집회를 열었다.

이제 국교회의 방해나 환경의 어려움은 그에게 아무런 장애가 되지 못했다. 하나님께서 역사하시는 그 열매들이 그를 더욱 담대하게 만들었다. '구원의 은혜에 관한 메시지를 인류에게 전하고자 하는 뜨거운 열망이, 그의 길을 가로막는 모든 시련을 다 제압해 버린 것이다.'9

횟필드가 이룬 브리스톨에서의 사역 결과들은 결코 과장이 아니었다. 그가 브리스톨을 떠나 다시 미국 조지아로 되돌아가고자 할 때, 횟필드의 후임으로 사역에 임해달라는 요청을 받아들여 이곳에 당도한 요한 웨슬리의 증언도 이를 뒷받침하고 있다: '횟필드 형제는 주일 아침 볼링 그린(Bowling Green)에서 6,7천 명의 회중에게 말씀을 강해했다네, 정오에는 한남 언덕에서 그 정도의 숫자의 사람들에게 말씀을 전했고, 5시에는 로즈 그린(Rose Green)의 작은 언덕 위에서 약 3

---

8   달리모어, 상게서, 285.
9   달리모어, 상게서, 287.

민 명에게 설교를 했다네.'¹⁰

이 시기에 휫필드는 웨일즈(Wales)에서 큰 부흥의 역사를 일으키고 있던 하웰 해리스와 조우하는 기쁨을 가졌다. 해리스는 이미 옥외집회를 실시하고 있었기 때문에, 휫필드는 그와의 만남을 통해서 옥외집회에 대한 자신감을 더욱 갖게 되었을 것이다. 그의 마음속에 선한 뜻을 두시고 일하시는 하나님의 역사를 확인할 수 있는 기회가 되었다. 실로 하나님의 섭리의 역사는 매우 신비롭기만 하다. 해리스 역시 휫필드가 태어난 해에 태어났고, 그의 회심도 휫필드와 유사한 시기였다. 하나님께서는 영국과 미국의 대부흥 운동(The Great Awakening)을 위하여 하나님의 사람들을 하나님의 방식으로 만나주셨고 훈련시키셨다. 이들은 하나같이 자신들이 속하여 자란 국교회의 훼방을 받았다. 그럼에도 불구하고 수많은 영혼들을 주님께로 이끄는 새로운 역사의 주역들이 되었다. 해리스와의 첫 조우 이후로 훗날 칼빈주의적 감리교(Calvinistic Methodism)를 창설하였다. 이 부분은 제7장과 8장에서 상세하게 다루고자 한다.

휫필드는 요한 웨슬리에게 자신이 하던 킹스우드의 사역을 맡기고, 해리스와 함께 웨일즈 지역을 순회하며 설교를 하였다. 예배당 사용이 허락되면 허락되는 대로 허락되지 않으면 옥외에서 말씀을 전하였다. 이 전도 여정 중 아버가벤니(Abergavenny)¹¹ 지역에서 집회를

---

10 달리모어, 상게서, 292.
11 아버가벤니는 웨일즈 남중부 지역에 위치해 있고 우리나라 개신교 최초 순교자인 토마스 선교사의 고향인 하노버에 인접해 있다.

할 때, 그곳에 살고 있던 엘리자베스 제임스(E. James)라는 운명의 한 여인을 만나게 된다. 이 여인은 과부로서 훗날 휫필드의 아내가 될 사람이었다. 이에 대한 이야기는 다음 장에서 살펴보게 될 것이다.

하나님의 사역을 하다보면 생각지도 않은 변수를 만나 활동에 차질을 빚기도 한다. 이때 휫필드가 그러했다. 한창 진행 중이던 웨일즈 지역의 순회사역을 멈추고 그만 글로스터로 돌아가야만 할 상황을 맞은 것이다. 계속되는 사역에 몸이 많이 허약해졌기 때문이다.

이제 상황이 많이 변했다. 그가 2년 전 조지아로 건너갈 당시에는 무명의 인사였다. 그러나 이제는 영국에서 가장 유명한 인사들 중 한 사람이 되었다. 그렇다고 대적하는 무리들이 사라진 것이 아니다. 그를 반기는 고향 사람들도 많았지만, 그를 적대시하는 자들도 여전히 산재했다. 예배당 사용을 거부당하는 것은 물론이거니와 휫필드는 미친 사람이요 스스로를 성령으로 자처하며 모자도 쓰지 않고 시편을 노래하며 돌아다녔다는 헛소문이 나돌았다. 이러한 상황이 그를 심히 괴롭혔지만 그는 그러한 행위들에 대해 일말의 원망이나 불평의 말을 내뱉지 않았다. 대신에 그를 환영해 준 사람들에 대한 감사하는 마음을 가지며, 자신으로 인해 많은 불신자들이 하나님의 백성으로 거듭난 것에 대해 하나님께 깊이 감사하였다.

대적자들의 공격은 런던으로 돌아온 그를 맞이한 자들에게서도 나타났다. 전에는 휫필드를 열렬히 환영했던 교회들이 정반대로 돌변해서 예배당 사용을 거부하기에 이르렀던 것이다. 특히 이슬링톤(Islington)에 있는 성 메리 교회가 그러했다. 그는 이 일에 대해 자신의 일기장에 다음과 같은 글을 남겼다:[12] '하나님은 설교하는 저를 도우시기를 그토록 기뻐하셨고 듣는 이들의 마음을 놀라우리만치 움직이셨기에, 저는 우리가 감옥에 갈 때도 찬양을 부르니 갈 수 있을 거라고 믿습니다. 적들로 하여금 내 스스로 밀려났다 말하게 하지 마십시오. 아닙니다. 그들이 나를 밀어냈습니다. 자기 의에 빠진 이 세대 사람들이 스스로 자신을 무가치한 존재로 여기기에 저는 길과 산울가로 나가 창기와 세리와 죄인들을 강권하여 내 주님의 집이 채워지게 했습니다.'

횟필드는 런던에서도 예배당 사용이 거부된 것을 계기로, 브리스톨과 킹스우드에서 경험했던 옥외집회를 런던에서도 시행하기로 했다. 케닝톤(Kennington) 지역의 공유지는 템즈강(Thames) 남쪽에 있는 8만 평방미터의 넓은 공간이었다. 이곳은 죄수들을 교수형 하는 장소로 유명한 곳이기도 했다. 따라서 이곳은 런던에서 가장 가난한 사람들이 모여 살았다. 거의 매일 건전치 못한 스포츠가 행해졌다. 또한 매춘이 성행했고 소매치기들도 기승을 부린 곳이었다. 언제라도 폭도로 돌변할 수 있는 사람들이 떼를 지어 몰려다니는 그런 곳이었다.

횟필드는 이러한 악명 높은 장소에서 집회를 열고서는, 이곳을 원수 마귀의 거점으로 간주하고 맹공격을 퍼부었다. 집회에는 대략 3만여 명의 인파가 모였는데, 때마침 바람이 불어와서 자신의 목소리를 군중들 끝머리에 있는 자들에게까지 들리게 할 수 있었다. 그들은 모

---

12   달리모어, 상게서, 307.

두 그의 설교를 경청하면서 시편과 주기도문을 함께 암송했다. 이 집회의 광경을 기록한 그의 일지에는 '나는 어떤 교회에서도 이보다 조용히 설교한 적이 없었다. 말씀이 능력과 함께 임했다'고 했다. 그의 전기를 쓴 달리모어에 의하면 '이 날의 사역이 그의 생애에 있어서 가장 위대한 한 장의 서막을 알린 것'이라고 한다.[13]

이날 이후로 그 주간 수요일에 1만 명이 넘는 군중들에게 설교를 하였고, 그 다음 날도 금요일도 토요일도 저녁마다 그곳에서 설교를 했다. 군중들은 계속해서 몰려들었고 고요하게 말씀을 들으며 은혜를 받고 돌아가곤 했다. 이런 장면들은 평양 대부흥운동의 광경과 별반 다르지 않은 모습이다. 모든 부흥의 때에 나타나는 현상이지만 말씀을 전하는 설교자와 말씀을 듣고자 하는 청중들이 하나가 된 모습이었다.

그가 런던에 머무는 동안 주일 오전에는 무어필즈(Moorfields)에서 설교를 하고, 저녁 6시에는 케닝톤에 가서 설교를 했다. 이때 모인 군중은 약 5만 명이나 되었다. 대형 사륜마차가 80대 가량 되었고 마차를 끄는 말들도 엄청났다. 그곳에서 그는 한 시간 반가량 설교를 했다. 집으로 돌아올 때는 말로 다할 수 없는 사랑과 평강과 기쁨으로 충만해져 있었다.[14]

비가 많이 오는 날에도 비를 멈추게 해 달라고 기도하면서 말씀을 전했는데, 비가 오는 궂은 날씨에도 불구하고 그의 설교를 듣기 위해

---

13 달리모어, 상게서, 309.
14 달리모어, 상게서, 310.

모여든 군중이 2만 명이나 되었다. 그는 예수 그리스도를 증거 하였고, 모인 청중들로 하여금 예수 그리스도에게 온 마음을 집중하도록 이끌었다. 무어필즈에 모인 청중들의 숫자는 나날이 늘어나 한날은 무려 6만 명이나 모이게 되었다. 고아원 건립 기금을 위한 헌금에도 사람들은 적극 동참해주었다. 어떤 날은 모금한 동전의 양이 너무 많아 무거워서 혼자 힘으로 집까지 들어 옮길 수조차 없을 정도였다.

6월 1일 금요일에는 하이드(Hyde) 파크 지역에서 설교를 했는데, 이때에는 대략 8만 명의 인파로 인산인해를 이루었다.[15] 이것은 이제까지 그의 설교를 듣기 위해 모인 인파들 중 가장 규모가 큰 것이었다. 이 정도의 많은 군중들이 모이게 되면 시끌벅적한 것은 물론이거니와 사소한 다툼이나 우려할 만한 사건들이 늘 공존하기 마련이다. 그러나 놀라운 것은 그가 설교할 때는 어느 누구하나 작은 소리라도 내는 사람 없이, 모두가 그의 설교에만 집중해서 경청했다는 사실이다. 하나님의 도우심으로 그는 큰 목소리로 설교를 했고, 대다수 사람들은 그의 설교를 들을 수 있었다. 큰 감동의 물결이 이들 인파들 위로 휩쓸고 지나갔다.

횟필드는 런던에 20주간 머물면서 사방으로 다니며 설교를 했다. 그리고 동시에 사람들의 요구에 부응하고자 21편의 설교집도 출판하였다. 이 설교집은 출판되자마자 불티나게 팔렸고, 1년 안에 재판 삼판까지 출판해야 했다. 독일어로 번역된 것이 5편이었으며, 웨일즈어

---

15 그러나 수치는 정확하지 않다는 것이 정설이다. 달리모어는 그의 책에서 그 점을 상세하게 설명한다(318-319쪽 참고). 하지만 횟필드의 설교를 들은 사람들의 숫자는 마이크가 없는 시대에 가히 상상을 초월하는 엄청난 역사인 것은 부정할 수 없다.

로 번역된 것이 2편이었다. 그러나 우리가 알아야 할 것은 출판된 휫필드의 설교들 대부분은 그의 나이 25세 이전의 것들이라는 점이다. 그렇기 때문에 그의 신학적 사고와 깊이가 덜 여물어졌던 때였음을 간과하지 말아야 할 것이다. 그럼에도 불구하고 그의 설교 내용들에는 깊은 신학적 지식과 성경 이해의 탁월함을 엿볼 수 있다.

한편 그는 미국으로 건너가기 위해 우선적으로 해결하고자 했던 일을 마무리했다. 브리스톨 사역을 인계받을 사람을 구하는 것과 킹스우드 광부들의 자녀들을 위한 학교를 세울 책임자를 구하는 것이었다. 이미 앞에서 언급했던 것과 같이 브리스톨의 사역은 요한 웨슬리가 맡았다. 그리고 킹스우드 학교 건립 관련 일은 청년 존 세닉(J. Cennick)에게 일임했다. 그러나 세닉은 물론 처음엔 하나님의 섭리로 학교 건립에 대한 일을 위해 왔지만, 그가 킹스우드에 모인 청중들에게 우연히 설교할 기회를 가졌었는데, 청중들의 반응이 무척 좋게 나오자 학교 관리인으로 머물기보다 설교자로 나섰다. 미국에서 이 소식을 접한 휫필드는 평신도가 설교자로 나서는 것에 대하여 무척 꺼렸을 뿐 아니라 반대하기도 했다. 그러나 이후에 휘필드는 세닉이 분명한 소명과 확신을 가지고 그 같은 사역을 하게 되었다는 것을 깨닫고는 그와 가장 친한 친구 중 한 사람이 되었고, 그의 참모가 되어 활약하였다.[16]

---

16 달리모어에 의하면 세닉은 '그 위대한 설교자들의 시대에 다섯 손가락 안에 들 정도의 능력을 지닌 설교자요, 18세기 부흥운동이 낳은 인물 중 그보다 더 아름답고 거룩한 인물은 없었다'고 한다. 달리모어의 상게서, 328.

제 5 장
횟필드의 결혼과 가정생활

런던에서의 체류 기간 중 벌어진 흥미로운 사건은 그가 난생 처음으로 한 여인에게 연정을 품게 된 일이었다. 횟필드가 미국으로 가기 전에 델라모트(Delamotte) 가족들과 인연을 맺게 되었는데, 그들 가족의 세 딸 중에 엘리자베스와의 만남은 특별했다. 이것은 찰스 웨슬리의 주선으로 성사되었다. 횟필드는 미국에 다녀온 후 얼마 되지 않아서 델라모트 가족을 방문하게 되었다. 그곳에서 그는 행복한 가족의 한 모델을 목격하게 되었다. 그 이듬해 6월에는 그들의 집에서 3주간 더 머물며 함께하는 시간을 가졌다. 엘리자베스와의 연정이 무르익을 수 있는 시간이었다.

사실 그녀의 집에 머물게 된 이유는 그녀의 집이 미국으로 가는 배를 타는 데 있어서 가장 가까운 장소였기에, 미국으로 건너갈 날을 손꼽아 기다리는 심정으로 그녀의 집에 머물게 된 것이다. 흔히 사랑에 빠진 남녀의 만남이 그러하듯이 휫필드도 가능한 한 베티 델라모트와의 시간을 많이 가져보려고 했다. 이러한 마음은 엘리자베스도 마찬가지였다. 그러나 사람들은 그 두 사람만의 시간을 허락해 주지 않았다. 왜냐하면 사람들이 그곳까지 찾아와서 휫필드에게 말씀을 듣고자 했기 때문이다. 미국으로 돌아가야 할 때가 임박했음에도 두 사람만의 달콤한 만남의 기회는 좀처럼 일어나지 못했다.

결국 때가 되어 미국으로 돌아가게 된 휫필드는 그녀로 향한 연정의 마음을 잊어보고자 몸부림쳤다. 자신이 감당해야 할 주의 일에 방해가 된다고 여겼기 때문이다. 복음을 전해야 한다는 열렬한 소명감과 동시에 한 여인에 대한 사랑의 마음이 빚어내는 갈등은 예상보다 컸다. 그러므로 모처럼 휴식을 취할 수 있는 항해 기간임에도 불구하고, 그는 배에서 가장 힘든 시간을 보내야 했다. 소명감과 연정 사이에 벌어지는 사탄과의 고된 싸움 때문이었다. 그러나 조지아에 도착한 후에 받은 그녀의 편지는 그의 마음을 다시 흔들었다. 주님께 대한 헌신만 생각하며 달려가겠다고 어렵게 다짐했던 그의 마음이, 그녀에 대한 욕망으로 다시 꿈틀거렸다. 결국 내면의 싸움은 참으로 격렬하여 이 일로 인하여 마음의 병만이 아니라, 육체의 고통까지 겪어야 했다. '열렬한 부르짖음과 눈물, 말로 다할 수 없는 마음의 괴로움으로' 석 달을 씨름한 끝에, 결국 휫필드는 그녀에 대한 연모의 정에 굴복하였다. 마침내 그녀에게 청혼하는 편지를 보냈다.[1]

---

1 달리모어, 상게서, 478.

그러나 그가 보낸 청혼의 편지는 사실 엄밀히 따지면 일반적인 남녀 간의 청혼의 내용이라고 보기에는 다소 무리가 있었다. 왜냐하면 상대방을 감동시키고, 기대감을 충족시킬 만한 내용의 말은 거의 없었기 때문이다. 또한 게다가 베티(Betty)가 자신의 마음을 주님에게서 멀어지게 하는 자로서 자신의 사역에 방해물이었고, 그래서 세상의 일로 치부하는 내용으로 일관했기 때문이다. 그녀는 본의 아니게 그의 영혼에 약탈행위를 벌이기 위해 마귀가 이용하는 상대로 표현되었던 것이다. 게다가 그와 같은 일을 생각하면 '피가 얼어붙는 것 같아서 견딜 수 없다'는 내용을 담아 그녀에게 보냈다. 이러한 내용이 담긴 휫필드의 편지를 받아든 베티의 마음은 한 가지뿐일 수밖에 없었다. 그와의 관계를 끝내야 한다는 생각 외에 더 이상 어떤 마음을 품을 수 있겠는가? 비록 그가 마지막에 '단 1,2초만이라도 그녀와 다시 한 번 함께 있기를 갈망한다'라는 한 줄의 글로 그녀를 향한 그의 절절한 마음을 전했다 할지라도, 신실한 신앙인인 그녀가 그의 사역을 가로막는 마귀노릇을 할 수는 없지 않은가? 예수님과 사는 것을 최고의 행복으로 여기는 남자의 마음과 사랑하는 남자하고 함께 있고 싶은 여자의 마음은 전혀 어울릴 수 없는 것이었다. 엘리자베스에게 편지를 보낸 그의 의도는 결혼을 승낙해 달라는 청혼을 위한 것이었지만, 드러난 편지의 내용으로 볼 때는 결별선언을 한 것과 다름없는 것이었다. 물론 휫필드 입장에서는 어떤 경우에라도 자신의 주인이신 그리스도에게 대한 헌신이 약해지지 않겠다는 매우 조심스러운 심정을 표출한 것이었지만, 청혼 승낙을 얻기에는 파장이 예상될 만한 내용이었음은 분명해 보인다.

그는 주님을 향한 사랑 표현에는 지체하지 않고 그것에 민감하게 반응했지만, 이성을 향한 사랑에는 어떻게 대처해야 할지를 전혀 모르는 문외한이었다. 그녀를 향한 애끓는 듯한 큰 사랑의 마음을 가졌음에도 그 마음을 표현하는 방식에 있어서는 매우 서툴렀다. 그는 또다시 그녀의 부친에게 다음과 같은 내용으로 편지를 보낸다. 자신은 인간적인 사랑으로 그녀와 함께 일생을 보내고 싶은 마음보다는 자신이 하나님의 일을 하는데 있어서 자신과 함께 동역해줄 안주인으로서의 역할이 필요하며, 이전에 조지아에 함께 동행했던 여인들의 그곳에서의 수고로운 삶과 죽음에 대해서 언급한다. 결국 이러한 내용의 편지는 사랑하는 연인의 응답은 물론, 부모의 허락을 얻어낼 수가 없었다. 편지의 내용대로라면, 부모의 입장에서는 결혼할 남자가 자신의 딸을 전적으로 사랑하고 있는 것 같지도 않고, 거기에 더불어 결혼을 하게 되면 먼 타지에서 고난을 받는 것이 정해진 수순이라면 어느 부모가 이런 결혼을 기꺼이 허락해 주겠는가?[2] 휫필드를 향한 엘리자베스의 마음은 고요히 마음으로만 간직해야 할 것으로 남게 되었다.

마침내 넉 달 후, 휫필드의 손에는 그가 보낸 편지에 대한 그녀의 답장이 도착했다. 편지의 자세한 내용에 대해서는 알려지지 않았지만, 친구에게 보낸 편지나 사람들로부터 들은 말을 종합할 때, 거절의 내용임은 확실해 보인다. 따라서 떨리는 마음으로 열어본 그녀의 편지는 그에게 큰 상실감을 안겨준다. 그 당시의 휫필드로서는 그녀의

---

[2] 부모에게 보낸 휫필드의 편지 내용은 달리모어의 휫필드 전기 505쪽에 수록되어 있다.

부모와 그녀의 마음 상태와는 달리, 그녀가 여전히 자신의 아내가 될 수 있다는 기대를 품고 있었으므로, 그녀의 거절은 매우 큰 충격으로 다가왔던 것이다.

   이 일로 크게 상심한 상태에 있던 휫필드는 어느 날 조나단 에드워드(J. Edwards) 가정을 방문하게 된다. 그가 그의 집에 거하는 동안 그들 부부의 생활하는 모습을 보면서 휫필드는 중요한 깨달음을 얻게 된다. 남녀가 결혼을 해서 가정을 이루며 살아가는 것이 결코 주님을 향한 사역에 방해가 아니라, 오히려 큰 도움이 된다는 것이었다. 또한 1740년 9월, 보스톤(Boston)에서 순회사역을 할 때, 코튼 마더(C. Mother) 목사 부부의 집에 머물게 되었는데, 이때에도 이들 부부를 통해서 하나님께서 이루어주신 아름다운 결혼생활을 목격하게 된다. 휫필드는 이 부부를 보며 느낀 것을 일기에 이렇게 기록했다: '내가 미국에 온 이후 보았던 그 어느 목회자보다도 코튼 씨의 집에서 검소한 생활 모습을 보니 기뻤다. 그의 아내는 섬김이 몸에 밴 사람이었다. 오, 모든 목회자의 아내가 다 그와 같다면! 성직자의 아내가 화려한 생활을 자랑하며 몸치장을 하는 모습만큼 기분이 언짢은 것도 없다. 그런 사람들은 대개 수입이 있으면 있는 대로 다 쓰며 산다. 일이라는 것을 해본 적이 없이 살기 때문에 남편이 죽으면 그들은 세상에서 가장 불쌍한 여자들이 되고 만다. 선하신 주님, 주님의 무한한 자비로 제가 그런 아내를 만나는 일이 없게 하소서.'[3]

---

3   달리모어, 상게서, 572.

두 목회자가 하나님의 사역에 헌신하면서도, 동시에 아름다운 가정생활을 영위해가는 모습은, 휫필드로 하여금 이전에 그가 가졌던 왜곡된 결혼관에 대한 변화를 가져오게 했다. 하지만 이제 때는 늦어 버렸다. 그가 사랑했던 여인인 베티와의 결혼은 이미 그에게서 멀어지고 말았기 때문이다. 그 이듬해 3월에 휫필드가 영국으로 돌아왔지만, 돌아온 지 3주 만인 1741년 3월 31일에 그녀는 휫필드가 아닌 다른 남자, 즉 윌리엄 홀란드(W. Holland)와 결혼식을 올렸다. 그녀에 대한 애정이 여전히 남아있었던 그에게 그녀의 결혼 소식은 참으로 큰 상실감을 가져다주었다. 이에 설상가상으로 런던의 상황 변화는 그의 예상치를 훨씬 웃도는 것이어서, 그와 절친했던 친구들과의 이별도 감내해야만 했다. 이때의 상황에 대해서는 제7장 칼빈주의적 메쏘디즘 운동에서 자세히 볼 수 있다.

이즈음 조지아에 있는 고아원 일과 자신의 사역을 위해서도 아내가 꼭 필요하다고 생각하고 있던 그에게 뜻밖의 제안이 들어왔다. 그의 절친한 친구인 웨일즈의 해리스가 자신이 연모하던 한 과부를 휫필드에게 소개해준 것이다. 결혼하는 것이 자신의 의무라고 믿었고, 그 상대는 베티라고 확신하고 있던 그에게 그녀의 결혼은 심한 혼란 그 자체였다. 그 시점에서 해리스는 휫필드에게 편지를 보내 자기가 연모했던 제임스(James) 부인을 소개한 것이다. 제임스 부인은 해리스보다 10년이나 연상이었고 10대 딸을 둔 과부였다.[4] 그녀가 가

---

4 달리모어, 상게서, 734 참고, 제임스 부인에 대한 가문을 달리모어가 상세하게 소개하고 있다. 그녀는 유명한 글랜브렌의 기네스의 한 혈족이었다고 한다. 이 집안은 부흥운동 때

진 신앙적 성품과 자질은 금방 해리스의 마음을 빼앗기에 충분했다. 1739년부터 해리스는 젊은 날 오로지 주님께로만 헌신하기로 한 다짐 때문에, 즉 자신의 영혼과 하나님 사이에 그 어떤 사람도 두지 않는다는 결심 때문에, 제임스 부인에 대해 마음속에 깊은 연정을 품고 있었어도 결혼을 망설였던 것이다. 결국 그는 사랑을 포기하고 하나님과의 약속을 택했고, 사랑하는 여인을 위해서 그가 한 최선의 선택은 그녀를 횟필드의 아내가 되게끔 하는 일이었다. 해리스는 비록 자신이 사랑했던 여인을 얻지는 못했지만, 두 사람을 연결시켜 주는 일이 사랑하는 여인과 자신이 믿고 신뢰하는 친구 모두에게 좋은 일이라는 확신이 있었던 것이다.

이러한 해리스의 마음을 오해한 제임스 부인은 해리스에게 보낸 편지에서 해리스의 이러한 행동에 대해 매우 불쾌한 심정을 표출했다. 자신이 물건이 아닌데 물건처럼 취급해 누구에게 양도한다는 것이 가당치 않으며, 자신의 뜻에 반하여 자신을 처리할 권한이 없다는 내용과 함께, 해리스에 대한 야속한 마음을 담아 보냈다. 물론 아내 없이 홀로 주님만을 섬기고자 하는 마음의 결심이 없었다면 해리스는 당연히 그녀와 결혼하였을 것이다. 사랑하는 여인을 친구의 품에 넘기는 그의 마음은 참으로 혹독한 아픔이 동반되었을 것이다. 한편으로는 고통스러운 마음을, 또 다른 한편으로는 연정으로부터의 자유함을 갖게 되는데, 그는 제임스 부인과 횟필드의 결혼식이 끝난 일주일

잘 알려진 집안이었고 찰스 웨슬리의 아내 사라와 자매 지간이었음을 알 수 있다.

후에, 자신의 마음을 다음과 같이 기록하였다:[5]

내가 기꺼이 그녀를 내 마음 속에서 지워버렸는지 많은 이들이 의심하지만 그토록 사랑하는 친구와 이별하면서 내가 얼마나 마음고생을 했는지를 주님께서 아신다. 그리고 결혼하여 해로한다면 내가 얼마나 기쁠지, 비록 주님의 뜻에 묵묵히 따르는 것이었지만 얼마나 가슴 찢어지는 아픔으로 그녀를 포기했는지, 주님 안에서 나를 보살펴 주던 사람을 잃는 게 나로서는 얼마나 큰 손실인지, 그리고 그녀의 충실함과 다정함과 사랑이 부족했던 적은 한 번도 없었다는 것 또한 주님께서 아신다. 전에 느꼈던 사랑을 이제 느끼지 않는다. 그 이유를 몰랐었는데 이제는 안다. 하나님께서는 그녀를 다른 사람에게 보낼 생각이셨다. 나와 함께할 때보다 더 행복하게 해줄 사람에게로…

제임스 부인은 동시에 휫필드에게 보내는 편지에서는 자신은 자질이 부족하다고 정중하게 거절하는 의미의 내용을 담아 보냈다. 그녀가 보낸 편지에 대해 두 사람으로부터 답장을 받은 그녀는 부담이 더욱 커져서 잠도 못자고 식욕도 잃게 되었다.[6] 그 이후로 휫필드는 사실 어떤 진전된 일을 할 겨를도 없이 스코틀랜드(Scotland)에 갔고, 그 곳에서 제임스 부인에게 편지를 보냈다. 오고가는 서신 교환을 통해서 둘은 서로를 더 알아가게 되었다.

사실 휫필드는 그녀를 소개받고 첫 만남을 가졌을 때부터 그녀가

---

5   달리모어, 상게서, 743.
6   달리모어, 상게서, 739.

하나님이 정해주신 배필임을 한눈에 알아보았다. 그가 생각하는 배우자의 첫째 조건은 주님께 대한 헌신이었는데, 제임스 부인은 그 부분에서 가장 두드러진 면모를 보여주었기 때문이다. 또한 그녀가 지닌 영적 자질 역시 횟필드의 마음을 사로잡았다. 사역을 통해서 수많은 여자들을 만나본 그로서는 제임스 부인만큼 영적 진지함과 영혼의 고상함에 필적할 만한 여자는 거의 보지 못했기에, 그녀에게 금방 마음을 빼앗길 수 있었다. 더구나 횟필드는 '남편의 사역에 요구되는 것보다 자기 자신의 욕구를 우선시 하지 않는 아내를' 원했기 때문에 그녀가 적임자라고 여겼다.7 친절과 온유로 무장된 그녀야말로 자신이 지금까지 기도해 온 아브라함(Abraham)의 딸이었던 것이다.

    횟필드는 레이븐(Leiven) 백작이 제공한 말을 타고 런던으로 가지 않고 곧장 제임스 부인이 살고 있는 웨일즈 아버가밴니로 갔다. 이번 여행의 목적은 복음 전도가 아니라 바로 결혼이었기 때문이다. 그러나 이런 횟필드와는 달리 제임스 부인은 아직 준비가 덜 되었다. 해리스를 포함해 세 사람이 함께 만나 둘의 결혼 문제에 대해 대화를 나누었지만, 여전히 제임스 부인의 마음속엔 해리스가 깊이 자리 잡고 있음을 확인한 자리였다. 그럼에도 불구하고 횟필드는 그 때문에 그녀를 덜 사랑하거나 질투하지는 않을 것이라고 다짐했다. 참으로 성숙하고 성스러운 신앙인들의 대화가 오고 갔다. 이 자리를 빌어서 해리

---

7   달리모어, 상게서, 738.

스는 휫필드가 순수하게 그녀를 사랑하고 있음을[8] 알게 되었고, 이에 휫필드에 대해 신뢰하는 마음도 더욱 커졌을 것이다.

한편 제임스 부인의 입장에서 휫필드의 청혼은 사실 놀라운 일이었다. 왜냐하면 해리스나 그녀는 모두 웨일즈의 작은 마을에서 태어나서, 그 지역을 벗어나 본 적이 없는 소위 말하는 시골뜨기인데, 유명인사인 휘필드와의 결혼이라니 말이다. 당시 휫필드는 이미 대륙들을 오고가면서 큰 사역을 해오고 있는 명망 높은 사람이었다. 학문적으로도 옥스퍼드 대학교를 마친 교양 있는 사람이었고, 모든 계층의 사람들과 친분을 유지하고 있는 사람이었다. 이런 휫필드와의 결혼이 그녀로서는 심한 중압감을 느끼게 할 만한 일이었다.

그러나 휫필드의 진심어린 마음을 확인한 그녀는 휫필드의 청혼이 하나님의 위대한 일꾼의 사역을 도우라는 도전적인 음성이라고 생각하게 되었다. 결국, 그녀는 세 사람이 만나서 대화를 나눈 지 나흘 후에 여전히 남아 있던 해리스에 대한 마음을 정리하기로 하고, 휫필드와의 결혼을 결심하기에 이른다. 그녀는 휫필드가 원하는 대로 바로 그 다음 날인 1741년 11월 11일에 란틸리오(Rantilio) 마을에서 결혼식을 거행하기로 했다. 해리스는 결혼식장에서 그녀를 휫필드에게 넘겨주는 역할을 맡기로 했다. 어렵게 결혼까지 이르게 된 이들에게, 이제 결혼식만 올리면 완전한 부부가 되는 역사적인 일만 남겨 놓은 상황에서, 또 한 가지 문제가 생겼다. 그 누구도 결혼식장으로 사용할 예

---

8 이것은 해리스의 일기에 기록된 것이다. 달리모어, 상게서, 740.

배당을 내어주지 않았다. 이에 사방으로 문의한 끝에 예정일보다 3일 늦어진 11월 14일에, 드디어 이들은 카어필리(Caerphilly) 목회자인 존 스미스(J. Smith) 목사의 주례로 결코 번복할 수 없는 두 사람이 하나 되는 결혼식을 거행하게 되었다. 이제 그녀는 이날로부터 엘리자베스 제임스 여사에서 엘리자베스 휫필드 여사가 된 의미 깊은 날을 맞았다.

휫필드는 결혼에 대해서 두 가지에 주안점을 두었다. 하나는 상대방에게 영적 도움을 주는 돕는 배필이 되어야 하며, 둘째는 결혼생활이 자신의 사역에 방해가 되지 않아야 한다는 것이다. 사실 이것은 여전히 그의 결혼관에 있어서 문제가 있는 것이었다. 결혼생활을 통해서 그의 사역에 더 큰 활기와 에너지를 불어넣을 수 있음에도, 그는 여전히 가정생활과 복음 전하는 것을 별개의 것으로 구분했다.

그는 결혼식 후, 그의 사역을 위해 신혼여행도 가지 않은 채, 그녀의 집인 아버가벤니에 일주일을 머물면서도 매일 하루에 2차례씩 설교사역에 임했다. 이들에게 두 사람만의 달콤한 신혼생활은 기대할 수 없는 먼 나라의 이야기에 불과했다. 아내가 된 그녀도 그러한 것을 기대한 것은 아니었는지, 자신을 홀로 버려두고 브리스톨과 글로스터(Gloucester), 런던 등을 순회하며 설교하고 다니는 그에게 불평하지 않았다. 한 달 후에 돌아와서 성탄절을 같이 보내고, 바로 그 다음 날 또 다시 브리스톨과 런던으로 향했을 때도 마찬가지였다.

결혼하고 다섯 달 후, 휫필드는 자신의 일기장에 이렇게 썼다. 나는 '조금씩 먹고 조금씩 잤으며 아침부터 한 밤중까지 쉴 새 없이' 일하였다.⁹ 결혼하기 전이나 후나 별로 달라진 것이 없는 삶이었다. 결혼하면 두 사람이 한 몸이 된다는 것에 대한 성경적 적용을 잘 하지 못한 것이었다. 결혼은 분명 남편으로서 한 가정의 가장으로서 아내와 가정을 돌아보고 충분한 애정과 사랑으로 책임을 다해야 한다는 전제가 붙는 매우 성스러운 행위이다. 그런 면에서 휫필드는 하나님의 사역과 가정생활을 극단적으로 분리해서 봄으로써, 오랜 기간을 아내와 가정을 돌보지 않고 방치하며, 가정에 소홀한 점은 분명 비판이 따른다. 베드로(Peter)도 아내를 홀로두지 않고 데리고 다녔음을 정말 알지 못했을까 궁금하다(고전 9:5).

어쨌든 엘리자베스는 결혼한 지 석 달 만에 웨일즈를 떠나 처음으로 대도시 런던으로 이사를 했다. 그리고 낯선 땅에서 엄청난 무리의 사람들 앞에 위대한 하나님의 사람 휫필드의 아내로 살아가야 하는 힘든 나날들을 보내야 했다.

그녀는 매일 새벽 4시에 일어나 단 한 순간도 헛되이 보냄이 없이 규칙에 따라 살았다. 매사에 행동이 신속하고 단정했으며, 주변의 모든 일들을 더할 나위 없이 질서정연하게 유지하였다.¹⁰ 휫필드와 함께 하는 시간은 많지 않았지만, 그녀의 결혼생활은 분명 영적으로나 문화적으로 큰 발전의 원동력이 되었음은 틀림없었다. 전에 보지 못했던 책들을 접하고, 다양한 계층의 사람들을 만나게 되었다. 이것은 그

---

9 달리모어, 상게서, 743.
10 달리모어, 상게서, 744.

녀로 하여금 새로운 지적 세계로의 진입을 가져왔다. 물론 그러한 것들이 행복한 결혼생활의 모든 것이라고는 할 수 없을 것이다. 휫필드는 영적으로 성숙한 아내와 함께 개인 경건시간을 가지며 종종 행복을 느끼는 시간들이 있었으나, 늘 그런 것은 아니었다. 결혼한 지 두 달이 채 안 되어, 휫필드는 홀로 살았던 복된 시간을 읊었다.[11] 이유는 결혼하기 전에 자신이 다짐했던 것, 즉 결혼생활이 자신의 사역에 어떤 방해도 되지 않아야 한다는 다짐을 제대로 실천할 수 없었기 때문이다. 가정생활 때문에 취소하거나 미루어야 할 일들이 종종 발생했다. 사역에 있어서 결혼의 유익과 한편으로는 장애의 요인이 있다는 양면성을 실감했다.

부부라면 누구나 그렇듯이 결혼생활에는 기쁨과 슬픔이 혼재되어 있고, 그 속에서 하나님의 도우시는 손길을 의지하게 된다. 행복을 부부가 함께 가꾸어가야 하는 것이다. 그러나 휫필드는 언제나 복음을 전파하는 일이 우선이었다. 자신이나 아내나 다 그 일을 위한 도구에 불과한 것이었다. 두 사람 사이에 일반적인 부부가 가질 수 있는 정이 없었던 것은 아니었지만, 일상생활에서 느낄 수 있는 소소한 행복을 키워가기에는 함께했던 시간이 그리 많지 않았다.

서로의 부족함을 느낌에도 불구하고 휫필드는 아내의 헌신적인 수고와 조력에 힘입어서 결혼생활을 잘 유지해 왔다. '그는 늘 아내를 염려해 주는 자상한 남편임을 입증했고 그녀 역시 아내의 본분에 충실

11　달리모어, 상게서, 746.

하고 남편에게 도움이 되는 아내임을 증명했다.'[12] 이들은 서로에게 그리스도인의 품위를 어기지 않았고 헌신과 온화한 애정으로 임했다. 서로를 향한 열렬한 사랑의 마음은 부족했어도 서로를 향한 태도는 높이 살만한 것이었다.

그런데 이 두 부부에게 하나님은 자녀를 허락하지 않으셨다. 결혼 후 2년이 지났을 무렵인 1743년 10월 5일에 마침내 아들을 얻었지만 4개월 만에 하나님이 데려가셨다. 런던의 소박한 셋집 생활마저도 감당하기 어려워서 아내의 고향 웨일즈 아버가벤니로 가던 길에, 아이가 병을 얻었다. 엄동설한의 1월 온기도 없는 마차를 타고 시골길로 가는 장거리 여행이 4개월 된 신생아에겐 무리였던 것이다. 자신의 아들이 자라서 '영원한 복음을 전하는 설교자'가 될 것이라고 기대했던 횟필드와 그의 부인의 마음에는 크나큰 아픔과 상처였다. 그러나 아들을 잃은 사건은 횟필드를 새롭게 변화시키는 전환점이 되었다. 자신의 생각이나 느낌을 무척 신뢰하던 이전의 모습에서 보다 신중하게 생각하고 더욱 말씀에 의존하는 성숙한 신앙인으로 도약하는 발판이 되었기 때문이다. 그 이후에도 엘리자베스 횟필드는 4번이나 유산을 거듭한 끝에 죽음 직전까지 가는 매우 위험한 상황도 겪어야 했다. 그로부터 더 이상 자녀를 갖지 못했다.

엘리자베스는 남편을 따라 미국 조지아로 와서 남편이 바라는 대로 고아원 살림을 맡아 재정비에 나섰다. 때로 남편의 편지 사본 만드

---

12 달리모어, 상계서, 747.

는 작업도 도왔으며, 남편이 아파서 편지를 직접 쓰지 못할 때에는 대필을 하기도 하면서, 새로운 땅에서 맡게 된 사역에 충실히 임했다. 그 당시 횟필드는 두 사람이 함께 순례자의 길을 가는 행복한 모습을 이렇게 남겼다: '주님께서 나와 내 아내를 향해 미소 지어 보이시고 주님 안에서 우리를 매우 행복하게 하시며 나는 아내 안에서, 아내는 내 안에서 행복하게 하십니다… 지금 우리는 행복 그 이상입니다… 우리는 예수님 안에서 행복하고 서로 안에서 행복합니다.'[13] 그는 당시에 고아원 사역으로 인해 많은 빚을 지고 있는 상태였다. '마치 자신의 몸에 시체가 누워 있는 것처럼 짓누르는' 고통 가운데서 부부의 작은 행복이 큰 위로를 가져다주었다. 더구나 아내는 네 번의 유산을 겪고 건강이 말이 아닌 상태에서도 남편의 순회사역을 헌신적으로 도왔다(1746년 10월). 남편이 병약한 몸 때문에 버뮤다(Bermude)로 요양차가 있는 동안이나 사역으로 인해서 떨어져 있는 기간이 많았지만, 뜻하지 않게 미국 땅에 2년 동안이나 홀로 떨어져 있는 경우에도, 그녀는 굳세게 주어진 일들을 헌신적으로 이루어갔다. 감당하기 힘든 세월이었을 것이다.

횟필드는 생전에 아내를 가리켜 종종 '나의 귀한 동반자', '나를 돕는 배필', '사랑하는 나의 동료 순례자', '나의 멍에를 멘 귀한 사람'이라는 칭호를 사용하여 부부간의 애정 표현도 잊지 않았다.[14] 그런 그의

---

13 달리모어, 상게서, 856.
14 달리모어, 상게서, 746.

아내는 휫필드가 1768년 스코틀랜드를 14번째를 마지막으로 방문하고 돌아온 지 얼마 안 되어 염증성 열병에 걸렸다. 오로지 남편의 사역을 돕는 일에 헌신해온 그녀는 건강이 더욱 악화되어 회복하지 못한 채, 결국 1768년 8월 9일 남편을 뒤로하고 세상을 떠났다. 27년간 함께 동행해온 아내를 잃은 휫필드는 크게 슬퍼하였다. 휫필드는 직접 아내의 장례식을 집전하며 로마서 8장 20절 말씀을 가지고 설교하면서 아내의 여러 가지 덕목을 칭찬하며 슬픔을 달랬다. 그리고 토트넘 코트(Tottenham Court)가에 있는 예배당 지하에 매장했다.

휫필드와 함께한 그녀의 결혼생활은 외형적으로 볼 때, 아주 행복했다고 볼 수는 없었다. 수없이 집을 비우고 순회전도 여행을 다니며, 풍족한 삶을 살 수 없는 상황 가운데서 일반적인 부부들이 가지는 잔잔한 웃음꽃을 피울 날은 별로 없었기 때문이다.[15] 그럼에도 불구하고 달리모어는 이들 부부의 결혼생활은 전반적으로 만족스러웠다고 평하면서, 그 증거로 그녀가 죽고 난지 6개월 후에 쓴 휫필드의 일기를 인용하였다. 휫필드는 아내 없는 그의 삶을 '날마다 내 오른 손을 잃은 기분'이라고 표현했다.[16] 그녀는 '평범한 찬사 그 이상을 받아 마땅한 정신적 자질'을 가진 여인이었고, '그런 여성은 그보다 훨씬 더 큰 관심을 받을 만한 자격이 있는' 사람이었다.[17]

그러나 한편으로는 아내의 죽음이 휫필드에게 있어서 이제 더 이

---

15 달리모어, 상게서, 1123.
16 달리모어, 상게서, 1125.
17 달리모어, 상게서, 1124.

상 가정사에 매이지 않는 자유를 가져다주었다. 그의 마음과 몸을 묶어둘 땅이 없게 되었다. 다시 말하면 그가 원하는 만큼 가고 싶은 곳에 가서 주님의 복음을 전하는 일에 몰두할 수 있게 된 것이다.

제 6 장

사역의 위기: 웨슬리와의 분열

횟필드는 성공회라는 국교회 안에서 충실하고자 했었기 때문에, 이점에 있어서 같은 생각을 가진 웨슬리와의 협력은 크게 문제가 되지 않았다. 그렇기 때문에 브리스톨에서 시작한 사역을 그에게 맡길 수 있었다. 이 사역은 웨슬리에게 있어서는 엄청난 사역을 감당하는 출발점이 된 것이었지만, 횟필드에게는 시련의 서막을 가져다주는 계기가 되었다. 그것은 그 둘 사이의 신학적 차이 때문이었다. 발단은 웨슬리의 설교에서 나타났다. 웨슬리가 칼빈주의 신학의 주요 특징 중 하나인 예정론을 반박하고 나선 것이다. 웨슬리의 입장이 무엇인지 알고 있던 친구들은 설교 전 웨슬리에게 예정론에 대해서는 언급하지 말기를 간청하기도 했다. 하지만 웨슬리는 친구들의 간청을 무시하고

예정론에 반대하는 자신의 입장을 설파한 것이다.[1]

사실 웨슬리는 예정론에 대한 반박이 하나님의 뜻인지 아닌지를 확인하고 싶어 했다. 그러나 그 판단은 성경을 깊이 연구하고 성경말씀을 토대로 했어야 마땅하다. 그러나 그는 불행하게도 자신의 설교를 듣는 청중들의 감정적인 체험과 모라비안(Moravian) 형제들에게서 배운 제비뽑기 방식으로 결정했다. 이것은 알미니안 주의 견해를 가지고 있는 그로서는 당연한 것이었다.

웨슬리는 '값없는 은혜'(Free grace)라는 제목으로 로마서 8장 32절 말씀으로 설교를 하면서 본문 강해를 하지 않았다. 은혜가 무엇인지에 대한 성경적인 충분한 설명 없이 단지 예정론을 반박하는 내용이 전부였다. 그는 하나님의 영원하고 불변하고 불가항력적인 작정 덕분에 인류의 한 부분은 틀림없이 구원받고 나머지는 틀림없이 저주받는다는 예정교리를 결코 믿을 수 없다고 했다.[2] 더 나아가 이 교리 자체가 기독교의 모든 설교를 헛되게 만든다고까지 했다. 즉, 하나님께서 택하신 자라면 그들은 언젠가는 구원을 받을 것인데 설교가 무

---

[1] 웨슬리도 처음엔 휫필드와의 약속대로 하려고 했지만, 자신이 칼빈주의 신학의 특징인 하나님의 주권교리를 부정한다는 내용의 편지들이 이미 브리스톨의 회중들 사이에 회람된 것이다. 첫째 편지는 "예정에 대한 하나님의 작정에 반대하여, 그리스도의 진리를 왜곡하여 저항하는 자," 둘째 편지는 "거짓 선생"으로 비난하였고, 셋째 편지는 "사람들을 속이는 자"라고 비방하였다. 그리하여 웨슬리는 1739년 4월 29일 마침내 브리스톨의 볼링 그린에 있는 많은 회중들 앞에서 『값없는 은혜』(Free Grace)라는 제목의 설교를 통하여 예정에 대한 자신의 반대 입장을 피력하기 시작한 것이었다. 이 논쟁에 대한 상세한 내용은 김영한 교수의 휫필드와 웨슬리의 예정론 논쟁에 대한 글을 참고하라. m.cafe.daum.net/bisanstar/Ucor/38?q=D_DCD9RS8sKUw0&

[2] 달리모어, 상게서, 332-3참고.

슨 필요가 있겠으며, 유기된 자는 반드시 지옥에 갈 것인데 설교가 무슨 유익이 있겠느냐며, 예정교리가 설교를 무용지물로 만든다고 목소리를 높였다.

또한 그는 예정론이 거룩함을 추구하게 하는 소망과 징벌에 대한 두려움을 완전히 앗아간다고 주장했다. 또한 위로도 파괴하고 우리의 모든 열심을 낼 이유가 없게 만든다고 했다. 그리하여 기독교의 전체 계시를 전복시킨다고 퍼부었다.[3] 이 설교의 여파는 컸다. 자신의 신학적 입장을 천명한 분명한 설교였지만, 그러나 하나님의 말씀을 진지하게 연구하고 그 가르침에 순종하려는 태도를 보이기보다는 힘 있는 웅변술이 주는 감화력으로 일관된 것이었다. 줄리아 웨지우드(J. Wedgwood)는 이에 대해 '예정론을 논박하기 위해 그가 내놓은 의견은 바보들 외에는 그 누구에게도 수용될 수 없었고, 그런 오만함이 늘 그렇게 벌을 받듯 그의 논박은 그렇게 어리석고 무가치한 것이 될 운명이었다'고 혹평했다.[4]

구원에 있어서 인간의 자유의지는 복음 선포에 대한 자의적 반응을 내포하는 것에 불과하다. 김영한 교수의 지적처럼 웨슬리의 '인간

---

[3] 달리모어가 소개한 웨슬리가 그 설교를 할 수밖에 없었던 이유를 밝힌 일부분을 인용하면 다음과 같다: '이것은 참람함으로 가득 찬 교리이다. 너무나도 참람해서 입에 담기조차 두렵지만 은혜로우신 우리 하나님의 명예와 진리의 대의 때문에 나는 침묵하고만 있을 수가 없다…'(334). 달리모어가 소개하고 있는 웨슬리의 설교는 John Wesley, *Sermons on Several Occasions*, ed. Mason, vol. 3(London 1847, 359-367에서 읽어 볼 수 있다.

[4] 달리모어, 상게서, 336.

책임론이 강조하는 인간의 자유의지는 이론적으로 가능하지만, 실제로는 노예의지이다.' 행위는 값없는 은혜의 조건이 아니라 결과인 것이다. 구원은 전적으로 하나님의 주권적 의지에 따라 영생을 주시기로 작정된 자들에게 임하는 것이다(행 13:48). 그렇기 때문에 예정은 더욱더 복음 선포의 필요성을 부각시킨다. 이러한 비판과 더불어 웨슬리는 결국 휫필드와 전혀 다른 길을 가는 사람이 되었고, 한편으로는 그를 따르는 사람들의 충성심을 얻었다.

그럼에도 불구하고 한 동안 휫필드는 웨슬리를 자신의 사역지에 청해서 설교할 수 있는 자리를 마련했으며, 그 일에 대해서 하나님께 감사하는 일기를 남겼다.5 훗날 웨슬리와의 신학적 입장 차이가 더욱 극명해진 후에도, 휫필드는 자신과 웨슬리와의 분열을 원치 않는 마음에 논쟁을 피하고자 했다. 반면에 웨슬리는 그렇게 생각하지 않았다. 사람들의 감정적 반응과 제비뽑기라는 방식으로 '설교하고 출판하라'는 것을 하나님의 음성으로 받아서, 예정론 교리 반박에 더욱 강력하게 나섰다.

웨슬리는 예정론뿐만 아니라, 그의 또 다른 신학적 특성인 그리스도인의 완전성 교리를 펼쳐나갔다. 일명 '완전주의'(Perfectionism) 사상이었다. 이 사상은 종국에 휫필드가 그와 결별하게 되는 또 하나의 신학적 이유가 되었다. 웨슬리는 그리스도인의 완전 성화와 성숙 사이의 구분을 이해하지 못했다. 훗날 웨슬리를 만난 진센도르프(N. L.

---

5   휫필드의 일기, 288. 물론 이때까지만 해도 휫필드는 웨슬리의 예정론 반박에 대한 설교에 대해서 알지 못했다. 그가 런던에서 다시 브리스톨로 돌아간 후에야 알았다.

von Zinzendorf) 백작(count)은 그를 향하여 '거짓 교사요 영혼을 속이는 자'라고 비난하면서 성도는 그리스도 안에서만 완전하지 우리 자신 안에서는 완전하지 않음을 천명하였다.[6]

웨슬리의 오류는 명백했다. 그는 체험을 조장했다. 성령의 온유하고 평강의 열매보다 사탄의 훼방을 불러왔다. 오직 그의 집회에서만 괴성을 지르고 바닥에 구르고 정신을 잃는 현상들이 나타났다. 횟필드의 집회에서나 해리스의 집회 등에서는 그와 같은 발작이 일어나지 않았다. 횟필드는 웨슬리 현상에 대해서 그가 쓴 편지에 이렇게 기록했다: '제가 생각하기에 그런 표징을 구하는 것은 하나님을 시험하는 것입니다. 그런 기이한 현상에 하나님을 알 만한 것이 과연 무엇이 있을지 의심스럽습니다. 오직 마귀가 끼어들 뿐입니다. 이렇게 가다가는 프랑스 예언자들이 뭇 사람들을 채어가서 기록된 말씀으로부터 멀어지게 할 것이며, 복음의 약속과 훈계보다는 환상과 발작 등에 더 의지하게 만들 것입니다.'[7] 횟필드 입장에서는 그러한 현상을 의혹과 혐오스러운 일로 여겼다.

이 시점에서 횟필드에게도 분명 잘못이 있음을 지적하지 않을 수 없다. 그러한 신학적 오류를 가지고 있는 웨슬리를 향한 매우 우호적인 자신의 입장에 변화를 주지 않았기 때문이다. 물론 어찌하든 횟필드는 화평의 관계를 통해서 복음전파의 효과를 더욱 극대화하고자 하

---

6   달리모어, 상게서, 342 참고. 하웰 해리스도 웨슬리가 율법의 영적 특성에 대한 안목이 부족하다고 지적하였다.
7   달리모어, 상게서 353.

는 의지는 분명했다.⁸ 그러나 성경의 가르침과 다른 거짓된 교훈들을 뿌리는 웨슬리와의 공조는 사실상 자신의 칼빈주의 신학적 기조를 바꾸지 않는 한 함께 갈 수 없는 것이었다. 그것은 기독교 역사가 증명하는 일들이다. 그럼에도 불구하고 자신이 지칠 줄 모르는 열정과 수고로 일궈낸 사역을 신학이 근본적으로 다른 웨슬리에게 일임하였다.

그리고 하나 됨을 이루려고 애를 쓰면서 결국 대타협을 시도하였다. 그 결과 자신에 의해서 세워진 모임과 웨슬리에 의해서 형성된 모임 두 개를 통합하게 되었고 새 회관을 세워서 그 회관을 연합 모임의 장소로, 그리고 웨슬리의 개인 본부이자 그의 사역의 공인 센터가 되게 했다. 그리고 킹스우드 학교를 위한 기금을 마련하여 건축 비용을 충당하였다.

또한 웨슬리를 자신의 사역 근거지인 글로스터와 그 주변 지역에 소개함으로써 두 개의 조직체가 이제 하나의 거대한 연합회가 되었다. 이러한 조치들은 결국 그가 일생을 통해 추구해온 사역의 모든 공을 웨슬리에게 돌아가게 만들었다. 그는 '휫필드파'라는 교파를 형성하지 않았지만, 사람들이 그에게 붙여준 '메쏘디스트'라는 용어조차

---

8 Luke Tyerman. *The Life and Times of Rev. John Wesley*, Wesleyan Heritage Publications, 1998. vol. 1. 312. 여기서 휫필드는 요한 웨슬리에게 보낸 서신에서 그가 예정론을 반박하는 설교를 했다는 소식을 듣고 매우 안타까운 심정을 있는 그대로 표현하였다. 그러나 그는 이렇게 기록한다: '진실로 저는 선생님이 바라시는 성공을 다 거두시기를 소원합니다. 저는 쇠하더라도 흥하시기를 바랍니다. 저는 선생님의 발이라도 기꺼이 씻길 것입니다. 하나님은 강하게 우리와 함께 하십니다… 오 존경하는 선생님 기도로 씨름하고 또 씨름 하십시오 선생님의 충실한 아들이자 그리스도 안에 있는 종인 저와 선생님 사이가 조금도 멀어지지 않도록 말입니다.'

도 웨슬리에게 빼앗기고 말았다. '메쏘디스트'라는 말의 기원에 대해서는 다음 장에서 소개하고자 한다.

휫필드 자신이 인정하고 있는 자신의 오류는 성숙하지 못한데서 기인한다고 볼 수 있다. 성령의 인도하심이라고 믿은 것이 사실은 자기 기분대로 쓰고 말할 때가 많았다는 그의 고백에서 엿볼 수 있다. 그의 사역 초기는 매우 주관적인 입장이었던 것이 많았다. 그리고 자신이 밝힌 것과 같이 지극히 '사도적인 표현'으로[9] 자신의 권위를 내세웠다는 것도 사실이었다. 이것은 공격자들이 예외 없이 비난의 화살을 날린 근거가 되었다. 하지만 그 이후로는 그가 선택하고 사용하는 언어에 대해 매우 조심스럽고 신중한 태도로 바뀌었다. 그리고 신학적 사고가 더욱 깊어지면서 성숙의 도약을 이루어갔다. 뿐만 아니라 믿고 아는 바에 있어서 전하지 않고는 견딜 수 없다는 사명의식이 더욱 강렬해졌다. 동시에 올바른 판단력을 가지고 거짓이 없는 깨끗한 사랑으로 대적자들까지 사랑할 수 있는 넓은 마음을 소유하는 기회로 삼았다. 그가 죽었을 때 웨슬리를 장례 예배 설교자로 택한 것이 그 증거이다. 진리의 왜곡에 대한 분명한 판단을 강설하면서도 거룩한 믿음으로 형제를 세우고자 한 그의 노력은[10] 그리스도의 심장을 품은 휫필드의 영적 성숙함이라고 말하지 않을 수 없다.

---

9   달리모어, 상게서, 358.
10 휫필드의 전집 vol. 1. 51. 1739년 6월 12일자 런던의 페터 레인회 식구들에게 보낸 서신에서 그 같은 휫필드의 지혜롭고 성숙한 면을 엿볼 수 있다. 달리모어의 상게서, 378쪽 참고.

휫필드는 영국에서 필요한 기금을 마련하고자 했던 목적을 달성하고 8개월 만에 다시 미국으로 돌아갔다. 그가 영국에서 8개월 체류하는 동안 어림잡아 대략 2백만 명에게 설교를 했다. 달리모어는 이것을 다음과 같이 평가했다: '야외로 담대히 내디딘 발걸음으로 그는 당대의 연약하고 겁 많은 기독교를 흔들어 깨웠고, 죄와 불신앙을 대적해 공격적 투지로 향하는 길을 인도했다. 웨슬리 형제를 비롯해 그 외의 사람들은 그를 본받았고 대적자들과의 싸움이 널리 촉구되었으며 의의 세력은 꾸준히 증가했다.'[11] 달리모어는 계속해서 휫필드의 결심을 소개한다: '나는 하나님께서 이 땅에 큰일을 이루실 것을 믿는다. 그 일을 이루시기 위해 어떤 도구를 사용하시든 나는 상관치 않는다. 그리스도가 널리 전해진다면 귀하신 나의 주님이 영광을 받으신다면 나는 기쁘다. 오! 나는 기뻐할 것이다.'[12]

웨슬리와의 결별에 대한 휫필드의 생각은 언제나 부정적이었고 결코 일어나서는 안 될 일이었다. 그와의 분열을 생각하느니 '차라리 죽는 것이 낫다'고까지 말했다. 그리고 친구들에게 보낸 편지에서도 웨슬리와의 논쟁만큼은 피하게 해달라고 간곡하게 부탁하기도 했다.[13] 물론 그는 신학적 오류들에 대해서는 담대하게 맞서기를 원했다. 그

---

11 달리모어, 상게서, 420.
12 달리모어, 상게서, 421.
13 달리모어, 상게서, 613. 제임스 헛튼의 편지에 쓴 답신에서 그는 분열하게 되기보다 죽는 것이 낫다는 말을 했다. 이 말은 웨슬리와의 피할 수 없는 논쟁에 접어들게 될 때 웨슬리에게 보낸 편지에서도 같은 표현을 했다(달리모어, 상게서, 624).

렇지만 그 과정에서도 그는 '사람에 대한 존경을 잃지 않고 온유와 겸손과 사랑으로 대할 수 있는 은혜를' 주님께 간구하였다. 이는 휫필드의 인간성에서 기인한 것이라고 본다. 주 안에서 같은 형제애를 깨고 싶지 않은 마음이었기 때문에, 그는 1740년 6월 25일자 편지에서 선택교리를 가지고 끊임없이 도발하는 웨슬리에게 선택교리를 반박하는 설교는 하지 말아달라고 부탁하였다. 마음이 온유하고 겸손한 자가 되고 싶은 그에게 있어서 공개석상에서 이 교리 문제로 웨슬리와의 분열로 이어지는 논쟁은 피하고 싶었기 때문이다. 그러나 휫필드의 간곡한 당부에도 불구하고 선택교리와 궁극적인 견인교리에 대한 웨슬리의 반박은 멈추지 않았다.

    휫필드는 1740년 8월 25일자 편지에서 아마도 웨슬리에게 보낸 편지 중 가장 강렬한 어조로 웨슬리의 행동에 아쉬움과 분열까지도 불사하는 마음을 표현했다: '선생님과 대적한다는 것은 생각만으로도 견딜 수 없습니다. 하지만 선생님께서(언젠가 동생분인 찰스가 말했던 것처럼) 자꾸만 브리스톨에서 존 칼빈을 몰아내려고 하신다면 달리 피할 도리가 없습니다. 아직 저는 칼빈이 쓴 글은 아무것도 읽어본 적이 없습니다. 제가 믿는 교리는 그리스도와 그분의 사도들에게서 받은 것이고 저는 하나님께 가르침 받았으며, 하나님께서 저를 처음 보내시고 저를 처음 일깨우시기를 기뻐하셨던 만큼 지금도 여전히 그러하실 것이라고 저는 생각합니다. 제가 할 일은 주로 심는 것이며 하나님께서 선생님을 보내 물을 주게 하신다면, 저는 하나님의 이름을 찬양할 것입니다. 저는 선생님이 천배의 결실을 거두시기를 바

랍니다…'14

휫필드는 웨일즈에 있는 하웰 해리스(H. Harris)에게 보낸 편지에서도, 웨슬리가 하나님의 주권과 영원한 사랑을 인정할 수 있기를 소원하는 마음을 표출했다. 그것은 신학적인 문제가 하나 되게 하는 일에 큰 장애물이 되었기 때문이다. 같은 것을 생각하고 같은 것을 말하는 사역자들이 되기를 열망하였지만, 그의 바람과는 달리 반대방향으로 가는 웨슬리에게 최후의 통첩을 보냈다. 그것이 1740년 9월 25일자 편지였다. 이 편지에서는 자신 안에 거하고 있는 죄가 완전히 소멸되었다고 말할 수 없다는 자신의 경험으로부터 웨슬리의 완전주의의 오류를 명백하게 지적하였다. 선택과 유기 교리를 믿게 되는 은혜 언약을 깊이 공부할 수 있기를 피력하였다. 그리고 편지 끝에는 '그리스도 안에서 언제나, 늘 선생님의 형제인 G.W.'라고 썼다. 웨슬리와의 관계 단절 문제에서 가장 강경한 태도를 보여준 것이다. 이 갈등은 훗날 이 두 사람의 관계를 연구한 로버트 사우디(R. Southey)가 휫필드의 한 편지(W 형제에게, 1740년 9월 28일 자)가 브리스톨에 있는 웨슬리에게 보낸 편지라고 단정하고 출판함으로써 '웨슬리가 상당한 친절과 인내심을 발휘한 반면 휫필드는 그와 정반대의 태도에다 그 특유의 편협함까지 가세했던 개인적 반목 사건'이라고 해석하게 만들었다.15

---

14 달리모어, 상게서, 616.
15 달리모어, 상게서, 622.

사실 지금까지 휫필드가 웨슬리에게 보낸 편지에서는 단 한곳도 웨슬리보다 우위를 점하고 있다는 인상을 준 적이 없기 때문에, 웨슬리 옹호자들에 의한 휫필드에 대한 비판은 정당한 것이라고 볼 수 없다. 달리모어가 지적하고 있듯이 휫필드의 편지들은 휫필드의 신중한 성품과 상대를 존중하는 태도, 화평에 대한 그의 간절한 소망이 그대로 묻어나고 있기 때문이다.

반면에 웨슬리는 휫필드의 사역을 방해하려는 듯 값없는 은혜에 관한 자신의 설교문을 잉글랜드와 미국 특히 찰스턴에 있는 주교대리에까지 보내서 휫필드와의 우정을 노골적으로 저버리는 행동을 했다. 그러한 웨슬리를 달리모어는 이렇게 표현하고 있다: '상대의 견해를 그릇 설명하면서 신성모독이라 비난하고 마귀에게까지 말을 거는 웨슬리의 태도는 사람의 영정에 불을 붙여 서로 뜨거운 논쟁을 하게 만들기에 충분했다. 그것이 바로 이 설교문이 영국과 미국에 널리 유포되면서 낳은 결과였다.'[16] 휫필드는 이 문제를 해결하기 위해서 미국에 남아서 사역을 계속하기보다는 잉글랜드로 돌아가는 것이 낫겠다고 생각했다. 그러나 상황은 그의 생각과는 달리 더 악화일로로 치달았다.

여기에서 잠시 생각할 것은 성경적인 연합의 원리이다. 사실 그리스도 예수 안에서 하나의 교회만 존재한다. 주님의 교회이다. 그렇지 않으면 다 가짜이다. 문제는 주님의 교회가 하나님을 무엇으로 표출할 수 있는가이다. 그것은 주님께서 교회에게 주신 기록된 말씀이다.

---

16   달리모어, 상게서, 623.

그 말씀의 교훈하신에 따라 순종하며 살아가는 성도가 하나님의 백성이요, 그렇게 하도록 진리로 풍성하게 먹이고 훈육하는 교회가 참 교회인 것이다. 진리 안에서 하나 됨 혹은 일치성을 드러내지 않는다면 기반이 서로 다르기 때문에 하나의 자리로 나아갈 수 없다. 오직 진리 안에서만 일치가 존재한다.

구원에 필수적인 문제가 다르지 않다면, 그 외의 것엔 하자가 없다는 생각도 매우 위험하다. 성경에 기록된 것 중에 하나라도 중요하지 않은 것은 없다. 내용상 등한히 여겨지는 분문들이 있을 수 있으나 저자가 성삼위하나님 자신일진대, 그에게서 온 것을 인간이 무슨 권리로 중요한 것이 아니라고 말할 수 있는가? 연합을 위한 연합이 아니었기 때문에, 휫필드도 웨슬리와 끝까지 함께 할 수 없었다.

다만 그는 그리스도 예수의 사랑 안에서 형제애를 잃지 않으려고 애를 썼다. 같은 신학과 같은 생각과 같은 뜻을 가진 자들이 서로 하나 되기를 위하여 불변의 진리 앞에서 겸손해야 한다. 선한 사업들도 공유할 수 있겠지만 은혜와 진리가 항상 앞서야 한다. 그것들이 빠진 착한 행실을 목적으로 모인 곳에서는 하나님의 은혜의 영광의 빛이 결코 비춰지지 않는다. 오직 자신들의 무가치함을 깨닫고 철저하게 우리의 의이신 예수 그리스도를 의지하는 것만이 우리가 살 길이다.

제 7 장

칼빈주의적 메쏘디즘의 부흥운동(1)

　결혼 이후 추운 겨울철에 나가지도 못하고 갇혀 지내는 답답한 시간이 지나갔다. 봄이 오자마자 휫필드는 신나게 옥외집회를 다녔다. 특별히 부활절 기간 중에 무어필즈와 런던에서의 사역은 그의 사역에 있어서 특이한 경험을 가지는 시간이었다. 즉, 사탄의 자식들이 연례적으로 집결하여 주님의 일을 대대적으로 방해하는 가운데서 복음의 위력이 드러나는 사건이 있었다. 상황은 이러했다. 무어필즈에 있는 한쪽 공간에 여러 종류의 칸막이 공간이 세워졌다. 그 안에는 협잡꾼들과 노름꾼들이 날뛰고 있었고 꼭두각시 쇼와 같은 일들이 진행되고 있었다. 그런 무리들을 휫필드는 이렇게 표현했다: '사탄에게 포로가 되어 제멋대로 휘둘리는 수많은 사람들에 대한 연민으로 피눈물이 나는 마음을 안고 성령강림절 후 첫 번째 월요일 아침 6시 대규모 청중이 참석하여 기도하는 가운데, 저는 과감히 하나의 기준을 높이 제시

했습니다… 그곳엔 대략 1만 명 정도가 기다리고 있었는데 나를 기다린 것이 아니라, 그들을 즐겁게 해 줄 사탄의 도구를 기다린 것이었습니다… '1

같은 날 정오에 다시 간 그 곳엔 구세주의 추수가 아니라, 바알세불(Beel zebul)의 추수를 준비하고 있는 자들이 모여 있었다. 그의 말대로 '마귀의 앞잡이들이 전원 가동 중이었던 것이다. 북치는 자, 나팔 부는 자, 어릿광대, 꼭두각시 쇼의 명인, 야생 짐승을 데리고 나오는 자, 노름꾼… 어림잡아도 족히 2만 명이나 3만 명 되는 사람들이 모인 것 같았다.'2 그들에게 설교하고 나올 때에 휫필드는 그들이 던지는 돌과 흙 또는 썩은 달걀, 죽은 고양이 등으로 얻어맞는 경험도 했다.

런던에서 집회했을 때의 일이다. 한 번은 가발과 모자가 벗겨져 무슨 일인지 주위를 둘러보았다. 그 순간 칼이 그의 관자놀이를 스치고 지나가는 일도 겪었다. 어떤 경우엔 설교단 앞쪽 나무 위에 올라간 어떤 사람이 갑자기 나체가 되어 서 있는 충격적인 일도 당했다. 그는 '인간은 홀로 남겨지면 반은 마귀이고 반은 짐승'이라는 말로 소란이 벌어진 그 사태를 진정시켰다.

진리의 말씀, 십자가의 복음을 선포하는 자들이 대부분 그러하듯, 휫필드 역시 대적하는 무리들로부터 테러를 당할 위험성을 안고 살아야 했다. 그럼에도 불구하고 휫필드는 계속해서 복음 선포 사역을 감

---

1   달리모어, 상게서, 750.
2   달리모어, 상게서, 750.

당해 나갔다. 무자비한 대적자들도 회개하고 돌아오기를 기도했다. 그 결과 수백여 명이 자기 죄를 뉘우치고 하나님께 자비를 구하는 역사가 일어났다. 횟필드는 이때의 감동을 '영광스러운 오순절'로 묘사하였다.³

웨슬리와 갈라질 즈음에 횟필드는 런던에 장막을 지었다. 그 장막 외에 부속 건물인 회관이 하나 더 있었다. 그 장막에 모인 공동체는 반회와 속회로 구분하여 심방자라는 리더(우리의 구역장 역할)의 감독 하에 두었다. 또 남학교와 여학교를 세워 운영하였다. 도서실도 마련했고 빈민 구제관도 운영했다. 일자리를 위한 작업장도 있었고 일종의 직업소개소도 운영하고 있었다. 그 자체가 설명하듯 왕성한 활동들이 있었기 때문에 일련의 계획에 의해 운영되어야 했다. 독신자들과 기혼자들을 위한 숙소가 각각 따로 있었으며, 학생들의 숫자는 남녀 1백여 명이 넘었다. 회의록에 언급되어 있는 주간 사역 과제를 보면 다음과 같다. 토요일 오전을 제외하고 매일 아침 6시와 저녁 6시에 설교, 금요일 저녁 6시에는 레클리프(Ratcliff) 구역, 화요일 저녁 6시에는 버러우(Borough)에서 설교 등, 정해진 시간에 규칙적으로 말씀을 들었고 심방인들의 사역과 회의, 학생들 돌봄, 전체 모임, 독신 모임, 기혼자 모임, 반회 등 모임들이 정해진 시간표에 따라 움직였다.⁴

이제 횟필드는 자신의 공동체를 결성할 필연성을 직시하게 되었

---

3 달리모어, 상게서, 754.
4 달리모어, 상게서, 789.

다. 웨슬리 사람들과의 구분도 이 일을 결단하는데 한 가닥 작용을 하였다. 1742년 말에 급기야 횟필드의 '메쏘디스트 공동체'가 탄생하게 되었다. 본부는 런던의 장막이었다. 이 외의 모임 장소들이 곳곳에 세워졌다. '횟필드 씨의 관리 아래 하나로 연결되는 신앙공동체에 관한 보고서'를 보면 그 규모가 얼마나 컸는지를 알 수 있다.[5] 미국에서 돌아온 뒤 3, 4년 동안 사역한 결과 전체 신앙공동체는 36개나 되었고 설교 장소는 25곳이나 되었다. 이러한 공동체에서 권면자로 양육되어 활동한 자들이 1748년까지만 해도 50명이 넘었다. 그들 중에 설교자로 봉사한 이들은 훗날 '메쏘디스트 순회 기마 설교자들'이라는 모임의 효시가 된 자들이다.

그는 자신이 주도하는 모임을 크게 네 그룹의 협의회로 나누었다. 각각의 협의회의 모임이 런던과 브리스톨과 월트셔(Wiltshire) 및 글로스터에서 분기마다 모였다. 각 협의회에는 총 책임자인 감독이 있어서 심방자나 권면자들을 관리하였다. 그들 중에 소명을 받은 자들은 만족할 만한 증거를 나타내 보일 때까지 준목으로 남아서 훈련을 받았다. 이 같은 그의 조직력, 규칙 및 규정에 따른 운영 능력은 매우 탁월한 것이었다. 이들 모임의 지역 단위의 협의회가 발전해서 '칼빈주의적 메쏘디스트 협회'가 되었다. 이때가 1743년 그의 나이 28세 때였다. 횟필드는 이 모임의 종신 의장으로 지명되었다. 타이어만(L. Tyerman)이 강조하고 있듯이 "주목할 만한 것은, 웨슬리가 최초의 메

---

5 달리모어, 상게서, 791.

쏘디스트 협의회를 개최하기 18개월 전에 최초의 '칼빈주의적 메쏘디스트 협의회'6가 열렸다"는 사실이다. 즉, 1743년 1월 5일 남부 웨일즈 지방인 워터포드(Waterford)에서 최초의 칼빈주의적 메쏘디스트 컨퍼런스가 개최되었다.

이 컨퍼런스는 4사람의 목사들이 주도했다. 휫필드와 다니엘 롤란드(D. Roland), 존 포웰(J. Powell) 및 윌리암 윌리암즈(W. Williams)였다. 여기에 평신도 설교자들 세 사람이 있었는데, 하웰 해리스와 조셉 험프리스(J. Humphreys), 그리고 존 세닉(J. Cennick)이었다. 타이어만이 소개한 그 모임에서의 결의 사항은 총 8가지였다.7

첫째, 평신도 설교자들은 감독관과 권면자 두 그룹으로 나눈다. 하웰 해리스는 그들의 총 감독이다. 둘째, 각각의 감독관은 수고할 특정 구역을 가지고 있어야만 한다. 셋째, 안수 받은 성직자는 할 수 있는 만큼의 교구들 혹은 협의회 권역들을 반드시 심방해야 한다. 넷째, 권면자들은 공적인 것과 개별적인 것으로 구분 지을 수 있어야 한다. (다섯째는 그들의 이름들을 열거하였다.) 여섯째, 개별적인 권면자들은 한 두 개의 협의회들을 감사해야 하며, 그들의 일반적 소명에 따라야 한다. 일곱째, 자질이 입증되지 않은 자는 누구도 권면자로 받을 수 없다. 여덟째, 누구도 사전에 상의와 의논 없이 자신의 구역 밖을 넘어갈 수 없다. 이렇게 하여 웨일즈와 잉글랜드에 있는 감독관들과 권면자

---

6 Luke Tyerman, *The Life of the Rev George Whitefield*, New York: Anson D. F. Randolf & Company, vol. 2. 50.
7 상게서, 2, 49.

들은 1년에 2차례씩 모임을 갖고, 칼빈주의적 메쏘디스트 모임을 발전시켜 나갔다. 타이어만이 소개한 웨일즈에 소재한 칼빈주의적 메쏘디스트들의 규모는 1870년에 이르러 예배당만 1,126개, 지역별 협의회 모임(societies)은 1,031개, 성찬 참여자들은 92,735명, 목사 수는 419명, 지방 설교자들은 354명, 집사들은 3,321명, 주일학교 교사들은 18,579명, 주일학생들은 43,946명이었다.[8]

---

8   룩 타이어만, 상게서, 50.

제 8 장

칼빈주의적 메쏘디즘의 부흥운동(2): 분열과 화해

    잉글랜드에서의 영적 부흥운동이 일어나기 시작한 때는 휫필드가 22세 때인 1737년이었다. 중생교리를 설파하는 그의 설교에 사람들은 놀랐으며, 그의 열심과 설교의 능력에 탄복하였다. 수를 헤아리기 어려울 정도로 많은 사람들이 회심하였고, 그가 가는 곳마다 사람들로 넘쳐났다. 앞서 보았듯이 미국에서 돌아온 1739년 초부터는 런던의 교회들이 그에게 예배당을 개방해 주지 않자 옥외집회를 시작하였다. 브리스톨과 런던 및 글로스터 지역에서 그의 설교를 듣고자 몰려든 청중들의 숫자는 가히 상상을 초월할 정도였다. 그를 따르는 사람들은 매우 규칙적으로 함께 모여 복음 교리를 공부하는 데 힘썼다.

    그리고 휫필드가 자신을 가리켜 종종 메쏘디스트라고 불렀기 때문에, 사람들은 그 추종자들의 모임에 이 이름을 붙임으로써 휫필드를

'메쏘디즘의 리더이자 창시자'로 불렸다.[1] 이후 요한 웨슬리가 횟필드의 브리스톨 공동체를 이끌게 되었지만, 이미 주지한 바와 같이, 웨슬리는 횟필드의 간곡한 부탁을 무시했다. 브리스톨에 온지 4주 만에 예정론을 반박하는 설교를 했다. 이것이 감리회 운동의 분열의 씨앗이 되었으며, 결과적으로 이것으로 인하여 웨슬리를 추종하는 무리들이 생겨나게 되었다. 웨슬리는 이들과 함께하며 자신의 운동을 전개해 나갔는데, 이를 감리회가 아닌 연합회(the United Society)라고 불렀다.

웨슬리의 이 같은 행동에 횟필드는 당황했지만, 그는 논쟁을 피하면서 도리어 웨슬리로 하여금 자신의 탁월한 능력을 발휘하도록 돕는 길을 택했다. 자신의 청중들에게 기쁨으로 그를 소개하고 말씀을 전하게 한 것이다. 그리고 1739년 8월 미국으로 떠나면서 웨슬리에게 자신이 이룩한 모든 사역을 맡겼다.[2] 이 일을 계기로 웨슬리는 부흥운동의 새 지도자로 부상했다. 만약 횟필드가 미국으로 가지 않고 남아서 런던에서 계속 사역을 했더라면 오늘의 감리회는 전혀 새로운 모습이 되었을 것이다.

횟필드는 자신의 이름을 딴 무엇을 남기기를 결코 원하지 않았다. 오로지 그의 관심은 주 예수 그리스도의 복음이 널리 전파되는 것이요, 그의 이름이 높임을 받는 것뿐이었다. 반면에 웨슬리는 횟필드가 자리를 비운 틈을 최대한으로 활용하는 능력을 발휘하였다. 그는 신

---

1   달리모어, 상게서, 653.
2   이때 횟필드를 따르던 추종자들이 대략 3만 명에 이르렀다고 한다. 달리모어, 상게서, 654 참고.

학적으로 루터(M. Luther)의 이신칭의 교리를 확신하였다. 개인적으로도 부모로부터 물려받은 천부적인 재질들, 독서능력, 지적 재능, 설교자로서 비범한 능력, 풍성한 감성 등을 고루 갖춘 사람이었다. 여기에 더불어서 조직력과 행정력까지 겸비하고 있었다. 그런 능력들은 그가 횟필드를 대신하는 옥외집회에서 유감없이 발휘되었다.

한편 웨슬리는 횟필드가 미국에서 돌아온 다음의 일을 염두에 두지 않을 수 없었을 것이다. 사람들은 횟필드에게 여전히 깊은 존경을 표하고 있었고, 여전히 그를 따르고 추종하는 자들이 많다는 것을 웨슬리는 너무나 잘 알고 있었다. 따라서 모종의 일들을 하지 않으면 자신은 또 다시 횟필드 수하에 있는 한 사람으로 전락될 수밖에 없을 것이라는 지극히 인간적인 생각을 했을 수 있다. 웨슬리는 그 돌파구를 어쩌면 횟필드와 다른 신학적 입장에서 찾은 것이 아닌가 생각된다. 자신도 성경을 충분히 읽고 연구하는 학자적 자질을 가지고 있어서, 횟필드가 증거 한 칼빈주의적 가르침을 적극적으로 수용할 수 있었다. 그럼에도 불구하고 예정론을 반박하는 것을 필두로 완전주의까지 주창한 것은 의도적으로 횟필드와 선을 긋고 정면대결 양상으로 가고자 하는 그의 숨은 뜻을 밝힌 것으로 보인다.

실제로 이 두 사람은 다 공히 국교회 사제가 된 사람들이었다. 국교회 신조인 39개 조항 중 17조에 〈선택과 예정에 관하여〉라는 항목이 있기 때문에 이 선언을 믿는다고 고백하지 않으면 누구도 사제가 될 수 없었다. 그것은 웨슬리 자신도 믿는다고 선언했기 때문에 국교회 사제가 된 것이다. 그럼에도 불구하고 그는 자신이 선언한 것을 파기하는 설교를 공개적으로 감행했다. 국교회 신앙관에서도 벗어나고 횟필드와의 약속도 파기하면서 자신만의 운동으로 전개해 나갔던 것이다. 이것은 휫필드로부터 사람들을 끌어내 자신을 추종케 하려는 의도적인 도발이었다. 이와 같은 행동에 숨어 있는 그 의도는 웨슬리의 일지를 편찬한 커닉(Canuck) 박사의 글에 나타나 있다. '… 메쏘디즘이 모라비아교와 완전히 구별된다는 것뿐만 아니라, 알미니안적 메쏘디즘과 칼빈주의적 메쏘디즘을 하나의 공통된 복음주의 운동으로 연합시켰던 끈이 점차 끊어지고 있음을 설명하고 있다. 웨슬리는 알미니안적 메쏘디즘을 정적 교리에서 단호히 떼어내는 한편, 그가 비성경적이라 여기고 있던 예정론과도 단절시킨다.'³

한 마디로 그의 칼빈주의 교리에 대한 강력한 반박 설교들은 모두 그러한 의도를 가지고 조직적으로 전개한 사건이었음을 알 수 있다. 그래서 예정론을 반박하는 그의 '값없는 은혜'라는 설교를 곧장 인쇄하여 사람들에게 배포하였고, 동시에 미국에 있는 휫필드에게도 전달되도록 휫필드를 공격하는 찰스턴 주교 대리 알렉산더 가든(A. Garden)에게까지 보냈던 것이다.

물론 휫필드는 웨슬리의 진정성을 믿고 자신의 사역을 맡겼다. 그의 숨은 의도가 드러났음에도 불구하고 웨슬리를 비난하거나 논쟁을 택하기보다는 화평을 추구하고자 몸부림쳤다. 그러나 그의 화해 노력에 아랑곳 하지 않은 웨슬리는 휫필드와의 단절을 위한 과정을 더욱 확대시켜나갔다.

3　달리모어, 상게서, 660.

웨슬리의 가르침과 행동을 못 마땅히 여기고 횟필드의 영향력을 지속시키고자 한 존 아코트(J. Acourt)라는 청년은 웨슬리에게 항의하다가 웨슬리가 만든 파운데리(Foundery) 공동체(이 구성원 대부분이 횟필드의 설교를 듣고 회심한 자들이었음)에서 쫓겨나는 사건이 발생했다. 그것도 그와 대화를 나누는 것은 마치 마귀와 대화하는 것과 마찬가지라고 정죄하면서 몰아냈다. 그러나 진짜 그의 죄목은 그가 횟필드가 주장하는 선택교리를 믿었기 때문이었다. 이러한 현상은 모두 웨슬리가 의도적으로 횟필드와의 단절을 추구하는 과정이었음을 설명하는 것이었다. 이러한 사건들은 하나 된 공동체를 세우고자 하는 횟필드의 의도하고는 다른 방향으로 이끌었다.

이제 두 진영의 분열은 필연적이었다. 그러나 분열은 단순하게 진행되지 않았다. 왜냐하면 부동산 소유권 문제 때문이었다. 브리스톨의 새 회관과 킹스우드에 있는 광부들을 위한 학교건물은 어떻게 처리할 것인가? 두 건물은 모두 횟필드의 사역이 낳은 결과였고 건축을 위해 웨슬리도 일정한 힘을 보태었다 할지라도, 대부분은 횟필드의 사역을 통해서 모금된 것으로 세워진 것들이었다. 그러나 웨슬리는 그 두 건물을 1740년에 자신의 이름으로 소유권을 이전시켰다.[4] 이것은 당연히 횟필드의 추종자들로부터 강한 반발을 샀다.

---

4 이 부분은 건축비를 감당하기 위해서 돈을 빌렸는데, 웨슬리가 책임지는 보증을 해야 돈을 준다고 하여 건물 등기를 자기 이름으로 했다는 웨슬리의 편지가 있다(달리모어, 상게서, 707 참고). 횟필드가 모금한 돈으로는 어림도 없었다는 웨슬리의 주장이 어느 정도 신빙성이 있는지를 확신할 수 없다.

그 중에 휫필드의 누나인 그레빌(Greville) 부인이 더욱 격렬하게 항의했다. 하지만 항의는 무시되었고 미국에서 온 막대한 재정 기여자요, 관리자였던 윌리암 수어드(W. Seward) 역시 그곳에서 쫓겨났다. 쫓겨난 지 얼마 되지 않아서 수어드는 웨일즈에서 해리스와의 전도여행 중에 분노한 군중이 던진 돌에 맞아 죽게 되는 사건이 발생하기도 했다.

한편 킹스우드 건물은 명목상이기는 하나 교장으로 있는 21세 나이의 세닉이 지키고 있었다. 이 건물에 대한 권리자를 휫필드로 여기며 그의 신학적 입장을 지지하고 있었기 때문에, 세닉 역시 그곳에서 내어쫓기게 되는데, 웨슬리가 세닉을 몰아낸 구실은 그가 휫필드에게 편지를 보내 고자질했다는 이유에서였다. 그가 받은 혐의는 '하나님의 말씀 및 하나님의 사역자들을 조롱했고 고자질하고 험담하고 비방하고 시치미를 떼고 거짓말을 하고 명예를 훼손했다'는 것이었다.[5] 킹스우드 공동체의 일원으로 출교를 당한 세닉은 1741년 2월 28일 자신의 일기에 이 일에 대해 다음과 같이 기록했다: '12명의 남자와 12명의 여자가 나를 따라왔다. 나는 이 사람들과 함께 스티븐 티펫(S. Tippet)의 집으로 갔다… 우리는 그 집에 앉아 함께 울었지만 자주 만나기로 결의했다. 그리고 이런 방법으로 우리는 서로 사랑하고 숫자를 불려가 마침내 130명이 되었다. 우리는 들판의 건초 더미 위에서 애찬을 나누었고 우리가 앉아 있는 풀밭 또한 우리의 식탁이 되

---

5   달리모어, 상게서, 673.

어 주었다.'6

이러한 상황을 접한 휫필드는 잉글랜드로 돌아오는 배 안에서 요한과 찰스 웨슬리 두 형제에게 보낼 편지를 쓰면서 '마음이 너무 아파 속에서 피가 흐르는 것 같다'고 하면서 '잉글랜드에서 두 사람과 대적하기보다는 차라리 이 바다 위에서 영원히 지체하고 싶은 심정'이라고 자신의 괴로운 심경을 표현하였다. 1741년 3월 15일, 그를 태운 배는 드디어 런던에 도착했다. 이어 곧 19개월 전에 사역했던 곳에서 사역을 재개하였다. 그의 귀국은 무엇보다도 그의 칼빈주의적 신학체계가 더욱 견고해졌음을 알리는 것이었다. 다시 말하면, 침묵할 수 없는 상황이었기 때문에 자신이 믿고 있는 칼빈주의 교리를 담대하게 선포해야만 했다.

하지만 그의 앞에는 그 어느 때보다 혹독한 시련의 시간들이 기다리고 있었다. 그가 목격한 런던의 상황은 생각한 것보다 훨씬 심각했다. 그는 미국의 고아원을 책임지고 있는 제임스 하버셤(J. Habersham)에게 1741년 3월 25일자 편지를 보내면서 그의 참담한 심정을 소개하였다.7 전에 자기 눈이라도 빼어주려고 했던 자들이 웨슬리의 가르침에 세뇌당하면서 이제는 휫필드의 설교를 들으려고도 하지 않았고, 그를 조금도 도와주려고 나서지도 않았다. 어떤 사람들은 하나님께서 곧 그를 망하게 하실 것이라는 협박편지까지 보냈다.

6　달리모어, 상게서, 674.

7　달리모어, 상게서, 680.

재난석인 상황이었다.

고아원 때문에 짊어지고 갈 무거운 짐을 평생 끌고 가야 했는데, 이제 재정적 지원을 전담해준 친구 윌리엄 수어드(W. Seward)가 세상을 떠나고 없는 상황이었다. 또한 칼빈주의적 메쏘디즘을 이끌 그 모든 책무가 다 자신의 어깨에 달려있다는 압박감이 이만저만이 아니었다. 그 당시의 상황을 달리모어는 이렇게 묘사하였다: '큰 부채를 안고 있었고, 인간적 차원에서는 그것을 해결할 방도가 전혀 없었다. 또한 경솔한 행동 때문에 몇몇 소중한 친구들과 사이가 멀어졌다. 곧 법정에 불려갈 가능성도 있었고, 교도소에 넣겠다는 협박을 받고 있었으며, 건강도 좋지 않았다. 무엇보다도 그는 자신의 신념에 충실하기 위해서는 세상에서 가장 소중한 친구들과 헤어져야 한다는 것을 인식하고 있었다. 이 모든 어려움이 어우러져 그는 실로 인생 최고의 시련을 마주하고 있었다.'[8]

그러나 휫필드는 기도의 사람이요 말씀의 종이었다. 다윗이 그의 군사들에게 돌로 쳐 죽임을 당할 급박한 상황에서 하나님을 의지하여 용기를 얻고 사로잡혀간 그의 식구들과 군사들의 가솔들을 다시 되찾아 왔듯이, 휫필드도 고린도(Corinthians)후서 4장 8절과 9절 말씀으로 힘을 얻었다. 상황은 여전히 여러 가지로 어려운 상태였고 어찌해야 할지 난감한 정황이었지만, 그는 자신을 불러주신 하나님을 굳게 신뢰하였다.

---

8 달리모어, 상게서, 682-83.

그를 지지하고 있는 사람들을 만나서 이 난관들을 헤쳐 나가고자 실행에 옮겼다. 세닉을 비롯한 조력자들을 다시 세우고 나중에 〈위클리 히스토리, Weekly History〉로 이름이 바뀐 〈크리스천 어뮤즈먼트, Christian Amusement〉라는 주간지를 발행하며 부흥운동에 대한 소식을 대대적으로 알렸다.9 이것은 최초로 기독교 언론기관지의 탄생을 알리는 것이었다. 그리고 집회소를 건축하였다. 이 건물은 국교에 반대하는 개신교도 몇 사람들이 무어필즈에서 횟필드가 마음껏 집회를 가질 수 있는 처소로 사용하도록 하기 위해 건축한 것이다. 횟필드의 재기에 중추적인 역할을 감당한 건물이 되었다. 그리고 횟필드도 웨슬리의 예정론을 반박한 '값없는 은혜'라는 설교에 대한 자신의 입장을 편지답변서 형식으로 출판하였다. 이 내용은 큰 반향을 불러일으켰다. 독자들로 하여금 웨슬리와 횟필드의 견해 차이가 무엇인지를 분별할 수 있게 해주었다. 더욱이 그 답변서에 조목조목 웨슬리의 신학적 견해를 반박하면서도, 처음부터 끝까지 웨슬리에 대한 정중함과 공손한 태도를 잃지 않았다. 이 답변서는 신학적 논쟁을 더 높은 차원으로 승격시키는 일에 일조했다.

이런 노력들에 힘입어서 횟필드의 사역은 점차적으로 회복되어갔다. 런던에 돌아온 지 5주 만이었다. 그는 이제 글로스터와 브리스톨로 향했다. 글로스터에서는 웨슬리의 방해공작이 크게 먹혀들지 않았으나 브리스톨은 달랐다. 복음 교리가 크게 위축되었고 '기괴한 오

---

9   이 신문은 부흥운동의 최초 간행물이었고 이후로 스코틀랜드와 미국에서도 유사한 신문이 발행되었다. 웨슬리도 나중에 이러한 사업에 뛰어들었다.

류가 전파'되어 있었다. 그러나 브리스톨에 뿌려진 지독한 가라지들은 그가 온 지 3주도 안 되어 모두 뽑혔다. 복음전파 지역은 더욱 확대되어 잉글랜드뿐만 아니라, 스코틀랜드에서도 그를 초청하였다. 그가 돌아온 지 9주 만에 대부분 지역에서 그의 사역은 놀랍게도 회복되어 갔다.

물론 웨슬리도 잠잠히 있었던 것은 아니다. 그의 반격 역시 만만치 않았다. 그는 여러 책자들을 발행하면서,[10] 휫필드의 사역과 맞섰다. 인쇄기에서 휫필드를 대적하는 소논문, 소책자, 설교문들이 줄줄이 쏟아져 나와 배포되었다. 그들의 악담과 방해는 그리스도인답지 않은 행동들이었다. 찰스 웨슬리는 칼빈을 가리켜 '마귀의 장자'라고 표현하며 칼빈주의를 가르치는 자들을 심히 증오하는 말과 행동을 했다.[11]

1741년 4월 27일자 웨슬리의 편지를[12] 받은 휫필드는 4가지 중대한 결정을 했다. 첫째는 킹스우드 부동산에 대해서 더 이상 언급하지 않는다. 도리어 새로운 학교 건물을 킹스우드에 짓고 브리스톨에도 새 회관을 건립한다. 둘째, 더 이상 웨슬리와의 사이에 일어나는 일에 대해서 어떠한 일이든 관여하지 않고 침묵하기로 했다. 이에 그가 매

---

10 값없는 은혜 설교문 제3판, 렌티의 생애, 절대 예정에 관한 진지한 고찰, 예정론자와 그 친구의 대화, 예정 선택 유기에 관한 성경 교리, 그리스도인의 완전, 선택과 유기 교리에 관한 진지한 고찰, 하나님의 영원한 사랑에 관한 찬송 등을 출판하였다.

11 달리모어, 상게서, 704.

12 달리모어, 상게서, 705-707에 실린 웨슬리의 편지만 통해서 보면 모든 것이 휫필드의 잘못으로 귀결된다. 일정 부분 휫필드의 지식도 잘못된 정보에 의해 부정확한 것들이 있었던 것도 사실이겠지만, 그렇다 하더라도 이것은 웨슬리 자신의 행동에 대한 정당성을 부각시키고자 쓴 내용일 뿐이다.

일 기록하던 일지도 더 이상 기록하지 않고 멈추어버렸다. 사실 이 부분이 상당히 아쉬운 대목이다. 그가 계속해서 일지를 썼더라면 하나님께서 부흥을 위하여 그를 어떻게 사용하시는지에 대해 더 많은 정보를 얻을 수 있었을 것이다. 셋째, 추수 밭에서 가라지 뽑는 일을 그만 두었다. 마지막으로 '하나님의 모든 영원한 진리'라고 자신의 마음에 확실히 믿는 도리를 확고히 지키며 상대방에게 트집잡힐 만한 일은 피한다는 것이었다.

그 이후로 휫필드는 종종 온유한 성정을 유지할 수 있기를 갈망하는 기도를 했다. 공격을 당할 때마다 '오 우리가 온유하며 잠잠하도록 하자, 오 우리가 다 잠잠히 기다리자, 그리하면 하나님의 구원을 보게 되리니'라고 말하곤 했다. 그는 또 이렇게 말했다: '다른 사람들이 논쟁에 빠져 있을 때 우리는 성장하도록 하자, 이것이 그 사람들을 설득하는 가장 좋은 방법이니 그들은 다른 방법으로는 설득되지 않을 것이다. 잠잠히 모든 일을 그분께 맡겨도 아무것도 잃지 않는다.'[13] 적개심을 자극할 어떤 말도 피하면서 그는 잠잠히 설교사역에 전념하였다. 초청을 받는 곳이면, 그곳이 어디든 가서 매일 2,3차례씩 설교를 하였다. 가는 곳마다 구름 떼처럼 많은 회중들이 모여들었고, 자신들의 죄를 통회하며 자복하는 회개의 역사가 일어났다.

7월 중순쯤에 런던으로 돌아온 그는 그가 다닌 지역에서 일어나는 일들을 가리켜 '영국의 새로운 각성'이라고 표현하였다. 잉글랜드의

13　달리모어, 상게서, 710.

복음주의 부흥운동이었다. 일부 지지자들은 횟필드가 웨슬리의 행동에 대해서 지나치게 관대하다고 분개하였지만, 그는 '상대가 설득될 가능성이 없을 때에는 논쟁을 벌이지 않는 게 최선'이라고 생각하였다.[14] 그의 침묵은 웨슬리의 주장들이 참된 것이라는 오해를 받게 하기에 충분하였으나, 그는 철저하게 하나님께 맡겼다. 10년 후에 그는 우연히 헌팅턴(Huntington) 부인에게 그 당시의 일을 회상하는 편지를 쓰면서 매우 의미 있는 말을 남겼다:[15]

> 가장 가까웠고 가장 사랑하던 친구들에게 밀려나고, 멸시당하고, 비난받고, 비방당하고, 비판받고, 급기야 그들에게 결별까지 당한 것이 저에게는 오히려 유익입니다. 그 일로 저는 친구 중의 친구이신 분의 신실하심을 알게 되었으니 말입니다… 그분께서 모든 사람들에 대한 제 의도가 정직하다는 것을 아시니 그것으로 저는 만족합니다.

횟필드는 스코틀랜드에서 엄청난 사역의 열매를 거두고 있는 가운데서도 웨슬리 형제들과의 분열, 그리고 미국에서 날아오는 좋지 않은 소식들로 인하여 마음은 결코 편치 않았다. 그는 화해의 손길을 먼저 내밀며 요한 웨슬리에게 서신을 보내기를 몇 차례 하였다.[16] 이에

---

14 달리모어, 상게서, 711.
15 달리모어, 상게서, 712.
16 1741년 10월 10일자, 그러나 결별한지 7, 8개월이 지나서야 웨슬리는 답장을 보냈다. 남

처음에는 답장을 보내지 않고 있던 웨슬리도, 얼마 후 그에게 답장을 보내면서 화해무드를 조성해갔다.

사실 휫필드는 그들과의 관계 개선을 위한 노력 때문에, 그를 따르던 자들로부터 불만을 자아냈다. 그러나 그의 이러한 행동은 자신의 신학적 견해를 결코 버리거나 훼손시키지 않는 한도 안에서, 상대방을 늘 하나님의 거룩한 사람으로 여기는 그의 인간관에서 나오는 것이었다. 그는 어떤 분파에 속했든 선한 사람에게는 더 호의적이었다. 악한 사람일지라도 선한 양심에 따라 행동하는 한 그 사람을 사랑의 겉옷으로 감싸고자 노력했다.[17] 그는 예수님을 사랑하는 모든 사람을 사랑했다. 그는 올바른 복음 진리 안에서 화평을 추구하는 에큐메니칼(Ecumenical)한 지도자였다.

휫필드의 웨슬리를 향한 화해의 노력이 결실을 맺게 되어, 마침내 휫필드는 1742년 8월에 런던에서, 불필요한 논쟁은 가능한 차단시키며, 연합한다는 웨슬리의 결심을 이끌어냈다. 웨슬리는 무조건적 선택과 불가항력적 은혜 및 궁극적인 견인교리를 상당 부분 수용한다고 했다. 연합을 위한 노력이 빛을 발한 것이다.

때마침 휫필드는 웨슬리가 겪고 있는 어려운 문제를 해결하기 위해 직접 뛰어들었다. 그 당시에 웨슬리의 추종자들이 폭도들로부터 가구를 도둑맞거나, 집에 방화를 당하는 일들을 겪는 경우가 빈번하

아있지는 않지만 휫필드가 보낸 답장을 통해서 알 수 있다(1742년 3월 11일자).
17 달리모어, 상게서, 781.

게 발생하고 있었다. 그들을 돕기 위해 휫필드는 모금 운동을 벌였는데 60파운드가 넘는 액수의 돈이 모금되었다. 이는 그 당시 노동자 한 사람의 130주 주급 봉급에 해당되는 돈이었다.

그로부터 몇 달 뒤 웨슬리는 휫필드와의 관계에 대하여 '더 이상 논쟁은 없다. 우리는 손을 맞잡았다'고 선언하였다. 강경하던 찰스 웨슬리도 누그러진 태도로 화해함으로써 이제 휫필드와 웨슬리는 평생 깊은 우정을 나누는 사이가 되었다(1748-49년에 이르러서). 신학적 견해 차로 단절을 맛보았던 이들은 다시 그리스도 안에서 연합하며, 손을 맞잡음으로써 그리스도 안에서 화평의 열매를 맺게 되었다. 웨슬리의 강경한 태도를 사랑과 오래 참음으로 변화시킨 휫필드는 비록 나이 상으로는 웨슬리보다 연소자였지만 좀 더 성숙한 그리스도인의 모습을 보여주었다. 바로 '화평케 하는 자는 복이 있나니 하나님의 아들이라 일컬음을 받으리라'(마 5:9)는 예수님의 말씀을 구현했던 것이다.

제 9 장
휫필드의 초기 미국 사역 전개

쉼 없이 달려온 본국의 일정을 마치고 마침내 미국으로 향하는 배에 올랐다. 이 여정은 그동안 분주한 일정 때문에 제대로 발 한번 쭉 뻗고 편히 자본 적이 없었던 휫필드에게 쉼의 단맛에 젖게 했다. '바깥 세상에 있을 때에는 거의 잊어버리다시피 했던' 침대에 눕는 안락함을 비로소 누리는 기회였다. 그는 그 동안 읽지 못했던 신학서적들도 읽고 자신이 경험한 부흥의 역사를 남기는 글들을 썼다. 달리모어에 의하면 이 항해 기간 중에 그는 두 권의 책을 썼는데, 하나는 『자전적 소묘』이며 또 하나는 『잉글랜드 신앙단체에 보내는 편지, A Letter to the Religious Societies of England』라는 책자이다.[1] 그 외에도 그

---

1   달리모어, 상계서, 423. 이 편지의 내용은 신앙단체들의 필요성과 이들에 대한 법적 권리, 그리고 발전 계획과 회원들에게 성결한 삶을 살 것을 권면한 내용들로 구성되어 있다. 이

는 많은 지인늘에게 보내는 편지들을 통해서도 자신이 경험한 부흥의 확산을 위한 그의 간절한 염원들을 담아내었다.

이처럼 횟필드는 모처럼 자신에게 주어진 시간들을 의미 없이 흘려보내지 않았다. 풍성한 독서 활동을 통한 죄의 의미에 대한 깊이 있는 통찰, 그리고 은혜의 본질에 대한 방대한 지식 등으로 무장하는 새로운 시간으로 만들었던 것이다. 그는 이미 성경을 통해서 깨달은 칼빈주의 신학적 체계를 더욱 견고하게 했다. 또한 이것을 기독교의 전 계시에 있어서 매우 본질적인 것들로 간주하고 이 신학체계를 바탕으로 설교하는 것을 결코 주저하지 않는 설교자로서의 사명을 더욱 굳게 세웠다.

그러나 이번 항해가 편안한 휴식만 있었던 것은 아니었다. 육체에 찾아온 안식과 배치되게 극심한 정신적인 번민에 시달려야 했다. 그동안 신학적인 대립으로 인한 웨슬리와의 갈등으로 인해 소중한 동역자를 잃을지도 모른다는 두려움 때문이었다. 그는 이때의 심경을 '배 안에 유폐되었을 때만큼 사탄에게 시달렸던 때가 없다'고 표현했다. 웨슬리와의 논쟁보다는 조화를 모색하겠다고 마음을 굳혔지만, 그와의 충돌은 피할 수 없는 상황이었기 때문이다. 이에 대한 내용들은 이미 앞서 다루었던 바이다.

그는 이 항해에 남자 8명 여자 4명, 그리고 소년 하나와 두 아이를 대동하였다. 이들은 다 고아원에서 함께 일할 사람들이었다. 교사나

편지는 1년 사이에 3판이나 인쇄될 정도로 인기가 상당했는데, 28쪽 분량으로 출판되었고 그 수익금은 전액 킹스우드 학교 건립기금으로 사용했다.

살림살이를 위한 여성들과 고아원의 식솔들이 될 사람들이었다. 그들을 돌봐줄 의사도 함께했는데 그의 이름은 헌터(Hunter)였다. 그리고 그의 비서로 일한 존 심스(J. Simms)가 있었다. 이들을 휫필드는 '가족'이라고 불렀다. 그들과 함께 지낸 11주간의 항해 시간은 그를 '사도들의 태도로' 권위적인 존재라는 비난을 떨쳐버리고 겸손한 사람이 되게 했다. 그리고 이전에 가졌던 오로지 예수 그리스도만을 높이는 자로서 일생을 가겠다는 다짐을 더욱 새롭게 공고히 하는 시간이었다.

이렇게 미국에서 새롭게 시작한 두 번째 방문 사역에 대한 한 역사가의 평가는 매우 주목할 만하다. '옥스퍼드의 홀리 클럽이 영국 전역과 그 너머로까지 퍼져나간 복음주의 부흥운동의 지도자들을 파송하던 바로 그때, 미국에서 대각성 운동이 시작되고 있었다는 사실에는 하나님께서 정하신 섭리의 일치가 있지 않았는가? 홀리 클럽에서 거듭남을 체험한 휫필드가 주님의 대사로 선정되어 이 두 개의 각성운동을 하나로 연결했다. 이는 마침내 미국에 도착하여 에드워드(Edwards)의 지도 아래 시작되어 진척을 보이지 못하고 있던 각성운동에 새로운 에너지를 불어넣었고 마치 타오르는 횃불처럼 식민지 전역으로 밀어붙였다.'[2]

그토록 고대했던 미국 땅을 그는 1739년 10월 30일에 다시 밟게 된 것이다. 그가 미국에 오기 전에, 미국은 이미 독일인들 중심으로 경

---

2   에드워드 S. 닌드, 휫필드, 선지자-설교자(1924), 달리모어의 휫필드 전기 441에서 인용한 것임.

건주의 운동이 다시 활력을 얻고 있었다. 또한 화란인(Holland)들을 중심으로 테오도루스 플레링호위젠(1691-1747)의 헌신적인 노력을 통해서 대각성 운동의 불씨가 타오르던 때였다.³ 플레링호위젠의 사역은 장로교인들 사이에 불고 있는 신앙 부흥운동에 깊은 영향을 끼쳤다. 그와 상관없이 윌리암 테넌트(W. Tennent) 목사의 통나무 대학 출신의 사역자들도 각성운동을 일으키며, 부흥운동에 대한 지지자들인 '신파'와 반대자들인 '구파'로 양분되어 다툼이 일고 있을 때, 프렐링호위젠의 사역은 신파들에게 크나큰 도전과 용기를 가져다주었다. 특히 테넌트의 아들인 길버트 테넌트(G. Tennent)가 프렐링호위젠과의 협력 사역을 하면서 이미 일어난 뉴 브런즈윅(New Brunswick)에서의 사역에 더욱 큰 불길을 당기게 되었다.

한편으로는 매사추세츠 주의 노쓰햄프톤에서 사역한 조나단 에드워드의 지도하에 일어난 회중교회 중심의 부흥운동이 있었다. 그의 부흥운동은 테넌트 형제들의 부흥운동과 같이 뉴 라이트(New Light)파와 올드 라이트(Old Light)파로 양분되게 했다. 그의 부흥운동의 동력이 논쟁으로 힘을 잃어가고 있었을 때, 하나님께서는 횟필드를 보내주셨다. 횟필드와 조나단 에드워드와의 만남은 이 지역에 새로운 부흥운동으로 이어졌다. 이 내용에 대해서는 제11장에서 더 자세하게 다루게 될 것이다.

횟필드가 배에서 내려 처음으로 찾은 곳은 조지아가 아니라, 식

---

3 프렐링호위젠의 사역에 대해서는 서창원의 『장로교회의 역사와 신앙』, 진리의 깃발사, 2003, 318-359쪽을 참고.

민지 땅의 중심지인 필라델피아(Philadelphia)였다. 그곳을 발판으로 삼아 그가 준비해온 사역들을 펼쳐가고자 했다. 그가 필라델피아에 도착한 날 저녁부터(11월 2일) 기도문을 읽고 주일에는 국교회 예배에 참석하였으며, 월요일에는 장로교, 침례교 목사들과 함께 교분을 가졌다. 화요일에는 국교회에서 설교를 했고, 수요일에는 퀘이커(Quaker) 교도인 토마스 펜(T. Penn)과 식사하는 자리를 가졌다. 그러나 그런 지도자들과의 만남의 일정 중에도 주민들의 설교 요청이 계속되었다. 휫필드는 주민들의 요구에 부응하여, 필라델피아의 법원청사 광장에서 첫 옥외집회를 열었다. 약 6천여 명의 회중들이 모였다. 이 광장에서 그 주 금요일, 토요일, 주일 이렇게 연속해서 3일을 모였는데, 모일 때마다 숫자는 더 늘어나서 8천여 명의 청중들로 꽉 들어찼다.4 미국에서의 그의 사역도 잉글랜드 못지 않은 대성공이었다. 사람들은 그가 잠시 동안이라도 혼자 있을 여유를 주지 않았다.5 여느 때의 사역과 마찬가지로 매우 바쁜 나날들이었다.

한편 그는 윌리엄 테넌트의 방문을 받았다. 그와 그의 아들들을 통해서 역사하시는 하나님의 일을 듣고 금방 한 식구처럼 지내는 절친한 사이가 되었다. 이에 휫필드는 설교 중에 종종 그들의 입장을 지지하는 발언들을 하기도 했다. 9일 후에는 길버트 테넌트의 권유로 뉴욕(New York)으로 갔다. 휫필드는 길버트가 배설하는 설교를 듣고는

---

4 달리모어, 상게서, 462.
5 휫필드의 일기, 345 참고.

'우레의 아들이며 인간의 얼굴을 두려워하지 않는' 사람이었다고 평가했다.[6] 이 시기에 그가 하나님께서 사용하시는 여러 목회자들과 맺은 관계는 그의 삶에 있어서 중요한 또 하나의 전환점이 되었다. 사실 그 자체가 휫필드에게 있어서 혁신적인 일이었다. 왜냐하면 잉글랜드에서는 거의 국교회 사람들 외에는 교제가 없었기 때문이었다. 그러나 이제는 국교회의 벽을 넘어서 거듭난 하나님의 일꾼들과의 교제는 매우 자연스럽게 이루어졌다. 그의 교제의 폭은 이제 장로교도들과 화란 개혁파들, 그리고 침례교도들에게까지 넓혀졌다.

필라델피아로 돌아온 그에게 문을 열어준 교회는 크라이스트(Christ) 처치였다. 여기에서 7차례 설교를 했다. 이어 독일인 지역에서도 설교를 했는데, 예배당에서 다 청중들을 수용할 수 없어서 추운 날씨에도 불구하고 옥외집회를 가져야만 했다. 여기서 바로 휫필드에게는 미국에서 그의 설교를 전담하여 출판하고 그의 사역에 큰 도움을 주었던 평생지기 벤자민 프랭클린(B. Franklin)과의 첫 만남이 이루어진다.

집회를 마친 후 곧이어 그는 1천 3백 킬로미터나 떨어진 조지아로 향했다. 그는 육로를 택했다. 그러나 그의 가족들은 소위 전도 여행용 배(사바나 호)를 하나 구입하여 그것으로 이동했다. 이번 여정에서 그가 배로 이동하지 않고 육로를 선택한 것은 이동 중에 설교할 기회를 자주 가질 수도 있고, 미국이라는 광활한 나라에 대해 더 공부할 수 있

---

6 달리모어, 상게서, 465.

는 경험을 쌓을 수 있는 이점 때문이었다. 휫필드의 선택은 옳았다. 보이는 것은 검푸른 바다뿐인 배 안에 갇혀 조용히 목적지까지 가게 되었다면, 이 당시 그를 괴롭히던 문제, 즉 웨슬리와의 일들, 그리고 사랑하는 여인 베티 델라모트(B. Delamotte)에 대한 생각 등으로 더 힘겨운 여행이 되었을 것이다.7 그러나 그가 배가 아닌 육로로 이동을 하게 되면서 이러한 번뇌는 잠시나마 내려놓을 수 있었다. 일에 열중하다 보면 고민거리들은 자연스레 잊을 수가 있지 않은가. 이동수단의 불편함을 감수할 만큼의 유익함이 많은 여행임은 분명했다.

어느 지역을 지나던 중에 휫필드는 자신이 모르던 새로운 사실을 알게 되는데, 그것은 사람들이 대화 속의 특정한 믿음의 말에 의해서 교파를 구분하고 있다는 것이다. 그가 유숙하게 된 집 주인에게 영의 양식을 제공하고 나자 그 집 주인이 휫필드에게 '혹 퀘이커 교도가 아닌가요?'라고 물었다. 그가 그렇게 생각한 것은 휫필드가 성령으로 말미암아 거듭나야 한다고 말하는 것을 들었기 때문이다. 그러면서 말하기를 '여기서 사람들이 성령에 대해서 말하면 퀘이커 교도로 인식하고 있고, 아침식사 때에 은혜를 논하면 장로교도로 봐도 무방하다'고 언질을 주었다. 그 말을 들은 휫필드는 '내가 어떻게 해야 국교회도로 사람들이 인식할까?' 하고 당혹스러워 했다.8

육로 여정의 마지막 지점은 사우스 캘롤라이나에 있는 찰스턴이었

---

7   달리모어, 상게서, 473.
8   휫필드의 일기, 370.

다. 그곳에서 2차례 설교를 하면서 많은 사람들을 복음의 진수에 듬뿍 빠지게 하였다. 필라델피아를 떠난 지 43일 만인 1740년 1월 10일에 이윽고 조지아 주 사바나에 도착하였다. 그는 곧장 2백만 평방미터의 고아원 부지를 마련하여 베데스다 고아원을 설립하고자 했다. 고아원 부지는 사바나에서 16km 떨어진 식민 구역 북쪽에 위치한 곳에 마련했다. 우선 고아원 설립 전 임시 처소로서 그 지역에서 가장 큰 집을 얻어서 일차적으로 고아들 20명을 먼저 수용하고 외과의사인 헌터를 책임자로 세웠다. 그후 임시 처소에서 건물 짓는 일을 착수하였다. 훈련된 일꾼들이 없는 어려운 상황이었기에, 건축 경험이 전혀 없던 휫필드가 건축에 대한 모든 것을 맡아 진두지휘하게 되었다. 그 지역까지 연결되는 도로건설을 시작하여, 당시 가장 긴 16km의 도로공사가 마무리 되었다.

   고아원은 단지 아이들에게 머물 수 있는 쉼터를 제공해주는 데 있지 않고, 양질의 교육도 제공해주고자 했다. 그리하여 일반 교과목만이 아니라, 아이들이 읽어야 할 종교와 역사와 문학 서적 목록까지 작성했다. 몇 달 후에는 라틴어 교사까지 충원했다. 여자아이들에게는 실 잣는 기술을 가르쳤고, 남자아이들에게는 기계공과 농장주 양성소 역할을 감당하는 일들을 해나갔다. 그리고 모든 필요한 것은 자급자족으로 해결했다. 종국적으로는 이 베데스다 고아원을 복음의 영향력이 있는 곳으로 삼고자 했다.[9] 더 나아가 훗날 이곳 조지아에 대학교를

---

9   달리모어, 상게서, 481-82.

세울 것까지 염두에 두고 있었다.

　찰스턴에 가서 말씀을 전하고 고아원 기금을 위한 헌금에 70파운드가 모금되었다. 나흘 동안 머물면서 그 지역 사람들의 심령을 감동시켰다. 그곳에서 자신의 형 제임스가 한 묶음의 편지를 가지고 왔는데, 그 안엔 웨슬리로부터 온 것도 있었다. 그 편지가 현재는 남아 있지 않아 그 정확한 내용은 알 수 없지만, 그 편지에 대한 휫필드의 답장을 통해 웨슬리의 편지 내용을 추론해보면, 웨슬리는 자신과 견해가 다른 휫필드와 격렬한 논쟁을 촉구한 것이 틀림없어 보인다. 이에 휫필드는 답장에서 웨슬리와 함께 읽었던 루터의 책의 내용을 빗대어서, 동일한 주 예수님을 사랑한 그들이 쯔빙글리(U. Zwingli)를 비롯해 여러 사람과 논쟁하며 많은 시간을 소모한 것을 안타까이 여기며, 그와 마찬가지로 웨슬리의 행보는 결코 영예로운 행동이 아님을 지적하고 있다. 나아가 이러한 역사적 사건을 하나의 경계로 삼아, 자신과 웨슬리 사이에 벌어지는 논쟁을 피해야 한다는 내용을 담았다. 그는 1740년 3월 26일자 편지에서 이렇게 말했다: '저를 자극하려면 얼마든지 하십시오. 하나님의 은총으로 저는 선생님과 의견을 달리하는 사항에 관한 논쟁에 돌입할 생각 같은 건 하지도 않습니다. 오직 제가 기도하는 것은, 선생님이 저를 비판하실수록 선생님을 더 사랑할 수 있었으면, 다른 누구의 칭찬도 아니고 오직 내 주님이요 주인이신 예수 그리스도께 칭찬받기를 바라는 태도를 배울 수 있었으면 하는 것

입니다.'[10]

6주간의 공사기간이 지나면서 20여 명의 고아는 40명으로 늘었고, 그들 창고에서 자급자족하는 식량으로 1백여 명이 먹고 지냈다. 엄청난 비용이 들어가고 있지만, 하나님께서 그 모든 것을 감당할 능력을 주실 것을 확신하면서 '내 식구들이 늘어날수록 나는 더욱더 크게 위로를 얻는다'는 일기를 썼다.[11] 그는 베데스다 고아원 건립이 마치 겨자씨 하나 심는 것과 같아서 하나님의 선한 때가 되면, 깊이 뿌리를 내리고 이 땅에 퍼져서 수많은 가난하고 궁핍한 사람들이 와서 그 가지에 깃들일 것을 확신하였다. 사실 그는 이 사업에서 재정적인 압박으로 인한 큰 고통을 감수해야만 했다. 그것이 그의 건강을 해치는 원인이 되었다고 해도 과언이 아닐 만큼 압박의 무게는 상상을 초월했다.

어쨌든 하나님의 은혜로 재정적인 압박 가운데서도 고아원은 우뚝 서게 되었다. 신탁위원회의 지원이 이루어졌더라면 훨씬 용이했을 텐데, 땅에 대한 권리를 양도받은 대가로 그는 고아들을 책임져야 했고, 고아원 운영까지도 다 떠맡아야 했다. 달리모어의 표현대로 베데스다 고아원은 '그의 최고의 즐거움이 되었어야 했지만 기쁨과 슬픔이 뒤섞인 것이 되었다.' 이 고아원이 그의 평생의 짐이 될 것을 짐작한 그는 '고아원은 아예 시작하지 않았다면 좋았을 것이라는 생각이 들기

---

10 달리모어, 상게서, 486.
11 휫필드의 일기, 403.

도 한다'고 고백했다.[12]

　1740년 미국에서의 그의 사역은 필라델피아와 뉴욕 지역에 대한 순회사역, 베데스다 고아원 설립, 뉴잉글랜드 지역 방문, 그리고 한번 방문한 곳을 재차 방문하는 빡빡한 일정 등으로 이루어졌다. 달리모어는 이렇게 요약 정리하였다: 1월 11일-4월 2일까지 고아원, 4월 2일-6월 5일까지 봄철 순회사역: 필라델피아와 뉴욕, 6월 5일- 7월 2일까지 고아원, 7월 2일-7월 26일 찰스턴으로 여름철 순회사역, 7월 25일-8월 18일 고아원, 8월 18일-12월 14일까지 가을철 순회사역: 뉴잉글랜드, 뉴욕, 필라델피아, 찰스턴을 거쳐 다시 고아원.[13]

1. 필라델피아와 뉴욕에서의 봄철 순회사역

　휫필드가 다시 왔다는 소식은 삽시간에 번져 이곳저곳에서 그를 청하기 바빴다. 하지만 그는 서둘러 필라델피아로 갔다. 전에 와서 뿌린 것들에 대한 열매를 확인한 그는 하나님의 일에 대한 소망을 더욱 크게 붙들었다. 예배당 사용이 허락되지 않는 상황은 계속되었다. 다시 옥외집회를 강행한 그는 오전에 6천 명, 저녁에 8천 명의 회중들에게 설교를 했다. 그 다음 날에는 1만 명이 넘는 회중이 모였다. 하나님

12　달리모어, 상게서, 497.
13　달리모어, 상게서, 499.

의 말씀이 날마다 능력 있게 임하자 사탄의 활동 영역은 금세 줄어들고 말았다. 이때 열린 집회에 대한 기록은 신비롭기까지 하다. '입을 열어 가르쳐 이르시되'라고 휫필드가 말하자 그 말이 해상으로 3킬로미터 떨어져 있는 글로스터 포인트(Gloucester Point)까지 뚜렷이 들렸다고 한다.

4월 20일 주일에는 국교회 예배에 출석했는데, 주교 대리가 야고보서 2장 18절 말씀으로 행위에 의한 구원을 설교하자, 그는 저녁에 옥외집회에서 똑같은 본문으로 주교 대리의 설교를 반박하였다. 그 집회에 모인 청중은 1만 5천 명이었다고 한다. 당시 필라델피아의 인구는 1만 2천 명이었음을 감안할 때, 실로 놀라운 인원이라고 할 수 있다. 이 시기 고아원 기금이 바닥난 상황에서 이렇게 많은 인파가 모인 집회는 기금 마련을 위한 좋은 기회를 제공해 주었다. 아침에 1백 10파운드 저녁에 50파운드 기금이 걷혔다.

2. 흑인 노예 처우 개선을 위한 노력

남부 지방을 다니면서 흑인 노예들이 개나 말보다 못한 취급을 당하며 혹사당하는 모습을 본 휫필드는 이에 대해 비판하는 편지를 썼다. 이후 이 편지의 내용을 프랭클린이 책자로 출판하였다. '흑인 노예들에 관하여 메릴랜드(Maryland), 버지니아(Virginia), 그리고 사우스 캐롤라이나 노스캐롤라이나(North Carolina) 주민들에게 드리는 편지'는 금세 큰 반향을 불러일으켰다. 그가 평생 동안 겪은 중상모략적인 선동은 대부분 이 편지로 인하여 발생한 것들이었다. 그는 노예 제도 자체를 부정한 것은 아니지만, 노예를 사서 최소한의 인격도 무시한 채 짐승만도 못하게 부려먹는 것은 분명 죄라고 단언하였다.[14] 노예들에 대한 지주들의 학대의 항변에만 그치지 않고, 흑인 노예들을 돕기 위한 방안까지 간구하였다. 그의 4월 22일자 일기에 의하면, 2천만 평방미터의 땅을 매입하여 거기에 커다란 집을 짓고 흑인 노예들을 교육시키고자 하는 계획을 수립하였다. 그 집을 그는 '나사렛(Nazareth)'이라고 불렀다. 땅 매입을 책임진 수어드는 선금을 치루고 휫필드가 요청한 업무를 수행하고자 영국으로 갔다. 물론 나중에 이 계획은 수포로 돌아가고 말았지만, 흑인들을 위한 그의 생각이 어디까지 미쳤는지를 가늠할 수 있는 좋은 예가 되었다.[15]

휫필드는 단지 흑인 노예들을 돕는 것에 머물지 않고, 지금까지 그 누구도 시도하지 않은 흑인들에게 복음을 전하는 일을 하였다. 미국에 온지 8주가 지나면서 흑인들에게 찾아가 복음을 전하기 시작했다. 당시 흑인들은 말하자면 짐승보다 조금 낫지만 인간보다는 못한 존재로 전락해 있었다. 따라서 십자가 복음은 그들에게 해당되지 않는 것이었다.

그러나 휫필드는 흑인 아이들도 주의 교양과 훈계로 잘 양육되면

---

14 달리모어, 상게서, 532.
15 재정적인 어려움 때문에 그 부지는 1743년에 모라비아 형제단이 구입하여 휫필드가 짓기 시작한 건물을 완공했으나, 흑인들을 위한 정착지가 아니라 자신들의 공동생활과 자선사업 및 선교활동의 중심지로 삼았다.

백인 아이들 못지않게 큰 진보를 이룰 것을 확신하였다. 그는 그들의 입에서도 우리를 지으신 하나님을 노래하는 날을 소망하였다. 그의 소망은 그리 오래 걸리지 않았다. 그의 사역을 통해서 수많은 흑인들이 회개하고 새 사람이 되었다. 달리모어는 이때의 상황을 이렇게 기술하고 있다: '말씀이 퍼져나가 크게 찬미 받았으며, 많은 흑인들 또한 하나님의 존재를 깊이 인식하는 길을 순조로이 밟아 나가고 있다.'[16] 은혜 받은 흑인들이 얼마 안 되는 돈을 가져와서 불쌍한 고아들을 위해 써달라는 헌신도 있었다. 그리고 사우스캐롤라이나의 한 부유한 농장주인 휴 브라이언(H. Brian)과 그의 아내가 횟필드를 도와서 흑인들을 위한 학교를 세워 운영하였다. 흑인들을 위한 나사렛 사역은 실패했어도, 이들을 향한 복음사역은 여러 지역에서 각기 다른 모습으로 확산되어 갔다.

특히 흑인들을 위한 횟필드 사역의 영향력을 엿볼 수 있는 일화들을 언급하지 않을 수 없다. 어느 한 술집에 다른 사람의 흉내를 잘 내는 흑인 소년이 있었다. 손님들이 그 소년의 흉내 내기에 즐거워하던 중, 한 신사가 횟필드 목사 흉내를 내보라고 주문을 하였다. 망설이던 이 소년은 손님들의 성화에 못 이겨서 흉내를 냈다. '저는 그리스도 안에서 진실을 말합니다. 저는 거짓말을 하지 않습니다. 회개하지 않으면 여러분들은 다 지옥에 떨어질 것입니다.' 소년의 입에서 나온 이 뜻밖의 말에 클럽은 파장을 했고 그 이후로는 다시는 모이지 않았다고

---

16 달리모어, 상게서, 538.

한다.17 흑인 아이의 흉내 내기를 통해서도 사람들의 심령이 찔려 변화되었을 정도이니, 과연 당시 횟필드의 영향력이 어떠했는지 짐작이 가고도 남는 일화이다.

또 한 가지는 횟필드의 설교를 들은 한 흑인이 설교 말씀에 이끌려 풍성한 새 세상으로 들어서게 되어 새로운 삶을 산 이야기이다. 그는 신속하게 성경 이야기에 매료되어 실제로 그의 삶의 현장에서 말씀을 구현하였다. 그는 노예로서 겪어야 했던 인생의 고달픔과 아픔을 하나님의 말씀을 통해서 큰 위로를 받았다. 비록 현실은 어둡지만 하나님 안에서 새 소망을 가질 수 있게 되었다. 그리하여 자신이 일하는 중에도 횟필드로부터 들은 메시지 몇 마디를 반복해서 읊조리게 되었고, 그렇게 반복되는 문구에 리듬이 실리면서 흑인 특유의 노래가 탄생된 것이다. 이른바 흑인영가의 출범이었다. 달리모어가 지적한 바와 같이 흑인영가의 기원이 횟필드라는 문서자료는 없지만, '그런 노래 부르기는 노예들이 횟필드의 설교를 통하여 진리들을 알게 된 데서 비롯되었기 때문에'18 흑인의 인권과 영적 가치를 미국 땅에서 울려 퍼지게 한 이는 복음사역자 횟필드였다는 것에 반박할 이유가 없다.

그러나 흑인에 대한 그의 노력은 노예해방으로 이어지지 못한 아쉬움이 있다. 더구나 횟필드 본인도 11년 동안 베데스다에서 흑인 노예들을 소유하고 있었다. 하지만 그럼에도 불구하고 횟필드는 당시의

---

17 달리모어, 상게서, 538.
18 달리모어, 상게서, 547.

사회적 통념을 깨고 흑인들의 인권과 영적 향상을 위해서 노력한 점은 높이 살만한 대목으로서 추앙받아 마땅하다고 본다. 더불어 그는 이것과 연장선상에서 또한 인디언들에게도 관심을 기울이고 이들을 위하여 사역하는 자들을 크게 격려하였다.

3. 남부 찰스턴과 뉴잉글랜드에서의 사역

횟필드의 사역은 항상 극단적인 반응을 자아냈다. 적대자들의 반감 표명뿐만 아니라 이들의 의도적인 훼방도 심했지만, 반면에 그를 적극 지지하는 자들의 움직임도 나날이 커졌다. 세인트 필립 교회 교구의 주교 대리 알렉산더 가든의 횡포가 극에 달했다. 그는 횟필드를 옭아매고자 했다. 단지 그가 국교회 기도문을 읽지 않고 집회를 인도했다는 그 한 가지 죄목으로 그를 교회 법정에 세웠다. 본인이 재판장이 되어서 횟필드의 입을 막고자 했던 것이다. 그 일은 의도대로 되지 않았지만 그의 끈질긴 훼방은 계속되었다. 그럼에도 불구하고 횟필드는 설교사역을 중단하지 않았다. 횟필드를 지지하는 독립교회 목회자인 조지 스미스의 주도하에, 그를 방어하는 적극적인 활동이 이어졌다. 이와 같은 상황이 그가 1740년 7월 첫 주에 남부 찰스턴에 도착해서 머무는 2주 반 동안 발생했다. 교회 역사가 증명하듯이 대적자들의 활동은 도리어 복음을 크게 진척시켰다. 이에 대한 횟필드의 일기를 들어보자:

처음 왔을 때 이곳 찰스턴 사람들은 머리끝에서 발끝까지 쾌락에만 몰두하는 것 같았다…이들이 고상한 오락에 소비하는 돈이 구빈세로 조성된 돈보다 더 많다고 했었다. 그런데 이제는 보석상과 춤 선생이 장사가 안 돼 망할 지경이라며 아우성을 치기 시작했다. 귀부인들의 옷차림도 확연이 달라진 것이 눈에 띤다. 내 설교를 듣던 중 보석으로 치장하는게 죄인 줄 깨닫고 얼굴을 붉히며 두 손으로 귀를 덮거나 부채로 가리는 여인들도 볼 수 있다. 하지만 변혁은 외적인 것에 그치지 않았다. 바람 불지 않는 곳에 안연히 거하던 도덕적이고 선한 사람들 중에도 각성되어 예수 그리스도를 찾는 이들이 많았다. 주님께서 루디아의 마음을 지닌 많은 사람들의 마음을 여사 내가 하는 말들을 받아들이게 하셨다. 실제로 하나님의 말씀이 마치 방망이와 불처럼 임했다(렘 23:29).[19]

그의 여름철 사역은 참으로 고달픈 일이었다. 푹푹 찌는 날씨 속에 사람들의 거듭되는 설교 요청에 응하면서 그의 육신과 마음은 지칠 대로 지쳐 진액이 다 소진되어갔다. 남부의 뜨거운 여름 날씨에 쉴 틈 없이 이어지는 설교사역에 몸의 건강은 돌이키기 힘든 타격을 입었다. 그러나 그의 설교를 통해 회개하고 주님께로 돌이키는 모습을 보면서, 그는 도저히 휴식을 가질 수도 없었다. 육신의 장막이 허물어질 것을 내다보며 한번은 '나는 불멸의 세상을 향해 손을 내밀었고, 복된

---

19   휫필드의 일기, 444, 달리모어의 전기, 561에서 인용하였음.

천사들이 다가와 나를 아브라함의 품으로 데려가 주기를 갈망한다'는 기록도 남겼다.[20]

그가 사바나로 돌아왔을 때도 그는 휴식을 취할 수 없었다. 이미 우리가 살펴본 베티 달라모트로부터 온 답장으로 인한 충격뿐만 아니라, 베데스다 고아원에서 벌어진 내분과 신탁위원회의 지나친 간섭 등, 당시 상황은 그를 잠시라도 편히 쉴 수 있는 여지를 주지 않았다. 그는 자신의 건강을 돌볼 여유 없이 이러한 문제들을 해결하기 위해 동분서주했다. 3주간의 시간이 경과하면서 안정이 되어 감을 보자, 그는 다시 뉴잉글랜드를 향해 전도 여행에 나섰다.

1740년 9월 14일 주일, 로드아일랜드 뉴포트(Rhode Island, Newport)에 도착했다는 그의 도착 소식은 삽시간에 퍼졌다. 어느새 그의 설교를 들으려고 군중들이 몰려왔다. 이 지역에서의 그의 사역은 열매 면에서 남부에서의 사역과 크게 다를 것이 없었지만, 그의 행보에 있어서 매우 중대한 변화가 일어났다. 그것은 다른 어느 지역에서보다 그를 정중하게 대해주었던 이곳 뉴잉글랜드 지역 국교회 성직자들의 태도의 변화였다. 9월 19일에 있은 주교 대리가 주도한 그들과의 대화의 결과 때문이었다. 국교회만이 유일한 참 사도적 교회라고 믿고 있는 국교회 성직자들의 폐쇄적인 생각을 깨고자, 독립파들이나 장로교회 및 침례교회 목사들과의 격의 없는 교분을 가지면서 얻어진 거듭남의 위대한 역사들을 전파하였다. 즉, 그는 국교회에서와 마찬

---

20 7월 23일자 일기에서. 달리모어, 상게서, 564.

가지로 다른 예배형식 가운데서도 하나님께서 강력하게 일하심을 증거 한 것이다. 그 결과 훗필드는 미국 식민지에서 더 이상 국교회 예배에 참석하거나 지도자들과의 만남의 기회를 가질 수 없게 되었다.[21]

더욱이 보스톤에서 집회를 할 때는 수다한 사람들이 운집한 가운데 큰 불상사가 일어나기도 했다. 뉴 사우스(New South) 교회당을 가득 메운 군중들 사이에 어떤 한 사람이 임시 좌석을 만들고자 널빤지 한 장을 부러뜨리는 소리에 사람들이 놀라 비명을 지른 것이 화근이 되어, 너도나도 서로 빠져나가려는 상황에서 나가려는 인파들이 한꺼번에 몰리는 바람에, 이틀 만에 5명이나 되는 사람이 숨지는 사고가 발생한 것이다.

이처럼 그의 사역에는 언제나 이러저러한 장애물들이 발생했다. 그럼에도 불구하고 그는 동요하거나 멈추지 않고 날마다 오전 오후로 설교했다. 하버드(Harvard) 대학생들에게 설교하고 보스톤 공유지에서만 1만 5천 명의 회중들에게 설교하면서 2백 파운드의 기금도 모았다. 온 몸의 기운이 다 빠져나가 다리가 풀려 주저앉을 정도로 기진맥진했지만, 주님의 강건케 하시는 은혜를 힘입어 계속해서 복음을 전파했다. 어린아이들도 주님께로 나아옴을 보면서 아이들에게도 더 확실하게 말씀을 전하는 계기로 삼았다. 그는 이렇게 말했다: '아이들아 너희 부모님들이 그리스도께 나오지 않으면 너희가 나와서 부모님 없이도 천국에 가려므나!' 훗필드의 이 말을 들은 어른들이 얼마나 감동

---

21 이에 대한 상세한 내용은 달리모어의 전기 569-70 참고.

을 받았는지 눈물 흘리지 않는 사람이 거의 없을 정도였다고 한다.[22] 24일간의 보스톤 여정을 마치고 고별 설교할 때에는 무려 2만 3천 명의 회중이 모여서 하나님의 역사를 체험했다.

휫필드가 보스톤에 오기 전에 사람들의 영적 상태는 그야말로 황량한 것이었다. 목회자들이 말씀을 전해주려고 해도 모이지 않았다. 특히 자라나는 세대에서 더욱 그러했다. 희망이 보이지 않았다. 그러나 휫필드 목사가 방문한 이후 엄청난 반전이 일어났다. 수많은 이들이 영적인 일에 즐거이 관심을 가지고 예배나 집회에 모이는 숫자도 놀랄 만큼 증가하였다. 휫필드가 떠난 이후에도 사람들은 저녁 강론 시간에 몰려와 말씀을 들었다.

휫필드의 요청으로 보스톤에 온 길버트 테넌트의 사역을 통한 당시 상황을 토마스 프린스(T. Prince)는 이렇게 설명했다: '이제 우리가 한번도 경험해 보지 못한 그런 시간이 펼쳐졌다. 쿠퍼(Cooper) 씨는 사람들이 자기 영혼에 대한 깊은 염려를 안고 자신을 찾아오곤 하는데, 그렇게 일주일 동안 찾아오는 사람들의 수가 지난 24년 목회 기간 동안 찾아온 사람을 다 합친 것보다 많다고 말하곤 했다.'[23] 타이어먼은 휫필드가 보스톤을 떠난 지 1년 6개월이 지나도록 이러한 모임이 계속되었다고 기록했다. 30개의 신앙단체가 세워졌고, 목회자들은 거의 매일 밤 개인 가정에 가서 설교를 했다고 한다.

---

22 달리모어, 상게서, 573.
23 달리모어, 상게서, 576.

횟필드의 사역 이후, 당시 도시의 모습은 이전과 확연히 변화된 모습을 보였다. '도시 면모 자체가 신기하게 달리진 것 같았다. 거의 흑인들과 소년들도 평소의 그 상스러운 태도를 버렸고, 술집을 겸한 여인숙은 숙박하는 사람들만 있을 뿐 텅 비었다.'[24] 그의 설교를 들은 네이션 콜(N. Cole)이라는 한 농부는 본래 알미니안주의자였었는데, 칼빈주의자로의 변화가 있었음을 고백하였다. 그리하여 올드 라이트 교회를 떠나 뉴 라이트 교회의 활발한 성도가 되었다.[25]

횟필드가 뉴잉글랜드에서 6주 반 동안 사역하면서 남긴 여파는 100년 후에도 계속해서 이어졌음을 퀘이커교도 시인인 휘티어(Whitter)의 시에서도 확인할 수 있다. 이 시인이 묘사한 열매는 '삶은 더 거룩해지고 어머니들은 더 자애로워지며 아내들은 더 유덕해지는 결과를 낳았다.'[26] 사람들은 이사야 11장 9절 "물이 바다를 덮음같이 여호와를 아는 지식이 세상에 충만할 것"이라는 말씀이 곧 눈앞에 나타날 것이라고 믿었다.

설교자가 남기고 간 발자국은 사라져도 그를 통해서 사람들의 가슴에 새겨진 말씀은 그들의 삶의 변혁을 통해서 여전히 증거 된다. 이것이 하나님 말씀의 권능이다. 하지만 '자기 자신의 죄를 가볍게 여기는 자가 과연 다른 사람의 구원에 간절한 관심을 가질 수 있을까?… 하나님께서는 그런 위선적 망나니들을 그 직분으로 보내지 않으신

---

24 달리모어, 상게서, 577.
25 달리모어, 상게서, 582-83 참고.
26 이 시의 전문은 달리모어가 쓴 그의 전기 585-86에 수록되어 있음.

다.'²⁷고 뇌성을 발한 길버트 테넌트 목사의 설교처럼 주님을 진실하게 따르고자 하는 자들만이 그 같은 열매를 나타낼 수 있는 것이다. 횟필드 역시 같은 생각을 피력하면서 회심치 않은 목회자들이야말로 기독교회의 독소라고 했다.²⁸ 횟필드의 이러한 주장은 반대하는 자들과의 논쟁으로 이어졌는데, 그는 논쟁의 한 가운데서도 목사로서의 겸손의 태도를 잃지 않았다.

그는 명성이나 자신이 가진 것으로 인해 결코 자기과시를 하거나 다른 목회자들을 무시하거나 폄훼하지 않았다. 오히려 그들과 하나가 되고자 했고 심지어 그들의 종이 되고자 했다. 그가 원하는 목사상은 '오! 타오르는 불길'(a flame of fire)이었다. 이러한 목회자의 모습을 모든 목회자들에게서 보기를 원한 횟필드는 자신과 그다지 친분이 없는, 아니 심지어 전혀 만난 적이 없는 목회자에게조차 목회자로서 처해 있는 당면한 문제들로 인해 고통 받고 있다는 사실을 알게 되면, 그들에게 도움이 되고 위로가 될 만한 내용들을 담은 편지를 써 보내는 친절함을 보여주었다. 이러한 모든 횟필드의 행동들은 주님 안에서 단련된 고매한 그의 인격을 보여준다. 횟필드의 이러한 인격을 아는 자들이라면 어느 누가 횟필드를 존경하지 않을 수 있겠는가?

복 있는 사람은 오만한 자의 자리에 앉지 않는 자이다. 그러나 목회

---

27 이 설교는 1740년 3월에 노팅함에 있는 장로교회에서 '회심하지 않은 사역자의 위험'이라는 제목의 설교로서 미국에서 큰 논쟁의 씨앗이 되었다. 목사는 삶과 교리로서 자신이 거듭난 자임을 증명할 수 있어야 한다는 것은 예나 지금이나 동일한 지침이다.
28 달리모어, 상게서, 594.

자로서 그것은 둘째 치고 본인 스스로가 오만한 자가 되어 스스로 장막을 치고 오만한 자리에 안주하려 한다. 그런 면에서 대부흥 운동을 이끈 복음 전도자 횟필드의 생애를 통해 살펴본 그의 겸손한 인격은 오늘날 목회자들에게도 시사하는 바가 크다고 할 수 있다. 겸손은 목회자에게 필요하고도 중요한 덕목이다. 그는 더불어 나이든 목회자들을 특별히 존경했다. 그의 이 같은 마음을 일기에 다음과 같이 기록했다. '나는 예수 그리스도의 참되고 나이 드신 종들과 교제하는 걸 좋아한다. 왜냐하면 그분들의 발치에 앉아 가르침을 받는 게 즐겁기 때문이다.'[29]

이러한 겸손함과 대적자들에 대한 온유함은 그의 사역을 더욱 풍성하게 했다. 그의 설교를 통해서 수많은 목회자들과 신학생들이 회심을 하였다. 그는 삶과 사역이 분리된 것이 아니라 하나가 되어야 함을 증명해 보였다. 회심치 않은 목회자는 결코 용인될 수 없음이 분명해졌다. 회심자만이 목사가 되어야 한다는 횟필드의 견해에 동조한 앤드류 크로스웰(A. Croswell)이 던진 질문, '그리스도는 나에게 무엇이란 말인가? 그분이 나의 것이 아니라면?' 이것은 여전히 목회자들과 후보생들의 가슴에서 해결되어야 할 주제이다.

횟필드의 영향력이 단순히 한 지역 한 교파 안에서만이 아니라 전

---

29 달리모어, 상계서, 600. 번역자의 번역을 수정했다. 그러한 노 목사를 만난 횟필드의 일기를 달리모어가 잘 소개하고 있다. 평생 목회에 전념해온 나이든 목사의 모습이 어떠해야 하는지를 엿본다. '세상 사람의 얼굴과 같지 않은' 노 목사를 존경하지 않는 것이 이상할 것이다.

세계 대다수 교파 사람들에게까지 미친 그 힘이 무엇이었겠는가? 어디를 가든지 사람들이 귀 기울일 수밖에 없게 만든 유일한 설교자, 그것은 자신이 주님의 것이기에 주님이 쓰고자 하는 일에 기꺼이 자신을 드릴 수 있었기 때문이다.

4. 사역의 위험성

횟필드의 사역의 특징 중 하나는 그가 복음의 씨를 뿌린 지역을 항상 재차 방문하여 그 열매를 확인하는 것이었다. 뉴잉글랜드에서 조지아로 돌아가는 여정도 마찬가지였다. 뉴욕과 뉴저지 및 펜실베이니아(Pennsylvania) 지역을 6차례 방문하였고, 찰스턴은 8차례 방문하였다. 그의 반복적인 방문의 목적은 씨를 뿌린 것에 대한 결과를, 말하자면 점검하는 것이었다. 그 점검은 언제나 만족이었다. 성령의 강권적인 역사로 뿌린 곳마다 많은 열매를 맺었기 때문이었다. 그는 그 열매들을 다시금 세워주고 권면하여 하나님의 은혜 안에 더 단단히 머무르게 하고자 했다. 필라델피아에서는 사람들이 횟필드가 오면 자유롭게 예배를 인도하고 설교할 수 있도록 큰 강단도 만들어주었다. 이것은 자선학교로 사용이 되었고, 훗날 유명한 제2 장로교회(길버트 테넌트가 초대 목사)로 세워졌으며, 이어서 펜실베이니아 대학교로 발전하였다.

그러나 이 땅의 모든 일이 그렇듯이 좋은 일이 있으면 나쁜 일도 따르기 마련이다. 횟필드의 재방문도 그러했다. 재방문은 열매를 확인하는 흐뭇함도 있었지만, 이것을 통해서 또한 문제점들도 발견할 수 있었다. 가장 먼저 눈에 들어온 것이 열광주의였다. 지나친 감정적 반응이 용인되고 있는 것이었다. 예배 때에 소리를 지르고 울고 통곡하는 소리들이 사방에서 들렸다. 조지아로 돌아가는 길마다 그러한 현상이 있었다. 따라서 횟필드는 어디까지가 성령의 역사이고 어디서부터가 인간의 흉내 내기인지 고민하지 않을 수 없었다. 사실 그가 설교할 때 하나님의 말씀이 방망이처럼 사람들의 심령을 두들겨대어 상한 심령으로 주님께 회개하는 일들이 일어났다. 간혹 울부짖는 일들이 생기면 그 사람들을 위해서 기도하고 찬송을 부르면서 예배를 마쳤다. 하지만 그러한 것을 조장하거나 방조한 경우는 전혀 없었다. 그런데 돌아가는 길목에서 그런 현상이 조장되고 있음을 목격하고 즉시 이를 바로잡는 수고를 감행하였다.

한편 잉글랜드에서 웨슬리를 도와 횟필드를 대신해 재정 문제를 책임진 수어드가 전도 여행을 다니던 중, 돌에 맞아 실명까지 하게 되고 크게 부상을 입어 앓다가 38세라는 젊은 나이에 세상을 떠나고 말았다. 그는 횟필드의 사역에 재정적인 면에서 큰 도움이 되어 주었다. 따라서 고아원이나 나사렛 공동체 등, 이 모든 프로젝트의 추진은 그가 있었기에 가능한 일이었다. 그러던 그가 아무런 유언도 남기지 못한 채 그만 세상을 떠나고 만 것이다. 횟필드는 크게 당혹스러웠다. 당장 5백 파운드라는 큰 빚더미에 앉게 되었다. 수어드의 부재는 횟필드의 인생에 있어서 최대의 위기 상황에 봉착하게 만들었다. 주변에서 사정을 알고 수어드를 대신해 도와줄 이도 나타나지 않았다. 고아원으로 인한 부채 문제는 그의 영혼을 내리누르는 무거운 짐이 되었고,

이 문제로 인해 결국 그의 건강까지 해치고 수명까지 단축하는 결과를 낳았다. '휫필드를 옹호하는 많은 지인들이 존재했음에도 불구하고 어느 누구도 이 문제에 관심을 보여주는 이 없는 기이한 상황'은 그가 세상을 떠나기 2년 전 무렵까지 지속되었다. 돈 문제에 있어서만큼은 냉정하기 짝이 없는 인간들의 본성은 그때나 지금이나 다르지 않은 것 같다.

휫필드는 머나먼 식민지 땅에서 14개월의 기간 동안에 복음사역의 역사에 있어서 큰 위업을 달성하고, 1741년 1월 24일 다시 잉글랜드로 향하는 배에 올랐다. 미국 최초의 자선 단체인 베데스다 고아원은 고아들과 도움을 필요로 하는 자들에 대한 관심을 불러일으킨 촉진제 역할을 하였다. 노예들과 흑인들을 위한 활동, 그리고 미국의 대부흥 운동을 주도하며 칼빈주의 신학으로 하나를 이루고 연합활동을 이끌었다. 그리고 인디언(Indian)들에 대한 관심도 이끌어 데이빗 브레이너(D. Brainer)라는 걸출한 선교사도 배출하였다. 성경 수요가 급증하고 신앙 서적에 대한 욕구도 날로 커졌다. 그의 사역에 따른 회심자들은 그 수를 헤아리기 어려웠으며, 그 영향으로 교회로 사람들이 몰려들게 하였다. 보스톤에만 30개의 신앙단체들이 생겼다. 또한 필라델피아에만도 어린이들을 위한 단체, 젊은이들을 위한 단체, 여성들을 위한 단체, 흑인들을 위한 단체, 그리고 흑인과 백인이 함께 모이는 단체들이 속속 생겼다. 특이한 사항은 모든 단체들이 모두 지역 교회와 연결되어 있었다는 것이다. 구체적인 기술은 찾기 어렵지만, 이러한 점은 신앙단체들에 대한 지역 교회의 활발한 참여와 활동, 그리고 끈끈한 유대를 짐작할 수 있다. 오늘날도 수많은 기독교 단체들이 존재하지만 지역 교회와 연계된 단체들은 그리 많지 않다. 복음의 베이스캠프가 있다면 그곳은 교회여야만 한다. 교회를 통한 지역 사회에의 접근은 성도들의 빛과 소금의 역할을 증폭시킬 수 있다.

제 10 장
스코틀랜드에서의 사역

런던에 귀국한지 4개월 반가량이 지났을 무렵, 웨슬리에 의해서 거의 무너졌던 그의 사역의 산물들이 매우 건실한 상태로 다시 회복되었다는 것을 앞서 살펴보았다. 1741년 7월 24일 에든버러(Edinburgh)로 가는 배에 승선한 것을 필두로, 그의 생애에 무려 14차례나 스코틀랜드를 방문하였다는 것은, 스코틀랜드를 향한 그의 열정이 어떠했는가를 잘 보여주는 대목이다. 한번 맺은 인연을 평생 친분관계로 이어가면서 많은 스코트 인들에게 영적 은혜를 나누어주었다.

횟필드가 이곳을 처음 방문하였을 때, 스코틀랜드의 분위기도 잉글랜드와 크게 다르지 않은 형식주의만 남아 있었다. 존 녹스와 그의 후계자들이 보여준 신앙의 열정은 17세기 언약도 운동이 막을 내리면서, 순교자들의 피로 얼룩진 그 땅이 황무지화 되어가고 있었다고 해도 과언이 아니었다. 물론 성경에 깊이 뿌리를 내린 스코틀랜드 장로교도들 대다수의 가정은 여전히 가정예배의 전통을 따라 집에서 성경을 읽는 습관은 여전히 명맥을 유지하고 있었다.

이러한 땅에 성경적인 신앙의 활력을 되살리기 위해 사람들이 곳곳에서 활동해 왔다. 예를 들면 토마스 보스톤과 그의 동료들, 훗날 휫필드와 친분을 많이 나눈 에벤에셀 어스킨(E. Erskine), 랄프 어스킨(R. Erskine) 형제 등의 활동은 메마른 땅에 단비를 흡족하게 내린 생명수와도 같았다. 이들로 인하여 그리스도 예수의 복음은 계속해서 힘차게 증거 되고 있었다.

이들은 오래된 청교도 서적인『근대 신학의 정수, The Marrow of Modern Divinity』를 읽고 고등 칼빈주의[1] 사상에 잠들어 있던 스코틀랜드 교회를 일깨운 자들이었다. 이 책의 주된 내용은 언제나 기쁜 좋은 소식인 주 예수 그리스도의 복음은 모든 죄인들에게 값없이 선포되어야 하며, 그 선포된 복음을 믿으면 누구든지 모두 구원을 받는다는 것이었다. 이 책은 '영적 무기력을 배격하고 직접적이고 인격적인 설교와 영적 기쁨이 있는 삶과 복음에 대한 열정을 옹호하는' 것이었다.[2]

이른바 '매로 논쟁(Marrow Controversy)'에서 온건주의자들에 의해 밀려난 이들은 분리주의를 따를 수밖에 없었다. 스코틀랜드 장로교

---

[1] 영어로 Hyper-Calvinism으로 알려진 이 사상은 선택교리를 강조하여 하나님의 택한 자들은 언젠가는 반드시 믿게 되어 있음으로 복음을 선포하는 전도활동은 무의미하다는 사상이다. 이 사상은 한마디로 숙명론에 빠져서 단지 종교의식의 참여로 만족한다.

[2] 달리모어, 상게서, 715.

회의 최초 분리교회가 생겨났다. 휫필드를 처음 초청한 에벤에셀 어스킨 목사는 편지에서 옥외집회에 모인 1만 4천 명의 군중들 앞에서 설교를 하였다고 했다.³ 랄프 어스킨은 1737년 6월 10일 주일 아침 7시 30분에 설교를 했고, 9시가 조금 못되어 성찬을 베풀기 시작해서 거의 밤 12시까지 계속했다고 했다. 대략 4,5천 명이 모였었다. 사실 잉글랜드에서와 마찬가지로 하나님께서는 스코틀랜드에서도 영적 부흥의 역사를 거의 동시다발적으로 일으키셨다. 그러던 중에 휫필드의 가세는 잊혀져간 순교자들의 유산을 되찾게 하고 다시 한 번 그리스도의 피의 역사를 선명하게 외치는 활화산이 되게 했다.

1741년 7월 29일 스코틀랜드에 첫 방문 때 휫필드를 맞이한 자들은 어스킨 형제들이 아니라 복음주의자들이었다. 그러나 휫필드는 자신을 청한 자가 랄프 어스킨이었기에, 그가 사역하고 있는 던퍼밀른(Dunfermiline)으로 가서 먼저 설교를 했다. 그가 받은 교회의 첫 인상은 강렬했다. 그 교회의 성도들은 설교 본문을 말하자 일제히 바스락거리며 성경책을 펼쳤다. 그런 광경은 지금까지 한번도 본적이 없었다.⁴ 성도들 대부분이 성경책을 소유하고 있었고 사랑하며 읽고 묵상하는 장로교 전통이 남아 있었다. 저녁에는 에든버러로 가서 그를 따스하게 맞아준 복음주의자들이 마련한 장소에 모인 수천여 명의 사람들에게 설교를 하였다.

---

3 휫필드의 일기, 275.
4 달리모어, 상게서, 720.

그러나 어스킨 형제들을 중심으로 한 분리교회 식구들과의 만남은 매우 안타깝게도 성사되지 못하였다. 그들은 휫필드가 자기들과만 함께 일하기를 원하였다. 그러나 휫필드는 교파에 구애받지 않고 자신에게 문을 열어주는 모든 이들에게 복음을 전파했다. 이 때문에 합일점을 찾지 못하였다. 이것은 스코틀랜드 장로교회의 속성을 알지 못하는 휫필드가 잉글랜드 국교회 목사였기 때문에 벌어진 일이었다. 즉, 교리적인 다툼을 교회정치적인 문제로만 보았다는 달리모어의 지적은 틀리지 않다고 본다.[5] 그리고 그 자신이 국교회 사람이었기 때문에 어쩔 수 없이 스코틀랜드 국교회에 더 애착을 가졌을 수도 있다.

그는 스코틀랜드 수도인 에든버러에서 첫 3주간을 보내면서 스코틀랜드 교회 사정을 파악하였다. 그리고 그 상황에 적합한 계획을 짜 9월과 10월 두 달 동안 전도 집회를 가졌다. 처음엔 폴커크(Falkirk)와 스털링(Sterling), 그리고 퍼스(Perth), 크리프(Crief), 쿠퍼(Cupar) 및 글라스고(Glasgow) 등 동서쪽 사방으로 다니며 복음을 전파하였다. 스코틀랜드의 귀족들을 비롯한 수많은 사람들이 그리스도의 복음 앞에 굴복하는 역사들이 일어났다. 마지막 날 저녁인 10월 27일(화) 하루에만도 그는 7차례 설교를 하였다. 그 사역의 효과는 참으로 컸다. 에든버러의 한 목사는 이후에 휫필드에게 이런 내용의 편지를 보내왔다: '귀하가 스코틀랜드를 떠나신 이후 방방곡곡에서 수많은 사람들이 각성되었습니다… 이 죄악 된 도시에서 신앙이 부흥하여 꽃 피우

---

5 달리모어, 상게서, 723.

고 있습니다. 사람들이 시간에 맞춰 각종 예배에 참석합니다… 기도 모임과 신앙에 관해 서로 의논하는 모임이 사방에서 속속 생겨나고 있습니다. 둘러 앉아 차 마시며 남을 비방하고 험담하던 사람들이 이제는 신앙적인 대화를 나눕니다. 그리스도인들이 주님 고백하기를 부끄러워하지 않습니다.'6 이처럼 첫 스코틀랜드 방문에서 그가 남긴 것은 참으로 놀라웠다. 그에 대한 스코틀랜드의 어느 목사의 평가는 오늘날의 목회자들에게도 큰 울림으로 다가온다:7

> 나는 이 사람을 조화로운 인물로 본다. 그의 삶과 대화는 그가 하는 설교의 복사판이다. 그렇게 박수갈채를 받으면서도 겸손하고, 온갖 비방과 모욕 가운데서도 온유하고 오래 참으며 원수를 사랑하고 그리스도를 영화롭게 하고 뭇 영혼들을 구원하며 어떤 경우든 결코 초조해하지 않고 하나님의 뜻을 묵묵히 따르며… 그러면서도 모든 일에 늘 찬양과 감사를 드리는 그런 사람을 만난다는 것은 정말 보기 드문 경우이다. 설교단에서는 하나님을 향한 열심으로 뜨겁게 불타오르지만 단을 내려와 사람들과 대화할 때에는 지극히 편안하고 조용하며 상대를 불쾌하게 하지 않으려고 조심하면서도 절대 누구에게 환심을 사려고 하지 않는 그런 모습을 어떤 한 사람에게서 동시에 볼 수 있다는 것도 참 드문 일이다.

---

6 달리모어, 상게서, 730.
7 달리모어, 상게서, 731. 이 글은 스코틀랜드에서 가장 높이 존경을 받는 목회자 중 한 사람이었던 던디의 존 윌리슨 목사의 증언이다.

1. 캠버스랑의 부흥운동

　1741년 8월에서 10월까지 머물며 복음을 전파했을 당시의 스코틀랜드는 앞서 살펴보았던 대로 일반적으로 명목상 그리스도인들이 대부분이었다. 신자들이 죽어 가고 있음에도 불구하고 그들을 위로해 줄 만한 사역자들은 앞서 언급한 분리교회를 세운 몇몇 지도자들을 비롯한 극소수의 사역자들뿐이었다. 설교를 듣고자 하는 사모함도 없었다. 일예로 캠버스랑(Cambuslang)의 대부흥 운동의 주역으로 쓰임 받은 윌리암 맥컬록(McCulloch) 목사를 향해 처음에는 모두 '맥주 목사'로 부르며 조롱을 일삼았다. 그가 설교하려고 강단 의자에서 일어서면 청중들은 술집으로 목을 축이고자 빠져나갔기 때문이다.[8] 그럼에도 불구하고 맥컬록 목사나 킬싸이스(Kilsyth)의 제임스 로브(Robe) 목사는 횟필드가 스코틀랜드에 오기 직전에 새로운 열정을 가지고 설교를 시작했다. 청중들이 듣든지 아니 듣든지 하나님의 엄위와 거룩하심, 인간의 타락과 무력함 및 거듭남의 필요성을 역설하였다. 물론 시큰둥한 반응이 대부분이었다.

　그러한 상황에서 횟필드의 방문 효과는 '기대 이상의 관심'을 사람들 사이에서 불러일으켰다. 횟필드가 스코틀랜드를 떠난 지 4개월이 지났을 때인 1742년 2월 18일 목요일 저녁 성경 강해가 끝나갈 즈음에 매우 놀랄만한 일이 일어났다. 대략 50여 명의 신자들이 목사관에

8　달리모어, 상게서, 757.

들어와서 권면의 말씀을 들었다. 시편을 찬양하며 개별적인 영적 대화들을 나누었다. 놀랍게도 그 일은 몇 주 동안 계속되었다. 사람들은 자신들의 죄를 뉘우치고 눈물로 울부짖으며 회심하였다. 50여 명으로 시작된 모임이 두 달이 채 안 되어서 3백여 명의 영혼들이 새롭게 각성하였다.

칼 싸이스(Carl Cais)에서도 유사한 일이 일어났다. 성령의 특별한 능력이 회중 가운데 임하였다. 이때가 1742년 5월 16일 주일이었다. 많은 사람들이 구원받는 믿음에 이르렀다. 삶의 놀라운 변화가 일어났다. 이러한 놀라운 일들은 사람들의 입을 타고 칼 싸이스 전역으로 퍼져나갔는데, 이러한 소문의 진실 여부를 알고자 찾아온 목회자들도 많이 있었다. 하나님의 역사하심을 눈으로 확인한 이들은 모두가 놀라는 가운데, 이 일을 '성령의 독특하고도 경이롭게 부어진 일'이라고 평가하였다.9

영적 부흥이 새롭게 일어나고 있는 이때, 휫필드는 1742년 6월 3일 그의 두 번째 스코틀랜드 방문을 하게 된다. 에든버러에서 하루에 2차례씩 설교를 했고, 매일 병원 3곳을 방문하여 설교하거나 저녁마다 말씀을 강론했다. 글라스고에서는 2만여 명이나 모인 회중들 앞에서 설교를 하였다. 이어서 영적 부흥의 발원지인 캠버스랑에는 7월 둘째 주에 방문했는데, 그곳에서 그는 13시간 동안 3차례나 설교를 하였다. 그때의 광경은 그가 미국에서 목격했던 성령의 역사를 훨씬 능

---

9 던디의 존 윌리슨 목사의 기록, 달리모어, 상게서, 759.

가하는 것이었다. 휫필드는 이날의 광경을 이렇게 기록하였다: '예배가 진행된 약 한 시간 반 동안 사람들은 눈물을 흘렸고 많은 이들이 깊은 영적 비탄에 빠져들어 그 괴로움을 다양하게 드러냈다… 맥컬록 목사는 내가 설교를 마친 후 새벽 1시가 넘을 때까지 설교했는데, 예배가 끝났으니 이제 돌아가라고 해도 사람들은 좀처럼 자리를 뜨지 않았다. 그날 밤 들판에는 밤새도록 기도하고 찬양하는 소리가 들렸다.'[10]

그 다음 주일 성찬식 때에는 더 큰 은혜가 넘쳤다. 휫필드는 런던에 있는 세닉에게 보낸 편지에서, 이때의 광경을 마치 요시야 왕(Josiah) 시대의 유월절 풍경과 같았다고 했다. 목사님들은 하루 종일 설교를 하였으며 저녁이 되어서야 2만 명이 넘는 사람들에게 베푸는 성찬식이 끝났다. 그리고 그곳 목회자들의 요청에 의해 전 회중을 대상으로 휫필드가 다시 설교를 했다.

다음 날 월요일에 성찬을 갖게 해주신 것에 대한 감사의 오전 집회가 열렸을 때도, 역시 휫필드가 설교자로 나서 큰 은혜를 베풀었다. 이곳에 모인 수많은 사람들이 휫필드의 설교를 듣고 눈물로 온 몸을 적셨다. 은혜 받은 자들은 오후에도 서로 모여 기도하고, 밤새도록 이어서 찬양하고 기도하는 모습이 지속되었다. 맥컬록 목사가 요약한 글을 달리모어는 이렇게 소개하고 있다:[11]

---

10 달리모어, 상게서, 761.
11 달리모어, 휫필드의 전기 vol. 2, 영문판 127에서 번역하였음.

일이 시작된 지 다섯 달이 채 안 되었는데, 내가 믿기로 그 다섯 달 사이에 5백 명이 넘는 영혼들이 영적으로 각성하여 자기 죄를 깊이 자각하였다. 잃어버린 그들의 영적 상태를 깊이 느꼈다. 이들 대다수는 구원에 이르는 지식으로 하나님께 나아가 안착했다.

그러나 실상 그 숫자는 단순히 죄를 깨우치거나 지옥을 두려워하는 모습은 보였지만, 별다른 변화가 없는 자들, 그리고 휫필드의 설교를 듣고 회심한 사람들을 다 제외한 숫자였다. 왜냐하면 그들까지 다 포함시키는 것은 도저히 수를 헤아릴 수 없었기 때문이다. 휫필드는 한 달 후에 다시 캠버스랑으로 돌아와서 성찬식을 인도하게 되었는데, 이때는 약 3만 명 가량이 회집되었으며, 성찬에 참여한 숫자는 3천명이 넘었다.[12]

주일 아침 8시 30분에 시작된 성찬식이 해가 질 무렵에야 모두 끝났다. 이러한 현상들은 연일 계속되었으며, 하나님의 영광스러운 임재하심이 충만한 시간들이었다. 이러한 모임에 나타난 회개와 통회의 울부짖음과 성령의 임재하심으로 인한 떨림의 현상 때문에, 휫필드는 청중을 겁에 질리게 만들어서 광란에 빠지게 하는 자라는 비난을 받기도 했다. 하지만 하나님의 엄위하신 임재하심이 있을 때 죄에 대한

---

12 스코틀랜드 장로교회 성찬식은 이른바 성찬 시즌이라는 것으로서 대략 두 주간 정도 진행되는 말씀 사경회였다. 그 기간에 장로들이 성도들을 개인적으로 심방하여 성찬에 참여할 수 있는지 없는지 엄격한 검증을 한다. 그 검증에 통과된 사람만이 성찬 토큰을 받아서 성찬식에 참여할 수 있기 때문에 성찬 참여자들은 회집된 사람들에 비해서 많지 않았다.

자각과 진지한 회개로 이어지는 울부짖음은 당연한 것이었다. 이뿐만이 아니라 이들 사이에 나타난 황홀한 기쁨도 있었다. 구원의 감격을 새롭게 가지는 기쁨이야말로 세상 어디에서 얻을 수 있겠는가? 하나님에 대한 깊은 인식과 죄 사함의 깨달음, 그리고 구원의 감격은 일반적으로 복음 설교를 들은 이들에게서 공통적으로 발견되는 특징들이었다. 그러나 성령의 부어주심이 넘치는 영적 부흥의 시간에는 더 강렬한 현상을 피해갈 수 없었고, 그 규모와 정도는 굉장한 것이었다. 1907년 평양에서 일어난 대부흥 운동도 크게 다르지 않은 현상들을 볼 수 있다.

    달리모어가 소개한 부흥 현상에 대한 설명은 충분히 납득이 가는 것들이다. '몸으로 그렇게 감정을 표현하는 게 어떤 가치가 있다고… 단언할 수 없다. 그러나 사랑하는 아이를 잃으면 어머니는 눈물을 흘리며 어쩌면 기절할 수도 있다. 투기꾼은 엄청나게 큰 손실을 입었다는 소식에 제정신을 잃기도 할 것이다. 유죄 판결을 받은 범인은 법정에서 끌려 나가면서 흥분하여 몸부림친다. 하물며 자기 영혼이, 게다가 자기 몸이 길을 잃고 절망적으로 보이는 상태에 있음을 이제 막 깨달았다면, 그 사람은 당연히 눈물을 흘릴 것이고 더 나아가 몸도 격하게 흥분하지 않겠는가?'[13] 물론 집회에 참석한 사람들 전부가 이런 경험을 한 것은 아니었다. 제임스 로브 목사에 의하면 전체의 5분의 1정도뿐이었다고 한다. 즉, 대체적으로는 '고상하고 질서 정연한' 집회들

---

13   달리모어, 상게서 767.

이 있다는 것이다. 다만 '깊은 경건이 온 회중의 얼굴을 온통 뒤덮었다'는 것이 그 부흥의 특징이었다. 더구나 설교 본문이 심판과 관련된 것이 아니라 신자와 그리스도와의 연합을 다룬 본문들이었다는 사실이다.[14] 이처럼 그리스도에 대한 깊은 이해와 더 알고자 하는 열정으로 충만한 것이 진정한 부흥의 열매들이다.

한편에서는 횃필드의 이러한 사역을 비난하는 목소리들로 팽배해 있었다. 연합장로교회(분리파) 소속 목사들의 비난은 참으로 심장이 찢어지는 듯한 큰 고통이었다. 그들은 횃필드를 '우상 숭배교인 잉글랜드 국교회 일원이므로 추악한 우상 숭배자에 지나지 않는다… 그는 적그리스도의 수족이며 잉글랜드라는 적그리스도의 영역에서 온 수돼지요 사나운 짐승'이라고 비난했다. 이러한 비난은 활자화되어 문서로 배포되었다. 어떤 것은 128쪽에 달하는 책자를 비롯한 7가지 소책자들을 통해서 그의 사역을 폄훼했지만, 횃필드는 일절 이에 대한 어떤 반응도 보이지 않았다. 도리어 대적하는 무리들을 위해 간절히 기도해주었다. 게 중에는 훗날 자신이 비난했던 것을 돌이켜 지난날의 자신의 행위에 대해 횃필드에게 사죄의 편지를 보낸 자들도 있었다. 이처럼 하나님은 기도하는 사람들, 하나님의 마음을 품은 자들을 통해서 죄인들의 구원을 향한 놀라운 일들을 나타내셨다. 달리모어는 캠버스랑의 대부흥 운동을 정리하면서 참된 영적 부흥의 특징

---

14 횃필드는 요한복음 13:8, 제임스 로브는 이사야 53:10, 존 보나(Bonar)는 아가서 3:3 등 베드로전서 2:7, 욥기 22:31, 요한복음 3:29 등이 그 당시 목사들이 한 설교였다.

을 9가지로 기술하였다.15 첫째, 부흥은 인간이 계획한 어떤 일이 아니라 명백히 하나님의 성령께서 행하신 주권적 역사였다. 둘째, 부흥은 설교 은사가 그다지 뛰어나지 않았으나 그저 진중한 열심으로 설교자의 본분을 다했던 사람 윌리엄 맥컬록의 사역으로 시작되었다. 셋째, 부흥은 많은 기도 가운데 이루어졌고 또 많은 기도를 하게 만들었다. 넷째, 이 부흥의 역사에는 선정주의(Sensationalism)나 쇼맨십(showmanship)이 없었고 이것을 오락으로 삼으려는 시도도 없었다… 맥컬록이 인정한 한 보고서가 말하디시피 '이 일은 기독교의 위대하고도 본질적인 교리의 영향 아래서 시작되고 이행되었다.' 다섯째, 설교자들이 이 위대한 교리를 선언하면서 사람들이 하나님의 실재와 그 성품을 깊이 깨닫고 그에 따라 죄를 자각하는 효과가 나타났다. 그리고 이는 깊고도 지속적인 회개로 이어졌다. 여섯째, 이 부흥운동에서 영적으로 가장 능력 있는 집회는 성찬식이 장엄하게 거행된 집회들이었다. 일곱째, 설교를 들으며 울부짖고 괴로워하는 행위는 권장되지 않았으나, 죄에 대한 슬픔이 너무 강렬해 자신도 억제할 수 없어서 그러는 경우에만 가치가 인정되었다. 여덟째, 회심했다고 고백하는 사람들은 경건하고 경험 많은 목회자 한두 사람에 의해서 그 고백의 진정성 여부를 검증받아야 했다. 아홉 번째, 그런 검증을 거쳐 진정성이 풍성하게 증명된 사례가 수십 건, 수백여 건에 달했다.

    세 번째 스코틀랜드 방문은 1748년 9월 3일부터 10월 27일까지

---

15   달리모어, 상게서, 772-73.

의 기간 동안이었다. 6년 전 두 번째 방문 때의 상황보다 더 악화된 분위기였다. 그 이유는 미국 뉴잉글랜드에서 그를 대적하는 자들이 배포한 비난의 소문들을 사실로서 받아들였기 때문이었다. 더욱이 분리주의자들의 총회에서조차도 다른 이단적인 가르침과 더불어 '휫필드주의'를 근절해야 한다고 결의되어 있었기 때문이다.[16]

그럼에도 불구하고 그가 가는 곳이면 여전히 그의 설교를 듣고자 하는 사람들로 넘쳐났다. 7주 동안의 그의 사역에서 집회에 참석한 사람들의 숫자는 이전보다도 더 많았다. 그의 설교는 분명 사람들의 혼과 영혼과 관절과 골수를 찔러 쪼개는 힘이 있었다. 하지만 이번 세 번째 방문은 우려스러울 정도로 그의 건강 상태가 나빠지는 계기가 되었다. 숨 쉬는 것이 고통스럽게 여겨질 정도였다. 대규모 청중들을 대상으로 설교를 하고 난 후에는 피를 토하는 증상까지 생겼다. 스코틀랜드의 날씨 영향이 컸다. 달리모어의 지적처럼 바람 부는 북쪽 지방의 날씨에 모여든 군중들 뒷자리까지 목소리가 들리도록 하기 위해서는 목청을 높여 설교를 해야만 하는 환경적 요인이 있었다는 것이다. 설교 시마다 목청을 높이다 보니 목의 혈관이 터져버린 것이다. 어찌 됐거나 원인이 무엇이든 이후부터 호흡할 때마다 목에 통증을 느끼는 증상은 그가 평생 안고 가야 하는 지병이 되었으며, 결국 나중에 그의 사망도 이러한 질병의 부작용이 원인이 되었다고 한다.[17]

---

16 달리모어, 상게서, 890.

17 달리모어, 상게서, 891.

제 11 장
미국으로의 귀환과 부흥운동

횟필드는 1744년 초 다시 미국으로 갈 계획을 세웠다. 고아원에 생긴 문제를 해결하고, 뉴잉글랜드에서 일어나고 있는 광신주의 현상의 주범이 자신이라는 오해를 풀기 위해서였다. 『보통 메쏘디스트라는 이름으로 구별되는 어떤 분파의 행위와 처신에 관한 관측』이라는 소책자가 일주일에 한 번씩 발간되었는데, 주로 횟필드를 공격하는 내용으로 꾸며져 있었다. 한발 더 나아가 자신뿐만 아니라, 웨슬리 및 메쏘디스트 전체를 싸잡아 비난하는 책자들을 접한 그는, 이러한 일을 그대로 방치했다가는 전 메쏘디스트에게 돌이킬 수 없는 피해가 갈 것을 예상하여, 미국으로 출항하기에 앞서 반박하는 답변서를 제출했다. 먼저 조지 왕에 대한 충성을 선언하고 그 누구도 왕에게 불충하는 발언이나 행동을 한 적이 없음을 말했다. 그리고 찰스 2세(Chalres Ⅱ)의 법령에 따라 옥외집회가 불법인지를 따졌다. 그의 명쾌하고도 효과적인 주장 덕분에 왕에 대한 불충자로 몰아가려는 대적자들의 시도는 성공을 거두지 못했다.

휫필드는 미국에 가 있는 동안 자신의 모임을 이끌 지도자로 존 세닉을 세웠다. 그러나 포츠머스 항구에서 즉시 미국으로 갈 계획에 차질이 발생했다. 선장이 승선을 거부해서 어쩔 수 없이 플리머스 항구로 이동하여 출발을 기다렸는데, 이마저도 프랑스와의 전쟁으로 인해 해군 호위함이 도착할 때까지는 출항이 불가능하다 하여, 무려 6주간을 항구 주변에서 기다려야 했다.

그러나 그의 복음의 열정은 그를 잠잠히 있게 하지 않았다. 그에게 무의미한 시간은 결코 존재하지 않았다. 배를 기다리는 동안에도 설교를 멈추지 않았다. 언제나 그러하듯 수많은 사람들의 회심이 뒤따랐지만, 위험한 일도 겪었다. 늦은 시간에 그를 찾아온 한 장교의 면담 요청에 일상적인 신앙상담으로 여기고 응했다가, 손잡이 부분이 금으로 장식된 지팡이로 사정없이 구타를 당했다. 그의 비명 소리를 듣고서 달려와 준 사람들의 도움으로 간신히 그 위기를 벗어날 수 있었다. 그 상황이 계속 이어졌다면, 죽음에 이를 수도 있었던 위험천만한 상황이었다. 그 사건 이후로는 갇혀진 공간에서의 설교나 개인적인 면담은 피하고, 부두에서 복음을 전했다. 이때도 마찬가지로 하나님은 소낙비 같은 은혜를 부어주셔서 수천 명의 사람들에게 휫필드의 설교를 경청하게 하셨으며, 회심으로 응답해주셨다.[1]

---

1   달리모어, 상게서, 814.

1744년 8월 4일 드디어 호위함이 도착하여 미국으로 출발하였다. 비록 그는 그 부두를 떠났지만, 그가 떠난 부두에는 그의 말씀을 들었던 사람들이 이후 플리머스(Plymouth) 회관을 세워서 강당을 임대하여 정기적인 모임을 가지게 하였다.

횟필드가 이번 미국 여행에는 아내와 동행을 했다. 1744년 10월 26일, 4년 만에 29세의 나이로 다시 미국 땅을 밟은 것이다. 횟필드는 미국에서 일어난 부흥운동의 부작용들이 전적으로 자신의 책임이라는 비난에 매우 당혹스러워 했다. 그가 미국을 떠나 영국에 체류하고 있는 동안 하나님께서는 미국 땅에 놀라운 부흥의 열매를 거두게 하셨다. 종교에 무관심하던 사람들이 회개하고 주께로 돌아오는 엄청난 일들이 일어났다. 주께서 베푸신 구원의 큰일들을 서로 나누며 모이기를 힘쓰는 등, 믿음의 새로운 현상들이 일어났다. 한 목회자가 수년 동안 목회하면서 이룬 결과보다 지난 몇 개월 사이, 좀 더 정확히 말하자면 단 6개월 사이에 일어났던 변화들이 훨씬 많았고 강렬했다. 그 모든 출발점은 모두 횟필드의 왕성한 복음 선포 활동을 통해서 나타난 것이다.

하나님의 실존에 대한 새롭고도 더 깊이 있는 인식, 인간의 죄와 궁핍함에 대한 깊은 자각, 회심과 거룩한 삶에 대한 경험, 그 경험들을 다른 사람들에게 전하고자 하는 복음적 열망은, 아직 교회가 없는 지역으로까지 퍼져나가 놀라운 신앙 부흥운동을 낳았다. 사람들은 그와 같은 변화를 직접 눈으로 보고 겪으면서 말하기를 '마치 천년왕국이

도래한 것' 같았다고 하며 놀라워들 했다.[2]

그러나 이러한 부흥의 역사는 아이러니하게도 동시에 교회의 분열로 이어졌다. 부흥을 찬성하는 쪽과 반대하는 쪽으로 양분된 것이다. 회중교회에서는 뉴 라이트파와 올드 라이트파, 장로교회에서는 신파와 구파, 침례교회에서는 분리파(Separatists)와 정규파(Regulars)로 나눠졌다. 따라서 가정들의 분열과 교회의 분열이 심화되었다. 그것만이 아니었다. 부흥운동에 적극 동조하는 자들 중에서도 온건파(Centrist)와 광신주의자(Extremism)들과의 대립으로도 이어졌다. 영국에서 벌어진 부흥의 현상에서도 어디까지가 하나님께로부터 온 참된 것이고, 어디까지가 인간의 조장에 의한 위장된 열정인지 구분하기가 모호함을 느꼈던 현상들이 미국 교회 안에서도 동일하게 벌어지고 있었다.

성령 하나님의 참된 역사와 그렇지 않은 것을 어떻게 구분할 수 있는가? 이에 조나단 에드워드는 〈성령 하나님의 역사의 구별되는 표지들〉이라는 글을 발표하였다. 조나단 디킨슨은 〈하나님의 특별한 은혜의 나타남〉을 발표하여 올바른 분별력을 키워주려고 노력했다. 단지 흉내 내기에 불과한 인간의 감정적 작용과 성령의 참된 역사를 구분코자 한 것이다. 성령을 소멸하지 않으면서 조장된 감정적 표출을 경계하는 교훈들을 주었다. 이 당시 신학적 구분과 분별력 있는 행동들은 당연한 귀결이었다.

---

2   달리모어, 상게서, 820-21 참고.

그러나 역사가 늘 보여주듯이 성령 하나님의 역사가 일어나는 곳에는 사탄의 기묘한 역사도 동시에 나타나기 마련이다. 대부흥 운동의 역사에 광신주의가 표출되지 않은 때가 있었는가? 내가 아는 지식으로는 없었다. 사도들 시대에도 마찬가지였다. 아나니아와 삽비라(Ananias, Sapphira) 사건만이 아니다. 데살로니가(Thessalonians) 교회에 쓴 서신에서도 사도 바울(St. Paul)은 이 점을 명확하게 적시하였다: "악한 자의 나타남은 사탄의 활동을 따라 모든 능력과 표적과 거짓 기적과 불의의 모든 속임으로 멸망하는 자들에게 있으리니 이는 그들이 진리의 사랑을 받지 아니하여 구원함을 받지 못함이라"(살후 2:9-10). 제임스 데븐포트(J. Davenport)에게 있었던 일이 한 좋은 예가 될 것이다. 그도 처음에는 성실하게 복음사역에 임했다. 그러나 계속 나타나는 신기한 현상들을 보면서 욕심이 작용하여 그 일을 조장하는 단계까지 나아갔다. 자신이 신적 계시를 직접 받는다는 허황된 주장까지 일삼은 것이다. 요엘(Joel)서의 예언이나 하박국(Habakkuk)서(2:3)의 말씀을 인용하면서, 자신이야말로 이 시대에 하나님이 보내신 하나님의 전사(戰士)라고 했다. 그의 광신적인 행태는 나중에 정상으로 돌아오면서 〈고백과 철회〉라는 사과문을 발표하고, 자신의 광신적인 행동으로 물의를 일으킨 것에 대해 사죄의 뜻을 비쳤다.

그렇다고 해서 그 폐해가 고스란히 사라진 것이 아니었다. 그러한 현상을 즐기는 자들이 곳곳에서 나타났기 때문이다. 극단적 감정 체험을 억지로 유도하려는 자들, 영적 교만에 사로잡혀서 다른 사람들을 정죄하고, 목회자들을 회심하지 않은 자들이라고 비판하며 돌아다니는 자들이 곳곳에서 활동했다. 교리적인 차이로 인한 갈등뿐만 아니라, 난순히 개인적인 명성에 대한 욕구 때문에 주님의 교회를 찢는 일들로 교회내의 갈등은 정점을 향해 가고 있었다. 이러한 현상들이 1742년부터 1743년 사이에 미국 땅에서 벌어졌다. 그런데 문제는 이 모든 분란의 근원적인 책임이 휫필드에게 있다는 누명이었다.

물론 그 같은 비난의 근거가 사실무근은 아니었다. 예를 들면 그의 첫 미국 사역 시절, 설교하는 중에 자신이 성경을 읽을 때 마음에 떠오르는 느낌에 대해 언급한 적이 있었다. 그것이 사람들로 하여금 꿈과 환상에 의지하는 태도를 갖게 하였다는 비판이었다. 또한 휫필드는 언급하기를 목사들은 자기 교회에서만 설교할 것이 아니라, 돌아다니며 복음을 전해야 한다고 했었다. 이것이 사람들로 하여금 남의 교구에 함부로 들어가서 사람들을 미혹하는 일들을 하게 했다는 것이다. 그러므로 이러한 정황을 통해서 판단하건대, 이러한 현상의 모든 원인이 휫필드에게 있으므로 이에 대한 모든 책임은 전적으로 휫필드가 져야 한다는 것이, 그를 비난하는 자들의 생각이었다. 더욱이 휫필드는 격렬한 감정 표현을 금했음에도 불구하고 그와 같은 행위가 지속되는 것은 휫필드가 주장한 '은혜 받고 우는 행위의' 연장일 뿐이라고 비난하였다.

그러나 그와 같은 비난들은 사실을 호도한 것에 불과하다. 휫필드가 사역했을 당시에는 광신주의가 발생하지 않았기 때문이다. 미국의 대각성 운동은 그가 영국으로 돌아간 후에도 1년 반 이상 지속된 순전한 영적 각성운동이었다. 조나단 에드워드가 증언하듯이 1742년, 휫필드가 영국에서 활동하고 있을 때부터 불순한 것이 침투해 들어와

서 파문을 일으키게 된 것이다.³ 휫필드는 이 일과 관련하여 다음과 같이 기록했다:⁴

> (지난 번) 내가 이곳에 있는 동안 일부 불미스러운 이들이 분명 있었다… 하지만 다른 아무 일도 나타나지 않았고 오직 순전한 하나님의 능력이 사람들의 마음에 역사하사…그들을 회심시키고 변화시키셨을 뿐, 어떤 이상한 현상 같은 것이 뒤따르지 않았다. 그러나 이렇게 일이 뒤섞인 상태에서는 하나님의 제단에서 오는 정결한 불에 들불이 섞이기 마련이다. 원수는 오랫동안 이를 기다려 왔다. 마침내 들불이 일어나 퍼져 나갔다… 이들은 환상을 믿음으로, 상상을 계시로 착각하며 심히 방자하게 행동하는 죄를 지었다….

이러한 상황 속에서 휫필드는 뉴잉글랜드 뉴햄프셔(New Hampshire)의 요크(York)에 상륙하였다. 그는 언제나 그러했듯이 이곳에 도착하자마자 즉시 설교사역에 뛰어들었지만, 건강상태가 악화될 대로 악화되어 몸이 말을 듣지 않았다. 사실 그의 몸 상태는 심각한 상태였다. 일주일 동안을 심한 통증과 고열에 시달렸다. 얼마나 심했던지 육안으로는 마치 죽음이 임박한 자와 같았다. 의사와 주변 사람들의 만류에도 불구하고, 그는 아픈 몸을 이끌고 강단에 섰다. 그는 자신의

---

3   달리모어, 상게서, 826-27 참고.
4   달리모어, 상게서, 827.

설교를 듣고자 하는 사람이 한 사람이라도 있는 한 하나님의 말씀을 전해야 한다는 거룩한 부담감에 사로잡혀 있었다. 이에 그는 자신 앞에 설교 강단이 펼쳐진 자리라면 그곳이 어디든지, 언제라도 아픈 몸을 이끌고라도 강단에 서왔다. 그러면서 그는 항상 입버릇처럼, 하나님의 도우심으로 나가서 설교를 할 것이며, 돌아와서 죽을 것이라고 말하였다. 영혼에 대한 열정으로 그의 육신의 연약함을 이겨내고자 했던 것이다. 그는 마치 임종을 앞둔 사람이 마지막으로 사력을 다해 말을 하듯이, 혼신의 힘으로 설교를 했다. 보이는 세상이 아닌, 보이지 않는 저 세상을 기대하면서 말이다. 이제 곧 주님과 함께 있을 시간을 기대하면서 활기차게 설교를 했다. 따라서 그는 육신의 허약함과 고통 가운데서도 '이렇게 설교할 수 있다면 천 번이라도 죽을 수 있겠다'는 생각을 할 수 있었던 것이다. 그가 얼마나 혼신의 힘으로 설교에 자신의 모든 것을 쏟아 부었던지, 그의 말대로 설교를 마치고 집에 돌아오면 죽은 듯한 상태로 쓰려져버렸기에, '그가 죽었다'는 말까지 나돌았다고 한다.[5]

　이처럼 최악의 건강 상태였지만, 자신의 건강을 돌볼 수 있는 환경은 좀처럼 만들어지지 않았다. 본인 앞에 당장 직면한 문제들을 시급히 해결해야 했기 때문이다. 그는 사람들에게서 지금 자신이 받고 있는 오해들을 불식시키기 위한 일에 순차적으로 착수했다. 먼저 그는 설교사역을 통해서 자신에 대한 비난이 사실이 아님을 밝혔다. 또한

5　달리모어, 상게서, 832.

자신이 모라비아교도라는 오명을 벗기 위해서 그 동안의 설교들을 모아 설교집을 내면서, 길버트 테넌트(G. Tennent)의 추천 서문을 등재함으로써 오해를 불식시키고자 노력했다. 이러한 그의 노력으로 사람들이 점차적으로 그를 신뢰하고 따르게 되었다. 수많은 사람들이 그의 설교를 새벽부터 듣고자 나왔다. 오전 6시에 하던 설교를 마치면 7시에 또 설교를 하였다. 아침 늦게까지 침대에 누워있던 자들이 말씀을 들으려고 동틀 무렵부터 예배당에 나오는 광경을 생각해 보라. 그는 '오직 사랑만을 호흡하는' 설교를 했다.

그러나 한번은 횟필드가 군사모집에 나선 일이 있었다. 당시 캐나다(Canada)의 프랑스 군인들이 뉴잉글랜드를 침략하는 전쟁을 일삼자 이를 막아내기 위한 군사모집에 그의 명성과 세간의 그의 두터운 신망을 이용하고자 한 것이다. 처음에는 이러한 요청에 적절치 않은 일이라고 단호하게 거절했던 횟필드는 페퍼렐(Pepperell) 대령의 간곡한 청원에 응하였다. 그는 가톨릭(Roman Catholic Church)과 개신교(Reformed Church)와의 싸움 성격이 짙은 이것을 성전(聖戰)으로 간주하고, 그가 내건 전쟁의 슬로건 '절망하지 말라, 그리스도께서 인도자가 되신 곳에서는'을 군기에 새겼다. 그의 적극적인 동참에 힘입어 많은 수의 사람들이 군에 자원했으며, 전쟁에 임했다. 그는 전쟁에 나서는 군사들 앞에서 설교하면서 이 싸움은 주님의 싸움이라고 단호하게 말하며, 군사들의 사기를 북돋아주었다.[6] 그 결과 7주간의 전쟁

---

6   달리모어, 상게서, 842.

을 통해서 프랑스인들이 건설한 루이브르 대요새를 함락하여 18세기 육해군의 전쟁사에 있어서 가장 경이로운 업적을 남기게 되었다. 이 전쟁으로 프랑스 군을 퀘백(Quebec)에서 패배케 함으로써 캐나다가 영국에 의해 장악될 수 있는 발판이 되게 하였고, 더 나아가 독립전쟁을 할 수 있는 계기가 되게 하였다.

횟필드는 뉴잉글랜드에 9개월간 머무르면서 자신에 대한 근거 없는 비난을 상당수 잠재웠다. 비판적 세력들을 줄여가면서 대각성 운동의 새로운 전진을 이어갔다. 1745년 8월 1일에 조지아의 베데스다에 도착한 횟필드는 자신이 자리를 비운 지난 4년간의 공백이 있었음에도 불구하고 건축 공사가 크게 진척되었음을 보았다. 세부적인 마무리만 남겨 놓은 상태였다. 고아원과 농장의 운영도 모두 질서 있게 진행되고 있었다. 그는 새로운 직원들도 세우고 궁핍한 재정 문제 해결을 위해 애를 썼다. 일단 급한 불을 끄게 된 그는 다시 중부 식민지를 대상으로 대대적인 복음 전도사역에 나섰다. 동시에 베데스다의 빚 문제 처리를 위해 영국의 몇몇 부유한 사업가나 유력한 목회자에게 도움을 청하는 등 재정적인 어려움을 해결하기 위해 백방으로 뛰었다. 그러나 이를 위해 고아원 지원 요청의 호소문을 쓰자는 벤자민 프랭클린의 제안은 거절하였다. 그 이유 중에 한 가지는 하나님에 대한 신뢰 부족으로 보일 수 있는 염려 때문이었고, 또 다른 이유는 그렇지 않아도 대적자들이 고아원을 돈벌이 수단으로 삼는다고 비난하고 있는 중에, 호소문은 이들에게 더 큰 비난의 빌미를 제공할 것이 자명했기 때문이다.

그는 재정적 후원의 장애물로 등장한 재정 공개서를 투명하게 작성하여 보고함으로써 개인이 착복하는 수단이 아님을 증명하였다. 그러나 좀처럼 해결될 기미가 보이지 않았다. 기부자들을 모아 해결해 보려는 그의 기대감도 산산이 부서졌다. 빚 독촉은 가중되었다. 그 고통이 얼마나 큰지 '마치 내 몸 위에 시체가 누워 있는 것처럼 나를 짓눌렀다'[7]라는 그의 말에서 가히 당시의 어려움을 가늠해 볼 수 있을 것이다.

그는 이러한 사면초가에 쌓인 듯한 막막한 상황에서, 친구들의 제안으로 1747년 3월에 사우스캐롤라이나에 식민 농장을 매입하여 프로비던스(Providence)라는 이름을 붙여 여기서 나오는 수익으로 베데스다를 운영하고자 했다. 사실 이것은 그가 노예 소유주가 된다는 것을 방종하는 것이었다. 그래서 노예제도와 거기 내재된 온갖 비인간적인 관행에 동참한 것이 되어 훗날 또 다른 비난의 가십거리가 되었다.

현실적인 어려움 앞에, 하나님은 영적인 은혜를 더욱 크게 부어주셨다. 그와 대적하던 무리들과도 화평하게 되는 은혜를 누렸다. 그가 가는 곳마다 설교할 수 있도록 닫혔던 문들이 열렸다. 1747년 5월 중순에 메릴랜드를 다시 방문한 그는 회심한 자들이 늘어나고 있음을 보았다. 그들 역시 보스톤이나 필라델피아 사람들처럼 그들 곁에 휫필드를 영구히 머물러 있게 하고 싶었다. 그들의 간청에 대해서 휫필드는 '영광 가운데 안식할 때까지 어느 한 곳에 안주할 생각이 없다'

---

7   달리모어, 상게서, 857.

며 거질 의사를 분명히 하였다. 사실 당시 교구교회에 정착하는 것이 당연한 것으로 생각하는 국교회 소속 다른 목사들처럼, 그 역시 편안함과 안락한 가정생활까지도 영위할 수 있는 기회들을 자기의 것으로 삼고 싶은 마음이 왜 없었겠는가? 그러나 그는 그 모든 청들을 단호하게 거절하였다. 그는 복음 선포자로서의 길을 가기 위해 세상에서 주는 유익과 안락함을 기꺼이 포기하였다. 그리스도와 복음을 위하여 땅에 속한 모든 것들은 배설물로 여긴 사도 바울의 길을 따랐다. 그의 양식과 음료는 '측량할 수 없는 그리스도의 풍성함을 전하는 것'이었다. 그는 자신의 의지를 이렇게 표현하였다: '오, 주님을 위해 더 많은 일을 할 수 있다면! 내가 순결한 불꽃이요 거룩한 불길이라면 생이 1천개쯤 되어 그것을 다 귀하신 구주를 섬기는데 바칠 수 있다면… 날마다 수많은 영혼들이 죽어가는 광경이 내 마음을 심히 아프게 하고 할 수만 있다면 북극에서 남극까지 다니며 주님의 구속하시는 사랑을 전할 수 있기를 갈망하게 만든다.'[8] 오늘날 교회 안에 영적 부흥과 성장이 없는 이유는 이러한 심장을 소유한 사람들을 찾아보기가 힘든 것에 기인한다고 볼 수 있다.

사실 그의 건강은 갈수록 악화되었고 미국의 푹푹 찌는 더위는 그를 더욱 어렵게 만들었다. 그의 건강을 걱정하는 이들의 간곡한 만류에도 불구하고 그는 주 예수 그리스도의 복음을 전하는 일을 마치려 함에는 자신의 생명을 조금도 귀한 것으로 여기지 않았던 사도 바울

---

8 달리모어, 상게서, 859.

의 일사각오의 정신을 따른 자처럼 앞만 보고 나아갔다. 좌우를 분변치 못하는 영혼들을 위해서 그는 최근 5주 동안에만 600km를 다녔다. 당시 교통 환경을 고려하면 엄청난 거리를 이동한 것이다. 그의 이러한 행보는 더 이상 그의 몸을 지탱케 하지 못하게 했고, 회복 불가능해 보이는 데까지 이르게 했다. 결국 그는 1747년 7월 한 달 내내 환자로서 침대에 누워있어야만 하는 신세가 되었다. 이번에도 지난번 뉴햄프셔 사역 때와 마찬가지로 죽음의 그림자가 보였다. 그러나 휫필드는 한결같았다. 죽음을 두려워하지 않았다. 아니 그는 설교를 하다 죽는 것을 더 원하는 자 같았다. 침대에 머물러 있어야 할 상황임에도 불구하고, 그는 조금만 여력이 생기면 다시 일어나 나갔다.

다시 뉴잉글랜드 지역으로 떠나는 1,800km의 여행길에 나섰다. 선선한 날씨 탓에 가는 노정에서도 건강 회복에 도움을 얻었다. 그러나 곁에서 그를 바라보는 자들은 그의 현재 건강상태를 생각하면, 만류하지 않을 수 없었다. 이번에는 휫필드도 휴식 시간을 가지라는 사람들의 권면을 외면할 수 없었다. 그리하여 버뮤다 섬에서 휴식하며 건강 회복에 전념하기로 했다. 1748년 3월 초의 일이었다. 부인은 필라델피아에 남아 있었고, 그가 요양을 마치고 돌아오면 영국으로 함께 돌아갈 계획을 세워두었다. 그러나 버뮤다의 사람들 역시 능력의 종 휫필드를 가만히 쉬게 내버려두지 않았다. 결국 그는 휴식을 취하러 간 그곳에서도 거의 날마다 설교를 해야 했고, 그것도 하루에 2,3차례 하는 날들도 있었다. 그가 어디를 가든 사람들이 몰려왔으며, 흑인들과 백인들이 함께 참석하기도 했다.

버뮤다 섬에서의 복음전파 사역은 특히 장로교회에서 이루어졌다.

그는 주일마다 2차례씩 8주 연속 설교를 했다. 400석 밖에 되지 않는 예배당이었기 때문에, 건물 밖에 서서 듣는 자들을 위하여 출입문과 창문을 열어놓고 설교를 했다. 휫필드가 그곳에 머물면서 설교하는 동안에 버뮤다 제도에 거주하고 있는 모든 사람들이 그의 설교를 들었다. 그리고 그 은혜에 감동한 사람들이 베데스다를 위한 헌금도 자발적으로 했다. 휫필드 본인은 전혀 원치 않았음에도 불구하고 사람들이 후원금을 냈는데, 당시 노동자 한 사람의 2년 치 봉급에 해당되는 200파운드나 모금되었다. 마음속에 늘 짐으로 남아 있는 부채 문제에 조금이나마 도움이 된다는 생각에 그는 기쁜 마음으로 그 돈을 즉시 베데스다로 보냈다. 그리고 일부는 필라델피아에 있는 아내에게 보내 고아원 살림살이에 보태게 하였다.

    11주 동안 체류한 버뮤다 섬에서의 생활은 그의 인생에 있어서 참으로 행복한 시간이었다. 더위와 과로로 금방이라도 죽을 것 같은 체력의 한계에 부딪혔음에도, 그의 사역에 임하시는 하나님의 은혜는 그로 하여금 더욱 큰 목소리로 말씀을 전파하게 하였다. 마침내 그는 그 섬에 거하는 모든 사람들에게 그의 설교를 들려줄 수 있었다. 하나님의 은혜로 보낸 시간들은 그의 건강도 다시 회복케 해준 듯했다. 1748년 6월 2일 그곳을 떠나는 배에 오를 때는 1년 전보다 훨씬 더 건강한 모습으로 떠날 수 있었다. 그리고 항해하는 기간 동안 더욱 좋아질 것을 기대했다.[9] 그러나 그 배는 미국 뉴잉글랜드 행이 아닌, 영

---

9   달리모어, 상게서, 867.

국으로 가는 배였다. 영국행을 아내와 함께 동행하기로 한 계획을 수정할 수밖에 없었다. 왜냐하면 영국에서의 장막 사역이 퇴보하고 있었기 때문이었다. 즉 휫필드를 대신해 사역을 맡아온 존 세닉이 기대와는 달리 모임을 잘 이끌지 못하고, 1년 반 만에 장막을 떠나 모리비아교도로 들어가 버렸기 때문이다. 이제 갈등과 지도력의 부재라는 난제에 처한 런던 장막은 휫필드로 하여금 미국 안에 한시도 지체할 수 없게 만들었다.

   1748년 7월 5일 4년 만에 다시 시작한 영국에서의 사역은 다음 장에서 살펴보게 될 것이다. 그리고 본 장은 그의 미국에서의 사역을 계속 이어서 다루고자 한다. 영국에서의 6년의 기간을 보낸 후, 1754년 3월 7일 다섯 번째 미국 방문길에 나섰다. 휫필드는 5월 26일까지 11주 동안의 항해 기간 이례적으로 단 한 차례도 설교를 하지 않고 미국 땅에 돌아왔다. 그 결과 힘을 소진하지 않고 비축해두어 원기를 많이 회복할 수 있었다. 비축해둔 원기를 바탕으로 미국에서의 사역을 재가동시켰다. 그가 가는 곳마다 여전히 사람들로 넘쳐났다. 당시 창궐한 콜레라에 걸려 앓기도 하였다. 그러나 곧 그는 하나님의 섭리하시는 손길에 의해 병에서 회복되는 은혜를 맛보았다.

   콜레라(Cholera)에서 회복하자마자 그는 곧 아카데미(Academy) 이사로 참여하게 된 필라델피아의 학교 강단에 올라섰다. 그곳에서 주기적으로 말씀을 전하였다. 그 아카데미는 훗날 펜실베이니아 대학교로 발전하였다. 그리고 뉴저지 대학 졸업식(1754년 9월 셋째 주)에서도 설교를 맡았으며, 이때 명예 문학 석사학위까지 수여받았다. 계속해서 뉴잉글랜드, 보스톤 지역을 다녔다. 그리고 캐나다 접경지역과 미국 최북단 정착지까지 이동하면서 설교를 했다. 그리고 돌아가는 남쪽 조지아로 향하는 3천km의 여정은 육로로 가는 국토 순례단과 같은 대장정을 가졌다. 더불어서 그는 찰스턴에서 배를 타고 서인도까지 가기를 원했다. 그러나 그 뜻은 이루지 못하고 1755년 3월 27일 다시 영국으로 향했다.

제 12 장
영국에서의 세 번째 사역
(1748년 7월 5일-1754년 3월 7일)

한편 그가 버뮤다 섬에서의 휴식을 보내고 곧장 런던으로 돌아왔다. 그의 귀환은 병으로 인하여 죽었다고 부고까지 난 상황이었기 때문에, 더욱 사람들의 열렬한 환영을 받았다. 7월 10일 주일에 무어필즈 들판에 모인 군중들은 이제까지 모인 숫자보다 훨씬 많은 사람들이 운집해 있었다. 이후에도 그렇게 많이 모인 경우는 극히 드물었다고 할 정도로 많은 인파였다. 운집한 인파 때문에 그냥 발길을 돌려야 했던 사람들이 수천 명이나 되었고, 남아 있던 자들도 그의 설교 소리를 제대로 들을 수가 없었을 정도였다. 세닉이 떠나고 지도력이 흔들리고 어려운 상황에 처해 있던 런던 장막은 금방 활기를 되찾게 되었다. 사람들의 이탈과 웨일즈에 있는 해리스의 제한적 통솔 자체로 한계를 절감하고 있던 차에 그가 도착한지 2주 만에 옛 사랑과 옛 능력을 되찾았다고 할 만큼 활발하게 움직였다. 한 달도 채 안 되어서 풀이 죽어 있던 글로스터와 브리스톨의 형제들 사이에 다시 생기가 돌았다. 횟필드는 예전처럼 장막을 섬기면서 설교자들을 지도하고 기존의 신앙공동체를 감독하면서 형제들을 새롭게 결속해 나갔다. 이제 웨슬리의 파운더리(Foundry) 사역과 필연적인 경쟁관계에서 우위를 차지할 수 있으리라고 기대했다. 그러나 횟필드의 생각은 달랐다.

뉴잉글랜드에서 목격한 분열과 경쟁의 폐해가 얼마나 심각한지를 알았다. 더구나 자신은 미국에서 해야 할 일이 많은 사람이기 때문에, 자신이 영국의 사역을 리드하는 위치에 있으면 안 된다고 생각하였다. 더욱이 자신이 수장이 되면 웨슬리와의 경쟁을 피할 수 없다는 것 때문에 그는 두 단체가 서로 하나 될 수 있는 길을 모색하고자 했다. 해리스를 만나고 이어서 찰스 웨슬리를 만나 자신의 생각을 나누었다. 그리고 자기 측 사람들을 다 소집하여 3일간 회의를 가졌다. 그리하여 그들은 더욱 노력을 기울여 준비된 일꾼으로 일하되 횟필드를 영적 아버지로 여기며 섬길 것을 다짐하였다. 그러나 문제는 자신의 도움이 없이 '횟필드의 메쏘디스트들'을 이끌만한 적임자가 없었다는 것이다. 그리고 무엇보다 요한 웨슬리의 태도 변화가 거의 없었기 때문에 두 단체의 연합은 불가능한 것처럼 보였다. 자신이 상대방에게 굴복하고 지휘권을 맡기지 않는 한 말이다. 그리하여 횟필드는 웨슬리에게 보낸 1748년 9월 1일자 편지에서 자신은 자신이 이끌고 온 공동체(칼빈주의적 메쏘디스트)의 수장이지만, 장막의 목회자 자리를 포기하겠고 그 일을 맡을 적임자는 웨슬리이며, 자신은 순회전도자로

서 온 세상에 다니겠다는 취지의 말을 했다.¹

1749년 초, 몇 달 동안 휫필드는 칼빈주의 메쏘디즘의 수장직을 더 이상 수행하지 않을 것임을 세상에 알렸다. 이러한 휫필드의 선언은 그를 따르던 사람들에게 큰 실망을 안겨다주었고 사역 전반이 퇴보하는 결과를 가져왔다. 그러나 휫필드 자신은 모든 이의 종이 되겠다고 한 것처럼 여러 분파 사람들을 돕는 일에 나섰고, 웨슬리의 사역까지도 도왔다. 이것은 '모든 교파에서 공인하는 기독교의 본질적 요소를 설교하고자 한' 자신의 생각을 실천하는 것이었다. 그러나 그 동안 그의 이 같은 행동에 그를 따르며 스스로를 휫필드파(Whitefiledites)라고 하며 추종한 세력들의 반발은 예상보다 컸다. 그들은 리더의 자리를 지키면서 분파의 세를 더욱 불려가야 하고 휫필드의 명성을 지켜나가야 한다고 촉구했다. 그렇지 않으면 그 모든 것을 다 잃고 역사 속에 사라지고 마는 존재가 되고 말 것이라고 했다. 이에 대해서 휫필드는 다음과 같이 말했다:²

> 내 이름은 잊히게 하시오 나로 모든 이들의 발에 짓밟히게 하시오, 그럼으로써 예수님이 영광을 받으실 수 있다면. 내 이름은 도처에서 죽어 없어지게 하시오, 친구들마저 나를 잊게 하시오. 그래서 복되신 주님의 뜻이 진작될 수 있다면… 그러나 도대체 칼빈은 무엇

---

1 편지의 자세한 내용은 달리모어의 휫필드 전기, 888-89쪽에 있다.
2 달리모어, 상게서, 896.

이고 루터는 또 무엇인가? 이름과 분파 그 이상을 보자. 예수님을 우리의 모든것으로 삼자. 그리하여 그분이 전파되도록 하자… 나는 누가 제일 높은 자리에 있는지는 관심 없다. 나는 내 자리를 안다… 그것이 설령 모든 사람의 종이 되는 자리일지라도. 나는 사람들이 내 이름을 부르며 따라다니게 만들고 싶지 않다.

그는 분명 자기 고유의 신앙운동을 주도적으로 이끌고 칼빈주의적 메쏘디즘을 강력하고도 지속적인 힘으로 키울 수 있는 위치에 서 있었다. 그러나 그 모든 것을 그리스도를 위하여 포기하였다. 그것도 명성과 권위가 가장 절정에 서 있을 때, 사람들의 찬사에는 귀머거리 노릇을 하며, 오로지 하나님의 칭찬을 받고 마지막 심판 날에 자신이 어떠한 사람이었는지를 하나님이 증언하시는 소리만을 바라보며, 모든 이들의 종이 되는 길을 선택했다. 그리고 서로 사랑하라는 예수님의 가르침을 온 몸으로 실천하려는 참된 주님의 제자의 길을 가고자 자신을 던졌다.

그는 가능한 최선을 다하여 웨슬리를 도우려고 했음에도 불구하고 그 일은 순탄하지는 않았다. 웨슬리의 욕망이 그 뿌리였다. 추종하는 자들 사이에서 벌어지는 일들이 원인이기도 했다. 웨슬리는 종종 트집 잡는 편지들을 보냈고, 그럴 때마다 휫필드는 강하게 부정하며 자신의 의도를 강력하게 밝혔다: '저를 위해 어떤 파당도 만들 생각도 없고 다른 어떤 분파를 기쁘게 하거나 불쾌하게 만들 생각 같은 것도 전혀 없습니다… 제가 바라는 것은 죄를 예방하고 오류를 찾아내며 죄인이 뉘우치고 성도가 덕을 세우며 저 자신의 영혼이 기분 좋게 재충

전되는 것입니다.'³ 사실 휫필드는 웨슬리의 잘못된 부분을 잘 알고 있었다. 휫필드의 부인도 웨슬리는 '자기를 높이기 위해 다른 사람의 인격을 더럽히는 사람'이라고 평가했다. 그녀의 눈에 비친 웨슬리의 처신은 오로지 자신의 이익을 위해서 휫필드를 이용할 뿐이었다. 그는 요한과 찰스 두 형제가 분열의 조짐이 있을 때에도(찰스가 형의 결혼 문제에 대한 반대와 성도의 견인교리에 대하여 휫필드의 의견에 동조하는 문제로 인한 갈등이 의절하는 단계까지 이르렀다) 휫필드의 중재로 서로 화합하게 하는 등 오로지 복음의 확산을 위한 그의 충정을 나타내기를 주저하지 않았고 그렇게 행동했다.⁴

그는 부흥운동의 한 분파에만 관여하는 입장에서 벗어나 '모든 사람의 종'이 되고자 했다. 역사에서 만약이라는 말은 없지만 휫필드가 웨슬리에게 넘겨주는 일이 없었다면 영국에서의 부흥운동은 새로운 국면을 맞이했을 것이다. '모든 사람의 종'이 된다는 것은 누구의 종도 아니라는 말과도 같은 것이기 때문에, 훗날 웨슬리의 감리교도는 남아 있게 되었어도 휫필드의 칼빈주의 감리교도는 사라지고 만 것이다.

한편 그의 아내의 런던 도착은 휫필드가 런던으로 돌아온지 거의 1년이 지난 후의 일이었다. 아내 홀로 두고 온 것에 대한 강한 책임감과 후회를 느낀 그는 아내를 위해서 장막 근처에 새 집을 마련하여 아내를 맞이하였다. 이 집을 그는 장막 하우스(Tabernacle House)라고 불

---

3   달리모어, 상게서, 995.
4   달리모어, 상게서, 986, 988 참고.

렀다. 이 집은 그외 그녀가 남은 생애 동안 살아갈 처소가 되었다. 그러나 휫필드에게는 언제나 임시 거처에 불과하였다. 순회전도자로서의 여정에 거쳐가는 하나의 기지였을 뿐이다. 동시에 그는 자신의 장막 사역을 맡아줄 자를 줄기차게 찾아 나섰지만, 적임자를 찾지 못하였다. 어느 누구도 휫필드를 능가할 만큼 모임을 이끌 사람이 없었기 때문이다. 그래서 당분간 그 장막 목회 책임을 계속 맡을 수밖에 없었다.

이에 웨슬리 형제와의 연합을 또다시 모색하였다. 1749년 8월 2일과 3일 웨슬리 형제와 휫필드 및 해리스 4명이 만났다. 심도 있는 대화를 나누며 합일점을 찾는 듯 했으나, 결과적으로 연합은 성사되지 않았다. 그 이유는 우두머리가 되어 하나의 분파를 만들지도 모른다는 해리스의 생각처럼 휫필드 진영 사람들의 웨슬리에 대한 신뢰 부족에 기인했다. 웨슬리는 당시 본인이 결정하면 모두가 따를 만큼 강력한 리더십을 구축하고 있던 상황이었다. 반면에 휫필드 측도 능히 그렇게 할 수도 있었지만 지도 그룹 사람들과의 협의를 거쳐서 하려는 휫필드의 방식 때문에 측근들의 강력한 반대를 무시할 수 없었다.

이것은 휫필드에게 부흥운동과는 일정한 거리를 두어야 하는 아픔을 가져왔다. 장막 사역을 계속해야 했기 때문이었다. 이에 1750년도에는 장막 사역에 전념하면서 장막에서만 하루에 두 번씩 설교를 하였다. 주일에는 2,3차례, 주중에도 사람들의 요청을 따라 더 많은 설교사역에 임하였다. 그리고 장례식이나 결혼식도 집례 해야 했고, 많은 이들을 상담해 주며 장막에서 일어나는 모든 일들을 관리 감독하는 임무에 충실했다. 아울러 지인들과의 편지교환도 무려 1천 400통이나 될 만큼 활발하게 믿음의 형제들과 소통했다.

그러나 그는 한곳에 오래 머물 수 있는 자가 아니었다. 장막 사역의 중요성과 운영의 무거운 책임을 지면서도 그는 다시 전도 여행을 다녔다. 그의 조력자 토마스 아담스(T. Adams)에게 장막 사역을 맡기고, 런던 주변 지역을 필두로 해서 7월 초엔 스코틀랜드까지 올라갔다. 다섯 번째 스코틀랜드 방문이었다. 런던을 떠나 에든버러에 오는 과정에서 그는 90차례나 설교를 하였고 그의 일기에 기록한 대로 무려 14만 명이 그의 설교를 들었다.5 이토록 그의 분주한 삶은 그가 표현한대로 '빵 한조각도 제대로 먹을 수 없을 정도'였다. '몸을 아끼라'는 사람들의 말은 하나마나한 것이었다. 그는 '그리스도의 일꾼들은 기적으로 살아야 한다'고 말하면서 '계속 구토가 나와 죽을 지경이지만 설교단에 오르는 것이 내 치료약이다'라며 몸에 이상이 있는 상태에서도 말씀 전하기를 멈추지 않았다.6

한편 하나님은 휫필드에게 영국의 귀족들에게 말씀을 전할 문을 열어주셨다. 이 일은 그가 미국에 있는 동안 해리스를 통해서 헌팅턴 백작 부인의 집에서 시작된 일이었다. 그리고 휫필드가 돌아오자 백작 부인은 자기 집에 그를 초청하였고, 그를 자신의 지도 사목 중 한 사람으로 임명하였다. 그리하여 일주일에 2차례 매주 화요일과 목요일에 집 거실에 모인 다수의 잉글랜드 귀족들 앞에서 설교를 하게 되었다. 여기에 모인 귀족들의 면모는 달리모어가 그의 책에 명시하고

---

5   달리모어, 상게서, 930.

6   달리모어, 상게서, 927.

있는 것처럼 참으로 지체 높은 집안들이었음을 알 수 있다.7 달리모어의 표현처럼 '영국 역사상 복음을 전하는 일개 설교자가 이렇게 유명하고 까다롭고 비판적인 청중 앞에 선 경우는 거의 없었다.'8 물론 휫필드 역시 '영국의 명사들과 부자들의 화려한 집결체' 앞에 선다는 것은 엄청난 중압감으로 다가왔을 것이다. 그러나 그는 기도하며 주님의 도우시는 힘으로 그 모든 것을 감당하였다. 그렇게 되도록 헌신한 헌팅턴 백작 부인의 간절한 기도의 조력도 빼놓을 수 없다.

그러나 한편으로는 휫필드에게 그 동안 겪어왔던 시련과는 별개로 또 다른 큰 시련에 직면하게 되었다. 그 동안 신실하게 동역했던 하웰 해리스의 급격한 변화였다. 오늘날의 의학 상식으로는 전도 여행 중 습격을 받아 뇌손상을 입어 벌어진 현상으로 이해할 수 있지만, 1746년과 1747년 사이에 그가 보여준 행동과 말들은 이전과 사뭇 다른 것들이었다. 많은 일들에 대해서 무책임하게 행동했고, 무엇보다 신앙의 가장 핵심이라 할 수 있는 성삼위하나님 인식에 있어서 민망하리만큼 얼토당토않은 말들을 내뱉었다. 십자가에서 죽은 분은 하나님이라고 공언하거나 또는 하나님은 없고 예수 그리스도만 있을 뿐이라고 주장했다. 그리하여 그의 교리 모두를 반대하는 움직임이 점점 커져갔다. 이것은 웨일즈의 부흥운동의 극심한 분열로 이어졌다.

물론 대다수는 건전한 다니엘 롤란드를 중심으로 모였지만, 지난

---

7 달리모어, 상게서, 904.
8 달리모어, 상게서, 906.

15년 동안 수많은 사람들에게 영적 아버지로서 역할을 했던 사람이 이젠 하루아침에 전혀 쓸모없는 존재가 되고 만 것이다. 사실 런던 장막의 일을 해리스에게 맡기고자 했던 휫필드에게 해리스의 그와 같은 변화는 엄청난 충격 그 이상이었다. 장막 일을 맡길 수 없게 된 것뿐만 아니라, 무엇보다도 그에게 있어서 가장 절친한 친구로 남았던 해리스와 단절을 할 수밖에 없는 상황에까지 온 것이다. 이후에 해리스는 점차 회복되어, 1760년대에 와서는 능동적으로 사역을 감당할 수 있었다. 그리고 과거의 분별없이 행동했던 것들에 대해서 사과도 했다. 당시의 부흥운동가들과 교제도 회복했다. 그러나 완전히 그 이전의 모습은 보여주지 못하고 1773년에 세상을 떠나고 말았다.

해리스가 떠난 후, 휫필드는 장막을 맡아줄 적임자를 구하지 못해, 본인이 계속해서 장막 사역을 책임지고 감당해야 했다. 그러나 그 공동체의 많은 부분들은 스스로 알아서 하도록 방치할 수밖에 없었고, 하나의 조직체계로서의 연합회는 소멸되도록 내버려두었다. 그는 영국 국교회 소속 목사로서 국교회의 영적 개선을 온 마음을 다해 추구하였지만 국교회는 그를 받아드릴 준비가 되어 있지 않았다. 그는 국교회 신조와 설교의 틀 안에서 움직이면서 오직 칼빈주의 신학만이 국교회 신학과 일치되는 것이라고 생각하였지만, 청교도들의 실패를 참고하지 못하였다. 국교회 개혁을 위한 청교도들의 모든 수고는 성공회를 개혁시키지 못했다. 도리어 시간이 갈수록 교회는 성경적 가르침으로부터 멀어지는 길을 걸었다. 휫필드 시대에 와서도 그렇게 큰 변화가 없었다. 실제로 휫필드 당시 국교회 목회자들 중 칼빈주의 신학을 붙들고 있는 자들은 극소수에 불과하였다. 주 예수 그리스도를 설교하는 이들은 찾아보기 힘들었고 도리어 자기 자신을 설교하는 목회자들이 대부분이었다.9 이러한 현실 때문에 횟필드는 순회 전도 사역을 멈출 수 없었다. 복음의 진리를 듣지 못하는 자들에게 복음을 전파하려는 그의 열정은 식을 줄을 몰랐다.

횟필드는 자신의 이름을 딴 공동체를 만드는 대신, 동료 사역자들을 도우면서 순회전도자로서 일생을 마치고자 했다. 이에 1740년대 말부터 자신의 공동체로부터 손을 떼고 잉글랜드 국교회 안에 복음주의자의 수를 늘려가는 것을 목표로 사역에 임했다. 헌팅톤 부인 역시 그런 횟필드를 적극 도왔다. 그러한 활동을 통해서 직간접적으로 많은 목회자들에게 영향을 끼쳤다. 그는 '최근 많은 목회자들이 마음의 감동을 받아 십자가에 못 박히신 구주를 널리 전하고 있다는 소식을 들으니 정말 기쁘다. "허다한 제사장의 무리도 이 도에 복종하니라"(행 6:7)는 말씀이 성취된 것이 틀림없다.'10며 자신의 사역에 만족감을 표했다. 예수 그리스도와 그의 십자가에 못 박히신 것 외에는 아무 것도 알지 않기로 작정한 목회자들이나 평신도들이 거의 매주 새로이 나타났다. 그 중에는 유력한 사회 저명인사들도 있었다. 그렇다고 이들이 서로 연합하여 하나의 단체를 형성한 것은 아니었다. 각각이 서로를 모르는 경우들도 많았다. 그러나 달리모어가 지적한 것과 같이 '이들은 교리와 실천이 일치했다.' 이것이 다른 사람들과 구별되

---

9 달리모어, 상게서, 948.
10 달리모어, 상게서, 958.

는 독특한 정체성을 부여해 주었던 것이다. 이 사람들과 횟필드는 자연스럽게 돈독한 관계를 형성할 수 있었다. 자신만의 부흥운동의 지도력은 내려놓았지만, 같은 교리와 실천을 가진 이들을 도우며, 본인은 이들이 본받을 만한 롤 모델이 되었고, 가장 좋은 격려의 멘토로서 활동했다. 이 당시 두드러진 인사들로는 존 뉴톤(J. Newton), 윌리암 탈봇(W. Talbot), 빈센트(Vincent)와 에드워드 페로넷(E. Perronet), 아우구스투스 토플래디(A. Toplady), 월터 셜리(W. Shirley), 조셉 밀너(J. Milner), 토마스 밀너(T. Milner), 리차드 세실(R. Cecil), 토마스 스코트(T. Scott), 롤란드 힐(R. Hill), 찰스 시므온 및 윌리암 윌버포스(W. Wilberforce)와 같은 이들이었다. 그의 생애 마지막 20년 중 15년을 잉글랜드에서 지내면서 국교회의 회복을 추구한 그의 노력은 상당 부분 성공을 거두었다. 비록 하나의 조직체로 남지는 않았지만, 그 열매들은 국교회만이 아니라 독립교회들과 침례교회들이 되어 신앙과 삶의 일치를 추구해갔다.

한편 1753년이 저물면서 횟필드는 새 장막을 두 개 더 짓지 않으면 안 되게 되었다. 무어필즈에 있는 장막이 너무나 낡아서 사람들을 다 수용할 수 없었기 때문이다. 6월 10일, 건축이 시작된 지 15주 만에 예배 모임을 위해 공개되었는데, 거의 4천 명을 수용하는 공간이었다. 그곳에서 400m도 안 되는 거리에 위치한 웨슬리의 파운더리는 이제 건물 외관상 빛을 잃게 되었다. 새 장막이 문을 연 것과 때를 같이 하여 횟필드는 『장막 회중의 공 예배용 찬송가』를 편찬하여 발행했다. 아마도 이것은 같은 해에 웨슬리가 자기들 모임을 위하여 찬송가집을 내고 모리비아 교도들이 만든 찬송집이 나온 것에 자극받아 편찬한 것이 아닌가 싶다. 사실 찬송은 신학의 종합예술이다. 그렇기 때문에 신학적 입장이 다른 사람들이 부르는 노래를 함께 부른다는 것은 양심에 위배되는 일이다. 그런 점에서 개혁신학에 근거한 올바른 찬송집이 새롭게 제작되어 발행해야 할 필요성은 크다 하지 않을 수 없다.

새로운 장막은 그의 남은 17년간의 생애의 주 무대였다. 그리고 또 하나의 장막은 브리스톨에 짓는 것이었다. 1741년 웨슬리와 결별할 때에 횟필드를 따르는 자들이 나와 새롭게 모임을 가진 곳이 스미스 홀이었다. 항상 만원이었던 이곳은 횟필드가 단체 리더 역할을 포기했음에도 불구하고, 그들은 계속해서 그를 그들의 지도자로 여기며 모였다. 그리하여 1749년 헌팅톤 백작 부인의 주도하에 새 장막 건축 기금을 모금하였다. 1753년 초에 시작된 건축은 그해 11월에 입당하게 될 정도로 수월하게 진행되었다. 브리스톨의 이 장막은 1세기가 넘도록 이 도시의 영적 생활에 강력한 영향력을 행사하는 센터가 되었다.[11]

1753년에 횟필드는 이례적으로 모라비아 교도 지도자인 진센도르프 백작에게 신학적인 오류를 지적하는 편지를 보냈다. 이례적이라고 하는 이유는 그가 신학적으로 대립관계에 있는 사람에게 먼저 논쟁을 시작한 일이 이번이 처음이었기 때문이다. 그는 편지에서 모라비아 교도들의 오류들을 공개적으로 비난하였다. 그 내용은 첫째, 모라비

---

11 달리모어, 상게서, 1005.

아 교도들은 성경을 온전히 하나님의 말씀을 받아들이지 않았다는 사실이다. 그들은 성경 외에 인간의 경험에도 신적 권위를 부여했다. 그리고 성경을 무작위로 펼쳐서 눈에 띠는 구절을 하나님의 인도로 여기거나 혹은 제비뽑기를 하나님의 인도로 간주하였다. 그리고 그리스도의 육체적 고통에 대해 묵상하는 일에 집착했다. 그것 때문에 그리스도의 영적인 고난은 무시했던 것이다. 둘째, 모라비아 교도들은 진센도르프 백작의 가르침을 따라 인간 지성의 일반적 쓰임새를 반대했다. 셋째, 성경 공부도 하지 않고 성경을 설교하지도 않는 대신, 성경적 근거 없이 복잡한 형식과 의례를 만들었다. 이들은 향을 피우고, 무덤 주변을 행진하고, 천박한 그림을 걸어두고, 웅장한 음악을 사용했으며, 그리스도의 피와 상처에 경의를 표하였는데, 그것들은 불경스러운 것들이다.[12] 게다가 신앙적인 용어들을 성적인 개념과 혼용하여 사용했다. '백작은… 성삼위를 하나의 가족에 비유했다. 아버지는 하나님이고 어머니는 성령이며 아들은 예수님이었다. 그리고 그리스도의 교회, 곧 아들의 아름다운 신부는 구주의 옆구리 상처에서 태어났고 십자가상의 그리스도와 약혼했으며 성찬식 때 그리스도와 결혼했다. 따라서 교회는 성부와 성령의 며느리였다.'[13] 또 이들은 세속적으로 흥청망청한 잔치와 여가활동에 치중했다. 남을 위한 봉사나 헌신 검소한 삶은 다 버리고, 세속적인 화려함과 잔치에 소비했다. 그 결과

---

12   달리모어, 상계서, 969-70.
13   달리모어, 상계서, 970.

무분별한 재정 사용으로 인해서 빚을 지게 했다.

　이들의 그러한 잘못된 관행들에 대해서 휫필드나 웨슬리 모두가 개탄했지만, 밖에서는 그들 역시 모리비아 교도들과 한 통속으로 여겼다. 더욱이 휫필드는 그 동안 모리비아 교도들에게 대해서 칭찬을 많이 했었기 때문에, 사람들은 그가 모라비아 교도가 되었다고까지 하는 소문이 돌았다. 이에 그는 자신의 입장을 확실히 대내외적으로 밝히고자, 반대하는 입장을 천명하는 편지를 보낸 것이다. 그 결과 모리비아 교도들은 교세 확장을 중단하고 자신들의 속물적 생활 방식을 상당 부분 포기했다. 부채도 상환하기 시작했다. 이러한 변화는 휫필드의 도전에서 비롯된 것이었다.

　1751년 9월 네 번째 미국 방문 전에, 아일랜드(Ireland)를 방문한 휫필드는 이미 웨슬리가 자신의 공동체를 서너 곳에 만들어 사역하고 있음을 보았다. 물론 성공적으로 진행되지 못한 상황들이었지만 휫필드는 그곳에서 매일 2차례씩 설교를 했다. 모인 숫자는 날마다 늘어났고 어떤 때는 1만여 명이 모였다. 그러나 그의 몸 상태는 점점 더 악화 일로로 치달았다. 마른 뼈들의 동요가 있음을 보며 힘을 얻은 그는 메쏘디즘의 소생함을 보며 즐거워했다. 웨슬리 사람들에 대한 반감이 크게 증폭되어 악랄한 선동이 끊이지 않았던 코크 지역에서만 휫필드는 13차례 설교를 했다. 주일저녁 설교에는 3만 명 정도가 모인 것으로 추산됐다. 가톨릭 교도들도 그의 설교를 듣고 큰 감동을 받아 휫필드가 그곳에 머물기만 한다면 자신들이 사제직을 떠나겠다고도 했

다.[14]

　휫필드는 더블린(Dublin)을 비롯하여 아일랜드 북부 지역에서 일주일 간 머물면서 여기서도 웨슬리의 사역을 도왔다. 웨슬리의 사역은 극도로 혼란한 상황에 처해있었는데, 휫필드의 도움으로 다시 안정을 되찾고 더 단결되었다. 그러나 웨슬리의 사역에 재정적으로 가장 아낌없는 지원을 해주었던 윌리엄 러넬(W. Runell)이 휫필드의 설교사역을 통해서 칼빈주의자로 돌아섰다. 그는 더블린에 칼빈주의 교리를 바탕으로 한 독자적인 사역을 개척하고, 윗필드로 하여금 그곳에 머물기를 간청하였지만, 러넬의 간청 역시 뒤로 하고 휫필드는 아일랜드를 떠났다. 잉글랜드에서도 같은 생각을 가진 이들이 많이 있었지만, 휫필드는 그러한 사람들의 요구에 순응하기보다 복음주의 진영의 부흥운동을 돕는 일에 적극적으로 나섰다.

14　달리모어, 상게서, 983.

제 1 3 장
영국에서의 네 번째 사역

    1755년 5월에 영국으로 다시 돌아온 첫 몇 달 동안은 그의 복음사역에서 가장 극심하고 지속적인 핍박을 겪었다. 이 일은 그가 사는 동안 줄곧 그를 괴롭혔으며, 결국은 그의 죽음도 재촉한 결과를 가져다 주었다. 발단은 연극계에서 시작되었다. 1753년 스코틀랜드에 방문했을 때의 일이다. 그의 설교를 듣고 글라스고의 한 극장주가 양심의 가책을 받아서 자신의 극장을 철거하기 시작하였다. 그런데 문제는 극장 영업을 방해하고 사람들을 동원하여 극장을 파괴시킨 것이 휫필드였다는 소문에 휩싸인 것이다. 이 일로 연극계 사람들이 그에게 극심한 적개심을 품게 되었다. 이들의 적개심은 곧바로 행동으로 표출되었다. 휫필드가 국교도들의 집회 장소인 롱에이커(Longacre) 예배당에서 설교를 할 때의 일이다. 극장주들이 사람들을 동원해 교회당 밖에서 난동을 부리며 예배를 방해했다. 결국 그들의 방해로 예배를 인도할 수 없는 상황에 이르렀다. 그래서 어쩔 수 없이 휫필드는 해결을 위해 주교에게 편지를 보내 폭동을 제지해 달라고 부탁까지 했다. 그러나 그들의 행태는 점점 극악해져 그를 암살하겠다는 위협까지 일삼았다. 사태가 일파만파로 커지면서 해결의 기미가 보이지 않자, 결국 국왕까지 나서서 그들의 행동을 제지하게 되면서 일단은 봉합 국면으로 들어갔다. 한 고비는 넘겼지만, 이 사건으로 이곳에서 오랫동안 머무는 사역은 현명한 처사가 아니라고 생각한 휫필드는 새로운 집회처소를 세우기로 하였다. 그 유명한 토트넘 코트 예배당이 바로 이러한 배경 하에서 탄생된 것이다. 공사를 시작한지 6개월 만인 1756년 11월에 예배당을 완공했다. 그러나 이곳도 몰려드는 사람들로 3년 만에 너무 협소한 곳이 되어 다시 증축을 하지 않을 수 없게 되었다. 건물의 폭이 20m, 길이가 38m, 지붕가지 높이가 35m나 되는 거대한 건물이 되었다. 영국 전역은 물론 세계에서도 가장 큰 예배당이었다고 한다.[1] 여기에다 사역자용 사택과 빈민 구호소를 지어 가난한 과부들이 무료로 사용할 수 있게 하였다. 그리고 예배당 지하에는 납골당을 만들었다. 그는 자신이 죽으면 이곳에 요한과 찰스 웨슬리 형제들과 함께 묻히기를 원하였다.

한편 영국에서의 사역이 자리를 잡아가고 있는 가운데, 그에게 시련은 늘 도사리고 있었다. 그의 마음 한 구석에는 늘 미국의 고아원 사역에 대한 무거운 짐이 떠나지 않았으며, 거기다 설상가상으로 가족

---

1 달리모어, 상게서, 1034.

들 중 형 토마스가 파산하여 장막에 피신해 와 있었고 조카들 역시 힘든 짐이 되었다. 조카들은 미국 베데스다 고아원으로 데려갔지만, 그들이 성년이 되어 스스로 자립할 때까지는 그의 책임 하에 있었다. 뉴저지 대학에도 계속적인 도움을 주고자 했지만 여의치 않았다. 더구나 절친한 친구인 에런 버(A. Burr) 총장이 세상을 떠나게 되었고 그 뒤로 조나단 에드워드가 새 총장이 되었으나 그 역시 6개월 만에 세상을 떠나고 말았다. 그런 슬픔의 소식들 가운데서도 그는 토트넘 코트 예배당 사역과 순회 전도사역을 지속했다. 런던과 웨일즈 및 스코틀랜드 및 잉글랜드 북부 지역 등 사방으로 복음을 전하며 다녔다.

휫필드는 1757년 6월 스코틀랜드를 아홉 번째 방문할 때 동시에 아일랜드도 재방문하였다. 그곳에서 2주간 사역하면서 여전히 환호도 받았지만, 기적적으로 죽음을 모면한 위험한 상황을 맞기도 했다. 어느 날 수행하는 사람 없이 홀로 가톨릭 교도들의 거리를 지나다가 생긴 일이다. 가톨릭 교도들의 난동 때문에 함께 하던 병사나 동료 설교자 네 사람이 도망치고 없었기 때문에 홀로 그 거리를 걷게 되었는데, 가톨릭 교도들의 돌팔매질로 큰 사고를 당할 뻔했다. 그가 기록한 글을 보면, 그 당시 상황이 얼마나 급박하게 돌아갔는지를 잘 알 수 있다: '사방에서 일제히 딱딱한 돌멩이들이 날아오기 시작했고 한 걸음 한 걸음 걸음을 옮길 때마다 돌에 맞아 저는 뒤로 앞으로 비틀거리다가 거의 숨을 쉴 수 없는 지경이 되었고 온 몸이 피투성이가 되었습니다… 수없이 돌팔매질을 당하고 부상을 입었습니다. 유난히 큰 돌 하나가 관자놀이 가까이로 날아왔습니다. 순간 스데반(Stephen) 생각이 났습니다. 돌팔매질이 조금 더 계속되면 나도 스데반처럼 치명타를 입어 이 유혈이 낭자한 승리의 현장을 떠나 주님이 임재하시는 곳으로 가까이 갈 수 있을 거라는 부푼 소망이 생겼습니다…'² 하나님의 섭리 가운데서 휫필드는 가톨릭 교도들의 저주와 악담이 난무하는 거리를 주변의 사람들의 도움으로 무사히 빠져나와 간단한 응급조치 후에, 곧장 설교 장소로 가 설교를 하였다. 그는 자신이 처한 극한 상황을 주님이 사용하시는 기회로 삼고 '시끄러운 파도와 지극히 악한 사람들의 광기를 잠잠케 하시는 하나님을 향해 함께 찬양하며 감사의 노래를 불렀다.'³ 그 뒤로도 3주를 더 머물면서 주의 말씀이 아일랜드 땅에 퍼져나가는 것으로 인하여 감사하였다. 그는 사람들의 요구에 계획했던 일정보다 더 머물면서 아일랜드에서 막 시작 단계에 있던 웨슬리 사역을 강화시키는 일에 치중하였다.

    1757년 8월에 아일랜드에서 돌아온 휫필드는 런던을 중심으로 여느 때와 다름없이 사역에 임했다. 이때에도 보통 하루에 3차례씩 설교하면서 예수 그리스도의 측량할 수 없는 부요함을 전했다. 이 당시 건강 상태는 더욱 악화되어 계속되는 구토증상을 달고 다니면서 쉼이 없이 말씀을 전파하였다. 겨울이 지나면서 글로스터와 브리스톨 및 웨일즈 지방을 다녔지만 과거처럼 오래 머물 수가 없었다. 왜냐하면 적임자를 찾지 못하여 그가 돌봐야 할 장막이 런던에만 두 개나 있었기 때문이다. 이에 런던 주변을 다니면서 사역하다가 1768년 7월 31

---

2   달리모어, 상게서, 1046-47.
3   달리모어, 상게서, 1048.

일에 잉글랜드 북부 지역으로 올라갔다.

그리고 열 번째 스코틀랜드 방문을 이어갔다. 다행스럽게도 이때에는 갑작스레 휫필드의 건강상태가 호전되어 에든버러와 글라스고 두 도시에서 그 어느 때보다도 활기차게 설교를 할 수 있었다. 날마다 하루에 3차례씩 설교를 하고 런던으로 다시 돌아왔다. 겨울을 런던에서 보낸 그는 봄이 되자 또 다시 잉글랜드 북부 지방과 스코틀랜드로 향했다. 그의 활동이 커질수록 반대자들의 횡포도 커졌다. 특히 극장주들이 만든 2류 인생이라는 풍자극은 노골적으로 휫필드를 비난하는 것이었다. 견디기 힘든 모독의 소리를 들으면서도 사역을 멈추지 않았다. 이 상황에서 병에 걸리지 않는 것이 비정상일 정도로 그는 육체적 정신적으로 극심한 고통에 시달렸다.

두 달간의 요크 지방을 다녔지만, 하루라도 아프다는 말을 하지 않는 날이 있기를 사모할 정도로 힘들어 했다. 1760년이 저물어갈 무렵은 사실상 환자와 다름없는 상태에 이르렀다. 그런 몸의 상태에서도 그는 '내가 까맣게 탄 양초 심지처럼 잠들지 않기를 기도합니다. 내 기꺼이 불타오르되 인간의 영광이 아니라, 예수님의 사랑으로 불타오르다 죽기를 바랍니다'라고 기도했다.[4] 1761년 초에 이르러서는 건강이 더욱 나빠져 완전히 일을 멈추고 휴식을 취해야 할 상황이었다. 그러나 그는 어깨에 놓인 짐을 내려놓지 못했다. 런던의 장막과 브리스톨의 현장을 돌봐야 했다. 4월이 되자 몸은 더 가눌 수 없을 정도로 쇠잔

---

4   달리모어, 상게서, 1062.

해졌다. 장막의 신탁위원인 베크만 씨가 자기 집으로 그를 데려가 극진히 간호했다. 거의 죽음 직전까지 왔다. 이제 또 다시 죽었다는 소문이 나돌았다. 기력이 돌아옴을 느낄 정도가 된 6월이 되자 이전에도 그러했던 것처럼 다시 순회사역에 나섰다. 하지만 단 한 달간의 순회사역을 마치고는 또 다시 드러누워야 했다. 복음전파에 미친 사람이었다. 그는 설교를 하지 못하면 견디지 못하는 사람 같았다. 아픈 중에도 결국 설교가 그를 늘 살아나게 했다.

그러나 그해 10월에 쓴 기록에 의하면 '몇 주 동안 설교를 단 한번도 못했다.' 그 정도로 건강에 심각한 적신호가 온 것이다. 결국 그는 당시에 의학이 가장 발달해 있던 스코틀랜드에 가서 도움을 얻기로 하였다. 이때가 1761년 10월이었다. 에든버러에 와서 진찰을 받은 결과 회복 가능하나 설교는 할 수 없고 휴식을 취해야 한다는 진단결과가 나왔다. 설교를 할 수 없는 고통은 이루 말할 수 없이 컸다. 그는 오랫동안 설교를 할 수 없기 때문에, 그의 죽음에 관한 소문이 사실이 되기를 진정으로 원했을 정도였다. 그는 런던으로 돌아와서 의사의 권고대로 설교를 하지 않고 휴식을 취하려고 애를 썼다. 그렇지만 그 결심은 오래 가지 못했다. 브리스톨에 가서 5차례 설교를 하고 런던으로 돌아온 그는 무어필즈에서 대대적인 옥외설교를 감행했다.

이후 그는 대서양을 건너 다시 미국으로 가고자 원했으나, 그의 욕망은 전쟁 때문에 성사될 수 없었다. 대신에 그는 화란으로 가서 로테르담(Rotterdam) 장로교회에서 설교를 했다(1762년 6월). 물론 영어권 사람들에게 한 설교였다. 언어 장벽 때문에 설교를 많이 하는 대신 주변 지역들을 여행하며 쉬는 시간을 가졌다. 어느 정도 건강이 회복되자 런던으로 돌아와 곧장 설교여행을 떠났다. 링컨(Lincoln) 주와 요크 주, 그리고 스코틀랜드로 다녔다. 그러나 이제는 예전과 같이 할 수 없는 상태라는 것을 깨닫게 되었다. 세심하게 체력관리하며 움직인다면 한주에 2,3차례씩 설교를 할 수 있었겠지만 그것까지였다. 그리고 1762년 말에 전쟁이 끝났다는 소식을 들었다(실제로는 1763년 2월 파리조약으로 끝났음). 당연히 미국으로 가고자 계획을 세웠다. 적임자를 찾지 못했지만 신탁위원 세 사람에게 장막 사역을 맡기고 떠날 요량이었다.

한편 그 상황에서 웨슬리와 횟필드를 비난하는 책 한권이 위버튼(Wibutton) 주교에 의해서 발행되었다. 그의 사역 초기에 있었던 잘못들에 대한 것들이 주를 이루고 있었으므로, 이미 15년 전에 이를 인정하고 사과한 일이라는 것을 명백히 적시하며 반박하는 글로 비난을 잠재웠다. 그리고 미국으로 가기 위한 좀 더 안락한 여정을 택하였다. 즉 스코틀랜드 그린녹(Greenknock)에서 출발하여 보스톤으로 가는 배를 타고자 했다. 이것은 그의 스코틀랜드를 향한 열네 번째 방문 길이었다. 이때 스코틀랜드에는 요한 웨슬리도 방문 중이었는데, 횟필드의 쇠잔해진 몸 상태를 보고는 '인간적으로 말해서 그는 이제 고물이 되었다'며 그 시기의 횟필드의 좋지 않은 건강상태를 표현하였다.[5] 그럼에도 불구하고 출항을 기다리는 동안에도 계속하여 설교를 함으로써, 몸 상태가 더욱 나빠졌고 심하게 앓게 되었다. 이에 선상에서 시

---

5 달리모어, 상게서, 1070.

체를 처리하게 되지는 않을까 하는 우려 때문에 선장은 그를 태우지 않고 그만 출항해 버렸다. 휫필드는 다른 방법으로 미국에 갈 수 있는 방법을 강구해야 했다. 할 수 없이 버지니아 주로 가는 배를 탔다. 1763년 6월 4일 미국을 떠나온 지 8년 만이었다.

제 1 4 장

영미에서의 마지막 사역과 죽음

　스코틀랜드 그린녹을 출항한 배는 처음 몇 주를 제외하고는 날씨로 인하여 기대와는 달리 힘겨운 항해가 되었다. 항해가 언제 끝날지도 모르는 거친 바다와의 싸움이 이어졌다. 그의 몸은 더 허약해졌다. 그가 할 수 있는 것은 '죽어가는 사람의 마지막 몸부림, 혹은 꺼지기 직전 촛불의 마지막 깜박거림처럼 기운을 조금 내보려 애를 쓰는 것'뿐이었다.[1] 긴 항해 끝에 1763년 8월 24일 드디어 버지니아 해안에 도착했다. 그가 돌아왔다는 소식은 순식간에 사방에 퍼졌다. 전과 같이 그의 설교를 듣고자 사람들이 몰려왔다. 뜨거운 날씨를 피하여 베데스다로 곧장 가지 않고, 조금 선선한 펜실베이니아로 향했다. 그곳

1　달리모어, 상게서, 1073.

에서 무리하게 설교를 4차례나 했다. 또 다시 병이 도진 것은 물론이다. 그의 외모는 8년 전과 비교가 되지 않을 정도로 볼품없게 되었다. 그가 병중에 있음을 안 청중들은 이제 그를 볼 기회가 별로 없을 지도 모른다는 생각에 더 큰 간절함으로 모였다. 필라델피아로 왔을 때 그의 마음은 매일 하루에 2,3차례라도 설교를 하기를 원했지만 마음뿐이었다. 일주일에 2,3차례 했을 뿐이다. 그러나 한편으로는 자신을 대신할 다른 일꾼들이 40명이나 양육되고 있음을 보고 기뻐하였다.[2]

뉴욕으로 올라가서도 사람들의 환호는 폭발적이었으나, 그의 설교는 여전히 일주일에 2차례 정도였다. 7주 동안 머물면서 2차례 자선 설교를 했는데, 한번은 빈민들을 위한 모금이었고, 또 한번은 뉴잉글랜드에 있는 인디언 학교를 위한 것이었다. 빈민들을 위한 모금에서는 모금액이 다른 때에 비해 두 배나 더 걷혔고, 인디언 학교를 위한 모금에서는 120파운드의 기금이 모아졌다.

뉴욕에서의 일정을 모두 마친 휫필드는 뉴요커(New Yorker)들의 따뜻한 환송을 받으며 보스톤으로 향했다. 4년 전에 대화재 때 이들을 돕기 위한 모금운동을 런던에서 해 도와준 것을 기억한 보스톤 시민들은 열렬한 환영으로 휫필드를 맞았다. 사방에서 설교 요청이 빗발쳤으나, 일주일에 2차례만 편안한 상태로 설교할 수 있었다. 그는 보스톤에서 하버드 대학을 돕는 일도 했다. 최근에 일어난 화재로 소화된 책들을 새로 구입하는 일이었다. 그 일로 인해 4년 후에(1768년 8

---

2   달리모어, 상게서, 1074. 1763년 10월 21일자 일기를 참고.

월 22일) 대학으로부터 감사패를 받았다. 그리고 인디언 학교를 도와주었는데, 이 학교가 훗날 다트머스(Dartmouth) 대학이 되었다.

보스톤에서 그는 몸 상태를 고려하지 않고 식민 주 북단까지 올라가되, 심지어 캐나다까지 가고자 했다. 그러나 고장난 그의 몸은 더이상 이 일을 허락하지 않았다. 그리하여 할 수 없이 남쪽으로 길을 돌려야 했다. 1764년 9월에 출발한 그는 11월 22일에 노스캐롤라이나의 뉴브런즈(New Bruns)에 도착했다. 그리고 12월 초에 조지아에 왔다. 미국에 도착한지 1년 4개월이 지난 후였다. 그가 처음 1739년에 베데스다 기공식에서 조지아에 대학교의 터를 닦으려고 했던 그 이상을 실현하기 위한 부속 대학을 세우는 일이 대두되었다. 그 일을 하기 위해 그 앞에 놓여 있는 과제는 달리모어에 따르면 4가지였다. 첫째, 새 땅 확보하기, 둘째, 대학설립인가 받기, 셋째, 설립자금 모으기, 넷째, 건물 신축하기 등이었다.³ 총독과 식민의회에 공문을 보냈다. 총독과 의회의장의 호의에 의하여 800만 평방미터의 땅이 교부되었다. 이제 런던의 추밀원의 허락을 받는 일만 남았다. 그러나 이것은 본인이 런던으로 직접 가서 해결해야 할 일이었다. 그러나 일의 시급성에도 불구하고 1764년 12월부터 그 다음해 2월까지 겨울 내내 베데스다에 머물러야 했다. 당시 건강상 장거리 여행의 위험성 때문이었다. 어느 정도 건강이 회복되자 설교여행을 감행했다. 남북 캐롤라이나와 버지니아 등을 지나면서 설교했다. 예수님을 위해서 살 수 있는 삶이 1

---

3   달리모어, 상게서, 1084.

천 개나 되었으면 좋겠다고 말했을 때가 이쯤이었다.[4] 보통사람 같았으면 이젠 쉬어야겠다고 함이 당연한 시점이었다. 그럼에도 럼에도 그는 최후의 순간까지도 움직일 수 있고 말할 수 있는 한 주어진 사명에 충실하였다.

육체의 쇠약함으로 인한 항해에 대한 두려움과 런던에 가서 자신이 감당해야 할 책무에 대한 무거운 짐을 안고 1765년 6월 10일 영국으로 향한 그는 7월 7일에 도착하였다. 그가 영국에 온 것은 영국에서의 그의 장막 사역을 위해서가 아니라, 조지아의 베데스다 대학설립 문제 때문이었다. 문제 해결을 위하여 최선을 다했지만 국교회 대주교의 반대로 횟필드는 원하는 성과를 얻지 못하였다. 대주교는 국교회 원칙에 따른 대학설립을 원했지만 횟필드 입장에서는 조지아의 모든 일들이 거의 대부분 비국교도들의 지원에 힘입고 있기 때문에, 수용할 수 없는 것이었다. 허가 불가를 확인한 그는 할 수 없이 청원서를 철회하고 미국으로 돌아가 조지아 의회에 직접 청원하기로 했다.

한편 그는 런던에 있으면서 장막 사역과 새 예배당의 사역을 위해 큰 힘이 되어줄 새로운 일꾼들을 만나게 되었다. 전직 선장 출신인 토리어 조스(T. Jos)와 육군대위 출신인 스코트의 합류로 횟필드는 이 두 사람에게 자신의 무거운 짐을 분담시켰다. 이 두 사람은 얼마 지나지 않아 유능한 설교자로 활동하였다. 그리고 또 케임브리지 출신인 롤란드 힐도 가담하였다. 그는 헌팅톤 부인의 눈에 의하면 그녀가 들

---

4   달리모어, 상게서, 1085.

은 설교들 중 횟필드에 가장 근접한 사람이었다.[5]

동역자들을 만난 그는 1768년에 스코틀랜드를 마지막으로 방문하였다. 사람들은 그에 대한 편견을 거의 해소하였고 첫 사랑을 찾아 구하는 자들이 되었다. 그가 스코틀랜드에 머무는 동안 한 귀족으로부터 거액의 유산을 증여받았다. 그것 때문에 그는 베데스다 고아원을 세우면서 얻게 된 모든 빚을 다 갚을 수 있게 되었다. 하지만 그즈음 그가 다시 런던으로 돌아왔을 때, 그의 아내는 염증성 열병에 걸려 회복을 보지 못하고, 1768년 8월 9일 65세의 일기로 세상을 떠나고 말았다.

이렇게 어려움 가운데서도 꾸준히 복음의 일꾼들이 일어나자, 그들을 훈련시킬 신학교가 필요하게 되었다. 그 일은 헌팅턴 부인이 앞장섰다. 웨일즈의 트레베카(Tribeca)에 있는 하웰 해리스 공동체 근처에 오래된 건물을 구입하였다. 그리고 수리하고 부속 예배당까지 마련하여, 1768년 8월 24일 봉헌하였다. 그 예배에서 횟필드는 출애굽기 20장 24절 말씀을 가지고 설교했다. 이곳에 입학하기 위해서는 거듭남의 증표가 있어야 했다. 입학생들에게는 전액 장학금을 지급했고 생필품은 물론이거니와 새 옷까지 제공했지만, 훈련은 엄격했다. 지적 훈련과 영적 훈련이 동시에 요구되었다. 복음 설교를 위해서 학생들이 타고 다닐 말까지 준비하였다. 학교 운영은 횟필드 측 사람들과 웨슬리 측 사람들이 균형 있게 직원으로 들어와 일했고, 복음주의적

---

5   달리모어, 상게서, 1121.

교리들을 가르쳤다. 존 플래처(J. Fletcher)가 신학교의 초대 교장을 맡았다. 그러나 이 신학교에 대한 휫필드의 기여는 그리 많지 않았다. 왜냐하면 그가 미국으로 떠난 후에 다시는 돌아오지 못했기 때문이다. 물론 그가 죽은 후에 신학적 일치도 산산조각 나고 말았다.

전 세계를 자신의 교구로 간주하며 살았던 휫필드가 이제 마지막 미국 여행길에 들어섰다. 1769년 9월 4일이었다. 영원한 그의 고향으로 가는 길이었다. 그러나 그는 미국에서의 사역을 기대하면서 이번 여행도 예전과 다를 것 없이 복음전파의 계획을 추진해 나갈 것을 기대하였다. 그가 영국으로 가기 전에 1764년 9월 25일 필라델피아에서 한창 수고할 당시, 요한 웨슬리에게 매우 중요한 편지를 한 장 보냈었다. 달리모어에 의하면 이 편지의 중요성은 미국에 엄청난 회심자들을 남겨두고 떠난다는 것과 순회설교자가 활동할 공간은 얼마든지 있다는 말을 남겼던 편지였다. 이제 그 제안이 결실을 맺어 4년 후에 휫필드는 마지막으로 미국 여행을 한번 더 하는 길에 웨슬리가 처음으로 순회설교자를 파송한 두 사람과 함께 동행 할 수 있게 된 것이다.6

찰스턴 항구에 도착한 그는 늘 그랬던 것처럼 그의 설교를 듣기 위해 몰려든 사람들에게 10일 동안 사역을 했다. 그를 수행한 코넬리우스 윈터(C. Winter)의 기록에 의하면 성찬식에 참여한 사람들 상당수

---

6 달리모어, 상게서, 1087-88. 참고.

가 흑인들이었다고 한다.7 찰스턴에서 사바나까지 흑인들이 노를 젓는 배에 승선했다. 4년 만에 다시 돌아온 조지아의 발전상은 매우 컸다. 베데스다의 일은 아름답게 핀 장미처럼 피어나고 있었다. 세우고 싶은 대학의 첫 구성단위가 될 건물 공사도 잘 진척되고 있었다. 대학 설립 청원 허가를 받고자 먼저 휫필드는 총독과 의회가 단체로 베데스다를 방문해 줄 것을 요청했다. 그의 계획은 성공적인 반응을 이끌어냈다. 그 막중한 임무를 수행함에 있어서 그는 그 어느 때보다 평온한 시간을 가질 수 있었다. 그가 사역을 시작한 이래 거의 처음으로 재정적 부담에서 벗어났기 때문이었다. 그리고 아내의 죽음으로 이제 가족을 돌보아야 하는 책무에서도 홀가분했기 때문이다. 그리고 영국에서 가졌던 모든 책무에서도 벗어났다. 새로 찾은 동역자들이 기꺼이 맡아주었기 때문이다. 그때의 심정을 런던에 있는 로버트 킨(R. Keen)에게 편지하면서 이렇게 표현했다: '제 평생의 순례 여행 중 이런 내적 평강과 위로와 기쁨을 누려본 적이 없었습니다. 말로 다할 수 없을 정도이고 영광으로 가득 차 있습니다. 우리가 가는 길에는 평강, 말로 다할 수 없는 평강이 임하고 더욱 융성해져 더욱 쓸모 있게 되리라는 유쾌한 전망이 계속 우리 시야에 솟아 오르고 있습니다.'8

그는 이제 그의 마지막 남은 생애를 이곳 베데스다에서 평온하게 정리하며 보낼 수 있을 만큼 일들은 순조롭게 진행되었다. 그러나 '하

7　달리모어, 상게서, 1144.
8　달리모어, 상게서, 1149.

나님께서 시키신 거룩한 일'을 마치려함에는 한 곳에 정착해 있을 수 없었다. 1770년 4월 24일 새벽 5시 다시 식민지 주 전역을 순회하는 길을 나섰다. 필라델피아를 필두로 뉴욕, 그리고 알바니를 거쳐 오나이더 인디언 부족에게 가서도 설교를 했다. 그는 보스톤과 뉴베리(Newbery) 지역을 다니며 이번엔 기필코 캐나다까지 가고자 했지만, 그의 체력은 바닥이 난 상태였다. 마음은 원이었으나 뉴햄프셔와 포츠머스까지가 전부였다.

  9월 23일 그곳에서 런던의 장막에 있는 절친한 친구 로버트 킨에게 마지막 편지를 썼다. 그리고 1770년 9월 29일 조지아로 가는 대장정에서 엑스터(Exeter) 마을에 들러 운집해 있는 청중들에게 자기는 떠나간다는 설교를 했다. 그리스도와 함께 있기 위해 이제 죽는다고 한 것이다. 이날 설교 본문은 고린도후서 13장 5절로 '너희가 믿음 가운데 있는지 너희 자신을 시험하라'는 말씀이었다. 그리고 매사추세츠 주 뉴베리포트(Newburyport)의 올드사우스(Old South) 장로교회 조나단 파슨스(J. Parsons) 목사 집에 도착했다. 고단해서 얼른 저녁을 먹고 쉬기를 원했다. 그러나 그 사택 앞에 모여온 군중들에게 설교를 하지 않을 수 없었다. 촛불이 다 꺼지도록 말씀을 전했다. 그와 동행하던 리차드 스미스(R. Smith)는 새벽 2시에 사과술을 가져다 달라는 휫필드의 소리에 잠이 깼다. 사과술을 마신 그는 천식으로 2,3일 정도 쉬어야겠다고 했다. 그때 설교를 자주 하지 말았으면 한다는 스미스에게 또 하나의 위대한 어록을 남겼다: '녹슬어 없어지기보다는 닳아서 없어지는 것 더 낫다'.⁹ 그리고 새벽 5시가 지나서 그는 마지막 숨을 토해내고는 더 이상 숨을 쉬지 못했다. 대각성 시절 처음 알게 된 오랜 친구 파슨스 목사관에서 9월 30일 주일 아침에 그 위대한 복음 설교자, 그리스도의 심장을 소유하고 산 사람, 화평의 사도였던 휫필드의 삶이 영원한 평강의 세계로 옮겨갔다. 그가 그토록 사모하며 전한 그리스도의 품에 안긴 것이다. 그 모든 수고를 내려놓고 영원한 안식의 자리에 들어갔다. 고단한 육신에서 벗어날 날이 곧 올 것을 예견하면서 '세상에서 가장 작은 자보다 더 작은' 휫필드는 친구 로버트 킨에게 편지를 보낸 지 일주일이 채 지나지 않아 그렇게 세상을 떠났다. 10월 2일 화요일 각처에서 온 문상객들이 그의 장례예배에 참여했다. 그의 바람대로 뉴베리포트 장로교회 지하에 그의 시신이 안치되었다. 다니엘 로저스(D. Rogers)가 기도하고 애가에 이어 쥬엣(Jewett) 목사가 감동적인 설교를 했다.

그러나 그의 공식적인 장례예배는 존 웨슬리가 맡았다. 미국으로 떠나기 전 혹 자신이 해외에서 죽을지도 모른다고 생각한 휫필드는, 그렇게 되면 장례예배는 웨슬리에게 부탁할 것을 로버트 킨에게 미리 당부했기 때문이었다. 그리하여 1770년 11월 18일 공식적인 장례식 예배는 웨슬리가 민수기 23장 10절 말씀으로 집전하였다. 그의 죽음의 소식을 들은 찰스 웨슬리가 이렇게 노래했다:¹⁰

---

9   달리모어, 상게서, 1159.
10 달리모어, 상게서, 1178.

제 1 5 장

준비된 설교자 휫필드: 그의 경건생활과 사역

휫필드는 천로역정을 남긴 존 번연(J. Bunyan)과 같은 베스트셀러 작가도 아니었고, 루터나 웨슬리와 같은 특정한 교파의 설립자도 아니었다. 그렇다고 더더욱 위대한 정치 혁명가도, 위대한 자선 사업가도 아니었다. 그는 라일이 밝히고 있는 것처럼 '18세기 위대한 전도자로서 단순하고 가식이 없이 오로지 한 가지, 그리스도만을 설교하기 위해서 달려간 사람이었다.'[1] 아니 그리스도 외에는 보이지 않는 그리스도에게 미친 사람이었다. 라일은 휫필드가 이룬 훌륭한 업적을 말하면서 '그가 불멸의 영혼들에게 직접적으로 미친 일들이나 간접적으

---

1   J. C. Ryle and R. Elliot, *Select Sermons of George Whitefield*, The Banner of Truth Trust, London, 1958. 21.

로 성취한 일들은 놀라움을 금치 못하는 것들'이라고 했다.[2] 그가 잉글랜드와 스코틀랜드 및 미국 등지를 다니며 수천, 수만의 사람들을 그리스도께로 돌아오게 한 일이야말로 기독교 역사상 그 누구도 견줄 수 없는 일이다. '그는 마치 단 한번도 헛되이 설교를 한 적이 없는 사람처럼 보였다'고 라일은 존 뉴톤의 말을 소개하였다. 극렬한 라이벌 의식을 가지고 경쟁과 반목과 분열을 일삼고 휫필드의 업적을 가로챈 것이나 다름없었던 요한 웨슬리도 그의 장례식 설교에서 휫필드를 극찬하며 이렇게 말했다: '사도시대 이후 어떤 사람이 그토록 광대한 영역에서 그토록 큰 땅을 두루 다니며 하나님의 은혜의 복음을 증거 했다는 말을 읽거나 들어본 적이 있습니까? 어떤 사람이 그토록 많은 청중을, 그토록 많은 죄인들을 불러 회개에 이르게 했다는 말을 읽거나 들어보았습니까? 무엇보다도 하나님의 손에 귀한 도구로 쓰임 받아 그토록 많은 죄인들을 어둠에서 빛으로, 사탄의 권세에서 하나님에게로 이끌어 간 사람에 대해서 읽거나 들어본 적이 있습니까?'[3]

그의 웅변력이나 전달력도 남달라서 당시 영국 최고의 배우로 인정받는 데이빗 케릭(D. Carrick)은 그의 재능을 부러워하며 이렇게 말했다고 한다: "'오'라는 말을 휫필드처럼 할 수 있다면 100기니를 내놓을 것이오.' 더 나아가 '그가 '메소포타미아(Mesopotamia)'라는 단어의 발음을 달리하는 것만으로도 청중을 울리기도 하고 웃기기도 할

2　상게서, 22.
3　A. Dallimore, 조지 휫필드 전기, 오현미 역, 복 있는 사람, 2015. 1170.

수 있다.'⁴ 그의 설교 전달 능력의 탁월함에 대해서는 그를 객관적으로 평가하고자 하는 사람들 누구도 부인할 수 없는 것이었다. 설교의 역사 연구에 있어서 독보적인 존재인 에드윈 다간(E. Dagan) 박사는 '사도시대 이래 설교의 역사에서 휫필드보다 더 위대하거나 더 가치 있는 이름은 없다'고 잘라 말하였다.⁵ 이처럼 휫필드에 대한 찬사는 이루 말할 수 없이 많다. 혹자는 최고의 설교자로서 휫필드는 34년 동안 공식적인 설교만 무려 1만 8천여 차례 했으며, 그 외에 크고 작은 모임에서 한 '권면'까지 포함하면 무려 3만 회 이상의 설교를 했다고 추정한다.⁶ 휫필드를 자신의 유일한 목회의 롤 모델로 삼고 사역을 감당해온 설교의 황태자 찰스 스펄전(C. Spurgeon) 목사도 '휫필드의 영광스러운 발자취를 따른다는 것은 도저히 감당 못할 일일 것'이라고 했다.⁷

휫필드가 당한 육체적 정신적 고통과 아픔은 가히 사도 바울의 경험과 크게 다르지 않다.

"그들이 그리스도의 일꾼이냐 정신 없는 말을 하거니와 나는 더욱 그러하도다 내가 수고를 넘치도록 하고 옥에 갇히기도 더 많이 하고 매도 수없이 맞고 여러 번 죽을 뻔하였으니 유대인들에게 사십

---

4 달리모어, 상게서, 1190.

5 E. C. Dargan, *A History of Preaching*, vol. 2, Baker, 1954, 307.

6 휫필드가 '권면'이라고 칭한 비공식적 설교를 포함해서 제임스 스티븐 경은 3만 회 혹은 4만 회에 걸친 설교였으며 30여 년 동안 1년에 약 1천회 이상의 강설을 했을 것이라고 한다(달리모어, 1182).

7 달리모어, 상게서, 1196.

제15장 준비된 설교자 휫필드: 그의 경건생활과 사역

에서 하나 감한 매를 다섯 번 맞았으며 세 번 태장으로 맞고 한 번 돌로 맞고 세 번 파선하고 일 주야를 깊은 바다에서 지냈으며 여러 번 여행하면서 강의 위험과 강도의 위험과 동족의 위험과 이방인의 위험과 시내의 위험과 광야의 위험과 바다의 위험과 거짓 형제 중의 위험을 당하고 또 수고하며 애쓰고 여러 번 자지 못하고 주리며 목마르고 여러 번 굶고 춥고 헐벗었노라 이 외의 일은 고사하고 아직도 날마다 내 속에 눌리는 일이 있으니 곧 모든 교회를 위하여 염려하는 것이라"(고후 11:23-28).

횟필드와의 개인적인 친분을 바탕으로 하여 횟필드의 사역에 대한 글을 남긴 스코틀랜드 글라스고의 길리스(Gillies) 박사는 이렇게 말했다: '그는 이렇게 사람들을 만나고 신앙적 의무를 이행하는 일정이 쉼 없이 반복되고 그 일에 바쁘게 몰두하는 데서 가장 큰 즐거움을 느꼈다… 그리고 괴로운 일이나 고통스러운 상황을 만날 때는 설교가… 그의 만병통치약이요 기도가 모든 시련의 위대한 해독제였다.'[8] 과연 역사상 어느 설교자가 이렇게까지 할 수 있단 말인가? 그는 설교 때문에 지치고 쓰러졌지만 동시에 설교 때문에 오뚝이처럼 벌떡 일어난 사람이었다.

그의 설교 능력에 대한 하나의 에피소드를 더 소개하고 본론으로 들어가고자 한다. 그가 영국 귀족들에게도 큰 영향을 미친 것에 대해

---

[8] 달리모어, 상게서, 1171-72, 이탤릭체는 필자의 것임.

서는 헌팅톤 백작 부인이 그 산 증거이다. 그녀가 주도한 모임에 참석한 귀족 중에는 체스터필드(Chesterfield) 경이라는 사람이 있었다. 그는 '영국의 키케로(Cicero)'로 알려진 대단한 사람이었는데, 그가 횟필드의 설교를 듣고서는 '그의 웅변에는 경쟁 상대가 없고 그의 열심은 고갈될 줄 모른다'며 횟필드의 설교 능력에 찬사를 보냈다. 그 후로 그는 횟필드가 세운 토트넘 코트가 예배당에 자주 출석했는데, 횟필드가 한번은 설교 중 죄인의 참상을 설명할 때에 늙고 눈먼 거지에 빗대어 말한 적이 있었다. '이 노인은 작은 개 한 마리를 줄에 묶어 데리고 다니며 안내를 받고, 지팡이로 땅을 두드려 가며 그 감각으로 길을 찾아다닌다. 그런데 이 노인 바로 앞에 있는 커다란 웅덩이 가장자리에 이르렀을 때는 지팡이마저 그 노인의 손에서 빠져나갔다. 그는 지팡이를 찾으려고 더듬더듬 앞으로 나가고 그의 발은 웅덩이 위 허공을 대딛으려 한다. 바로 그 순간 노인이 처한 곤경을 머릿속으로 상상하며 완전히 몰입해 있던 체스터필드는 자기도 모르게 벌떡 일어나 소리쳤다, "빠져요! 노인이 빠진다고요!"'[9]

나는 여기서 질문을 던지지 않을 수 없다. 그의 설교의 능력과 언어 구사력과 전달 능력 혹은 상상력은 다 어디로부터 비롯된 것인가? 무엇이 그로 하여금 그토록 많은 사람들을 회심케 하고 주님께로 돌아오게 하는 위대한 설교자가 되게 했을까? 물론 열매는 주님의 주권적인 역사로 말미암는 것이기 때문에, 횟필드 자신에게 공을 돌릴 수는 없

---

9 달리모어, 상게서, 908, 1036 참고.

다. 그를 사용하여 많은 사람들을 어둠에서 빛의 나라로 들어가게 하신 분은 그를 부르시고 함께 하여주신 성령 하나님의 역사이기 때문이다. 그러나 성령께서 그를 통하여 그토록 강력한 역사를 이루셨던 근저는 없었을까? 물론 인간적으로 천부적인 재능을 떠올릴 수 있을 것이다. 그가 어려서부터 연극적인 재능을 가지고 있었음을 그의 초년기의 삶에서 엿볼 수 있다. 분명 사람들을 설득하는 재주가 남달랐을 것이다. 그러나 그것만으로 그의 엄청난 사역의 열매들을 다 설명할 수는 없을 것이다. 그것만으로 가능하다면, 영국의 '키케로'로 알려진 체스터필드 백작 같은 인물들을 하나님이 사용하셔서 영혼들을 건지는 일을 하게 하셨을 것이다. 하나님은 학벌이나 문벌 좋은 자들을 선호하시지 않으신다. 도리어 정반대로 지혜 없는 자, 가지지 못한 자, 멸시 받는 자, 힘 없는 자들을 들어서 사용하신다(고전 1:26-28 참고). 따라서 사도들과 마찬가지로 휫필드 역시 하나님께로부터 받은 천부적인 재질만이 아니라, 인간적인 측면에서 그가 남들보다 뛰어난 자기 훈련이 뒷받침되었다고 말하지 않을 수 없다. 그것은 규칙적으로 그리스도와 합하여 걸어간 그의 경건생활의 실천이었다. 그의 모든 사역의 효과는 그가 가진 영적 파워하우스, 즉 경건의 능력이 그 원천이었다. 그렇다면 그는 어떤 경건훈련에 힘썼을까? 이것이 본 장의 주 내용이다.

1. 개인 경건훈련

휫필드의 개인 경건훈련은 옥스퍼드 대학 생활 이전부터 실천해

왔다. 17세 때 그가 회심한 것으로 보면, 비록 온 몸으로 그런 확신을 가지지는 못했을지라도 그의 『이야기』와 일지에 수록된 내용들이 그것을 증명하고 있다. 그는 회심을 경험하기 이전인 16세 때부터 헬라어 신약성경을 읽었다. 그 성경 지식을 토대로 자기 고향에 있는 비국교도 모임을 인도하는 토마스 콜(T. Cole)이 설교할 때, 그는 그의 설교가 지어낸 이야기인지, 성경에 근거한 사실적인 것인지를 분별할 수 있을 정도로 분별력이 남달랐다.[10]

그는 경건 실천에 있어서 단순히 도를 닦는 듯 홀로 즐기는 것으로 그치지 않았다. 그는 그가 믿고 있고 알고 있는 것을 그대로 실천한 사람이었다. 그가 그리스도 안에서 새로운 피조물이 되었음을 고향 사람들에게 나타내보였던 한 사례를 달리모어는 이렇게 소개하고 있다: '순회 공연단이 글로스터에 온다는 소식을 듣고 그는 윌리암 로의 『무대 오락의 절대적 불법성』이라는 요약본을 썼고… 소년 시절에 저지른 사소한 도둑질을 기억하고 있던 휫필드는 재정적으로 여유가 생기자마자 곧 배상을 했으며, 배상하는 물건과 함께 자신의 잘못을 고백하는 편지를 써 보냈다.'[11]

휫필드는 한 발 더 나아가 다음과 같은 경건훈련의 구체적인 목록을 만들어 일기에 적어놓고 매일 자기 점검을 해갔다: ① 개인기도에

---

10 그는 어린 시절 토마스 콜 목사를 많이 골려주거나 조롱했었다. 한번은 그 목사가 시무하는 교회 성도 중 한 사람이 '넌 이담에 커서 뭐가 될래?' 라고 묻자 '나는 목사요 하지만 콜 노인처럼 설교단에서 이야기를 지어내는 짓은 절대 하지 않을 거예요!' 라고 대답했다고 한다. 달리모어, 상게서, 62.
11 달리모어, 상게서, 94.

열심이었는가? ② 정해진 기도 시간을 활용했는가? ③ 시간 시간마다 탄식하며 기도했는가? ④ 신중한 대화나 행동을 전후하여 그것이 얼마나 하나님의 영광에 이바지했는지 따져 보았는가? ⑤ 뭐든 즐거운 일이 있었을 때 즉시 그것에 대해 감사했는가? ⑥ 계획을 세워서 오늘 하루 할 일을 했는가? ⑦ 모든 일에 간결하고 침착했는가? ⑧ 내가 할 수 있는 선한 일에 열심히 임하여 적극적으로 행했는가? ⑨ 모든 말과 행동에서 온유하고 유쾌하고 상냥했는가? ⑩ 교만하거나 뽐내거나 상스럽거나 혹은 남을 부러워하지는 않았는가? ⑪ 먹고 마심에 있어 침착했는가? ⑫ 로(William Law)의 규칙에 따라 감사하는 시간을 가졌는가? ⑬ 부지런히 공부했는가? ⑭ 누군가에 대해 불친절한 생각이나 말을 하지 않았는가? ⑮ 모든 죄를 다 고백했는가?[12]

    일반적으로 경건훈련에 있어서 가장 핵심은 날마다 성경을 읽고 기도생활을 잘 실천하는 것이다. 휫필드 역시 다른 그 어떤 책들보다 영혼의 양식이요 음료인 성경을 부지런히 읽었다. 이와 같은 습관은 그의 생애 전체에 나타나는 일이었다. 회심한 후부터 이 일에 엄격한 자기 훈련을 실천하였다. 그는 매일 새벽 4시면 일어나 헬라어 성경과 매튜 헨리(M. Henry) 주석을 곁에 두고 기도하며 강도 높게 성경을 연구했다. 이러한 노력의 결과 그보다 헨리의 주석에 정통한 사람이 없을 만큼 인정을 받았다.[13] 그의 일기를 보면, '매일 아침 5시부터 6시

---

12 달리모어, 상게서, 94-95.
13 달리모어, 상게서, 1188 참고. 실제로 휫필드는 '헨리의 주석집은 나를 훈련시키는 데 얼마나 긴요한 수단이었는지 모른다'고 말했다. 97쪽 참고.

혹은 7시까지 헨리의 주석 책을 이용해 성경을 공부했고, 때로는 오전과 오후에 또 한번, 그리고 저녁에도 예외 없이 한 시간이나 두 시간씩 이 책을 공부했다.' 그리고 '그 날 읽고 묵상한 말씀의 본질적 메시지가 정말 자기 영혼의 일부가 될 때까지 영어와 헬라어로 한 줄 한 줄, 한 단어 한 단어에 대해 기도를 하였다'[14]라고 기록하고 있다. 이렇게 주석을 연구하며, 기도로써 오랜 시간의 준비의 과정을 거쳤기에 설교를 준비할 여유조차도 없는 분주한 순회 설교사역에서도 끊이지 않고 은혜와 생명의 말씀이 그의 입을 통해 쏟아져 나올 수 있었던 것이다.

결국 휫필드가 많은 사람들을 은혜로 회심케 한 설교를 할 수 있었던 비결은 회심한 이후부터 한번도 거르지 않고 규칙적으로 행한 말씀묵상과 기도생활 축적에 기인한 것이다. 일주일에 40시간 이상을 설교해야 했던 그의 힘은 다 이러한 경건훈련에서부터 나온 것이다. 그의 영적 훈련은 그의 영적 능력의 발원지였다.

회심을 하기 직전에 가진 사순절 기간 동안에만 36시간 동안 금식기도를 했고 여관업을 운영하는 어머니를 도우면서도 샤를 드렐링쿠르(1595-1669)의[15] 죽음의 두려움을 물리치는 그리스도의 죽음관이나 그 외에 실제적으로 신앙에 도움이 되는 책들을 읽으면서 개인 경건의 시간을 가졌다. 그리고 하루에 2차례씩 꾸준히 공 예배에 참석했

---

14 달리모어, 상게서, 97.

15 샤를 드렐링쿠르 목사는 프랑스 개신교를 이끈 지도자였고 파리에서 개혁교회를 목회했다. 그는 요리문답을 비롯한 많은 저서를 남겼으나 그중에 휫필드가 읽은 책은 1651년에 출판된 것으로 영어로 번역되어 잉글랜드에서 아주 잘 알려진 책이었다.

다.[16] 그 후로도 일 년 내내 일주일에 2차례 36시간 동안 금식기도를 하며 영성을 쌓았으며, 사순절 때는 40일간 금식하다가 생명을 잃을 뻔한 경험을 하기도 했다. 그리고 매일 하루에 7차례씩 기도했었다. 이러한 실천적 습관은 회심한 후에도 더욱 굳게 다져졌다. 극도의 자기 의지의 발로에서 실천했던 것들을 이제는 철저하게 은혜의 역사로 감당하는 것이었지만, 그 강도는 결코 약해지지 않았다. 도리어 왕성해지고 그 안에서 영적인 희열이 넘쳤다.

오늘날 설교자들의 설교에서 능력이 나타나지 않고, 메시지 자체가 깊이가 없는 가장 큰 원인이 있다면, 그것은 철저한 말씀연구와 기도생활을 등한이 하고 있기 때문이다. 말씀에 대한 기본적인 지식이 너무 결핍되어 있고, 말씀연구 하는 시간이나 기도시간은 턱없이 부족하다. 교회 업무 혹은 노회나 총회 행정적인 일들과 정치적 사안들에 분주하게 돌아다니기 바쁘다. 동역자들과의 만남에서조차 업무적인 대화 외에 영적인 대화와 함께 기도하는 시간은 거의 가지지 못한다. 홀로 가지는 개인적 경건생활이 있다고는 하지만 새벽기도회 등 의무적 행사가 대부분이고 주님과 더 가까워지며 그 말씀과 더불어 씨름하는 시간은 많지가 않은 것이 사실이다.

설사 말씀을 연구하고 준비하는 것이 있어도 그것이 심령의 변화나 회심의 자리로 이끌지 못하고 있는 것은, 목사의 말씀연구와 설교사역이 단지 교회 성장의 한 도구로 여겨지기 때문이다. 설교는 교회 성장

---

16   달리모어, 상게서, 70.

의 도구가 아니라, 영혼구원의 도구이다. 심령을 새롭게 하여 변화를 받아서 하나님의 법에 굴복하게 하는 도구인 것이다. 인간의 모든 이론과 하나님을 대적하는 사상들을 다 그리스도의 발 앞에 굴복케 하는 하나님의 강력한 도구이다. 그러나 현대 설교 대부분은 사람들에게 감동을 주어서 어찌하든지 교회에 사람들을 채우려는 야망의 수단이 되었다. 하나님의 능력보다 개인의 자질에 더 무게를 두는 것이다.

횟필드는 재학시절 시험 통과를 위해 어쩔 수 없이 '나의 공부 계획'이라는 준비작업에서 매일 이른 아침 한 시간, 낮에 한 두 시간, 그리고 저녁에 또 한 두 시간씩 성경을 읽는 일을 실천했다. 그러면서도 그는 이렇게 말했다: '오직 하나님의 말씀만을 다시 읽을 수 있는 시간은 언제 오려나? 세상 어떤 책도 책 중의 책인 성경책에는 비할 수 없다!'[17] '이제 나는 하루에 세 번씩 기도와 시편으로 찬송하며 매주 금요일마다 금식하고 대학 근처 교구교회와 캐슬에서… 한 달에 한 번씩 성찬을 받기 시작했다.'[18] 학비를 벌어야 하고 학업을 감당해야 하는 빡빡한 일정 가운데서 시간을 촌음같이 아껴야 했던 습관은 이때 굳어진 습관이었다고 본다. 허튼 시간낭비는 생각할 수도 없었고, 게으름 피우는 학생들을 보면 안타까워한 사람이었다. 물론 이것은 온전히 회심하기 전에 자신의 노력을 의지한 실천이었지만, 그의 이와 같은 훈련은 훗날 그의 사역에 있어서 큰 자산이 되었음은 분명하다. 마

---

17 달리모어, 상게서, 106.
18 달리모어, 상게서 76.

치 사도 바울이 회심 이전에 자신이 율법의 의로 말할 때, 흠이 없었을 정도로 훈련된 것이, 그가 회심한 이후에 하나님의 사역을 하는데 있어서 매우 큰 자산이 된 것처럼 말이다.

횟필드는 자신의 학업을 영위해 가기 위해서는 근로 장학생으로서 일을 하면서 공부를 해야 했다. 그러나 정작 학업과 일을 병행한다는 것이 결코 쉬운 일은 아니었다. 그럼에도 불구하고 신앙의 의무들을 소홀히 하지 않고 더 열심을 다해 실천했다. 횟필드는 스쿠걸(H. Scougal)의 책을 읽고 그리스도의 제자로 살아가는 길을 찾기 위해 몸부림을 쳤다. 밤새 기도하는 일을 비롯하여 심지어 친구들과의 우정을 멀리하고 혼자서 고독의 시간들을 가졌다. 그때 토마스 아켐피스(T. a Kempis)를 비롯한 카스타니자의 『영적 투쟁』 등을 읽었다. 그리고 헬라어 성경을 비롯하여 자신이 읽는 책을 통해서 큰 은혜를 받고, 영적으로 새로워져, 그것을 하나의 기도로 삼아 하나님께 나아갔다. 하나님께 더 가까이 나아가기 위한 혼자만의 격렬한 부르짖음과 눈물의 시간이 많았다. 그러한 피나는 노력을 하면서 얻은 교훈은 스스로의 노력으로는 결코 그리스도의 제자가 되거나 죄로부터의 자유함이나 구원을 획득할 수 없다는 것이었다. 자기 자신의 노력을 신뢰하는 것을 완전히 버리고 예수 그리스도를 통해서 자기 영혼을 하나님의 자비에 맡기게 된 것이다. 하늘로부터 비쳐지는 한 줄기 믿음의 광선이 그에게 확신을 주게 되었다. 그때의 기쁨은 마치 둑을 넘어 범람하는 홍수처럼 그의 영혼을 충만히 덮는 환희의 체험으로 임했던 것이다.

여기서 한 가지 질문을 우리 자신에게 던져보고자 한다. 과연 우리는 휫필드가 했던 것처럼 전심으로 있는 힘을 다해 성경을 사랑하고 연구하고 있는가? 설교 준비를 위해서 성경보다는 많은 인문학 서적이나 과학 서적, 시사 저널 등을 탐구하는 일에 열을 올리고 있지는 않은가? 누가 세상의 지식이 많고, 학식이 있는지 서로 내기라도 하듯이 말이다. 어떤 목회자들은 자신의 취미생활을 위해서, 즉 사진 찍기나 그림 그리기 등에 너무 몰두하는 나머지 성경을 연구하고 기도하는 시간보다 그것에 더 많은 시간을 할애한다고 한다. 체력단련을 위해서 골프나 축구나 족구, 탁구 혹은 등산에 이르기까지 참으로 열심을 다한다. 이러한 것들이 죄라고 할 수는 없지만, 말씀연구와 기도하는 시간을 가지는 것보다 더 많고 더 열정적인 것이라면 우리는 재고해야 할 것이다.

아무 유익이 없는 만남에는 돈과 시간 투자를 아까워하지 않는다. 그러나 함께 기도하고 함께 말씀을 연구하는 일에는 바쁘다는 핑계거리를 찾을 뿐이다. 기도는 각자 하는데 굳이 모여서 기도할 필요가 있는가 하고 오히려 반문한다. 그러나 이것은 참으로 어리석은 생각이다. 마치 사적 예배하는 시간을 매일 가지고 있기 때문에, 공적 예배에는 등한히 해도 된다고 말하는 것과 같다. 하나님을 독대하는 시간을 많이 가지되, 동시에 합심하여 기도하는 시간이 필요하다. 오순절 마가다락방의 성령의 역사는 함께 모여 기도할 때 이루어졌다.

설교자들은 자신의 의견이나 생각을 전달하는 자들이 아니다. 그렇다고 사람들의 공통된 관심사에 깊은 조예를 가지고 탁월한 식견으로 여론을 조성해가는 자도 아니다. 설교자는 오로지 기록된 말씀을 잘 풀어 증거 하는 자여야 한다. 영적 양식이요 음료인 하나님의 말씀을 풍성하게 공급해 주는 자인 것이다. 그러기 위해서는 하나님의 계시의 말씀에 능통한 자여야 한다. 취미생활이나 체력단련에 능통한 식견이 성경 지식과 신학적 견해보다 더 월등해서는 아니 될 것이다. 다른 방면에 남다른 지식을 가지고 있어도 목사가 하나님의 말씀에 무지하다면 목사를 그만 두어야 한다. 반대로 다른 분야에 부족한 면이 있어도 하나님의 말씀에 능하면 그런 지도자를 귀히 여기고 그에게 순종해야 한다.

훗필드가 말한 대로 그리스도의 심판 날에 우리들의 모든 사역의 옳고 그름이 판단될 것이다. 그때 상당수 제자들이 주님께 전혀 알지 못하는 자들로 나타날 것이며 누가 진짜 그리스도인이고 누가 가짜 그리스도인인지 명확하게 선이 그어질 것이다. 말씀 때문에 핍박을 받고 고난의 길을 즐거움으로 달려간 자들은 의로운 해가 떠올라서 그 모든 상처를 치유해 줄 것이다. 외양간의 송아지가 기뻐 뛰노는 것처럼 기뻐하며 주님의 영광의 품 안에 안기게 될 것이다. 그 날을 생각하며 기록된 말씀에 충실한 사역자들이 되어야 한다.

훗필드는 개인 경건만이 아니라 소명에 대한 자기 점검도 철저했다. 그가 처음 안수 받고 목사로 나서고자 했을 때, 그는 국교회에 충실했기 때문에 매월 16일에 죄에 대해서 은밀히 금식하는 날로 정하여 지키기 시작했다. 그때마다 그는 성공회 신조인 39개 조항을 살펴보고, 그리고 성경말씀에 비추어 검증한 뒤에 목회자에게 요구되는 자격 조건을 엄격하게 검열했다. 또한 대학시절 홀리 클럽에서 활동하면서, 그가 하나님의 백성들과 고난 받는 것을 잠시 죄악의 낙을 누리는 것보다 더 좋아하는 길을 선택하였다. 그는 주님의 대의를 위해 모든 것을 견디면서 세상을 포기하고 자기를 부인하며 믿음의 동지들과 함께 끝까지 십자가를 지는 길을 가되, 더불어 살며 죽기로 맹세까지 하기도 했다.[19] 이것을 지키고자 훗날 웨슬리 형제들과의 갈등과 반목, 그리고 분열을 겪게 될 때 그토록 괴로워하며 화해와 연합을 추구하였던 것이다.

횟필드의 이러한 실천 사항에서 오늘 사역자들이 교훈 받을 것이 있다면, 장로교회의 신조인 웨스트민스터 신앙고백서를 늘 가까이 하면서 그 신조의 가르침에 충실하게 목회하고 있고, 신앙생활을 하고 있는지를 점검하는 방식이다. 형식과 틀이 무시되고 개성이 강조되는 시대적 풍조에 따라 사람들의 흐름에 민감하게 반응하는 것도 좋겠지만, 그보다 우리들의 신앙고백에 어긋나는 것은 아닌지 점검하는 훈련이 요망된다. 한국 교회 대다수의 문제가 신앙고백과 일치하고자 노력하는 모습이 거의 사라지고 말았다는 점이다. 단지 정치적인 구호용으로만 활용될 뿐, 개 교회 목회 현장에서, 그리고 성도 개개인의 삶의 현장에서 신앙고백서의 적용은 찾아보기 힘들다.

또한 횟필드는 목회를 준비하는 과정에서 홀리 클럽의 회원이 됨으로써 얻은 큰 유익이 그 회원들과 더불어 성경을 공부하되 기본적으로 헬라어로 하였고 다양한 연령층의 박식한 인물들의 글을 읽고 토론하는 것이었다. 횟필드는 대학에 입학해서 첫 11개월을 뺀 나머지 모든 시간에는 그와 같은 경건생활과 학문적 토론을 통해서 설교

---

19 달리모어, 상게서, 82-83 참고. 달리모어는 찰스 웨슬리가 횟필드의 경건 실천 사항을 보며 기록한 시를 소개한 것이다.

자로서 필요한 지적 훈련을 잘 다졌다고 볼 수 있다. 단 한 시간도 낭비하지 않는 클럽의 엄격한 규율을 스스로에게 엄격하게 적용하였다. 이것이 그의 평생 습관이 되어서 그토록 큰 위업을 남길 수 있는 토대가 되었던 것이다.

그에 비해서 오늘의 목회자들은 함께 연구하고 함께 기도하는 시간을 거의 갖지 않는다. 같은 교회 교역자들끼리라도 교류하면서 신학적인 이탈을 서로 방지하며 말씀에 충실하고자 노력하는 모습이 서로에게 필요하다. 그러할 때 하나님의 역사는 배가 될 것이다.

휫필드의 경건 실천을 보면서 신학생 시절에 우리가 어떻게 준비해야 할지, 부교역자 시절에 어떤 준비를 해야 할지, 목사가 되어서 동역자들과 어떤 교류를 해야 할지를 진지하게 고민하지 않을 수 없다. 휫필드에게 있어서 '사역자란 반역하는 세상 앞에 서서 하나님을 대변하는 무서운 직분이었다.' 그래서 그는 '오 저를 보내지 마소서 저는 갈 수 없습니다'라고 부르짖었다. 얼굴에 땀을 비처럼 쏟으며 몸부림치는 날들을 보낸 후에, 하나님의 명령에 순종하는 길을 갔다. 그러면서 '뭇 영혼들의 유익과 하나님의 영광만을' 자신의 유일한 행동원칙으로 삼았다. 그의 경건생활을 '행동하는 경건', 혹은 '실천적 경건'이라고 말하는 이유가 바로 여기에 있다. '그는 자발적 가난을 선택하여서, 가진 것은 모두 가난한 이들에게 주었다.'[20]

참된 경건이란 무엇인가? 성경은 이렇게 답한다: "하나님 아버지

---

20 달리모어, 상게서, 1176.

앞에서 정결하고 더러움이 없는 경건은 곧 고아와 과부를 그 환난 중에 돌아보고 또 자리를 지켜 세속에 물들지 아니하는 그것이니라"(약 1:27). 휫필드는 자기 자신을 위한 부와 영광을 충분히 축적할 수 있는 위치에 있었다. 그에게 기부되는 거액의 유산도 있었고 그가 맘만 먹으면 얼마든지 모금을 할 수 있었다. 그의 설교를 통해서 은혜를 받은 사람들이 그가 원하기만 하면 뭐든지 할 용의가 있었다.

고아원 설립 기금 모금을 위한 집회에 참석했던 미국의 유명한 인쇄업자요 과학자요 외교관이었던 밴자민 프랭클린의 일화가 있다. 그가 휫필드 사역에 관심을 가진 것은 고아원 구상이었다. 기독교가 말은 많고 실천은 별로 없다는 것에 대해서 불만을 가지고 있었는데, 마침 휫필드가 고아원을 짓겠다고 하니 그에게 관심을 가지게 된 것이다. 그런데 고아원이 세워질 장소가 당시 미개한 상태로 남아 있는 조지아라는 것이 그의 불만이었다. 따라서 그곳보다는 보다 나은 안정된 곳에 설립하는 것이 낫다는 생각에 이번에 휫필드의 기금 모금에 전혀 기부하지 않기로 미리부터 작정하고 예배에 참석했다. 그러나 휫필드의 강력한 설교는 그의 결심을 흔들었다. 마음이 누그러져 주머니에 있는 동전 몇 닢을 기부해야겠다고 생각했다. 조금 뒤 그는 은화를 내기로 마음먹었고, 또 조금 후에는 금화를 내야겠다고 생각했다. 그리고 결국 그는 이렇게 말했다. '나는 주머니를 탈탈 털어 모금함에 넣고 말았다. 금화까지 모두!'[21] 그는 진정으로 휫필드를 존경했고 사랑했

21　달리모어, 상게서, 1090. 참고

다. 그런 그가 구원을 받았는지에 대해서는 회의적이지만[22] 그는 평생 횟필드의 지지자로 살았던 것은 틀림없다. 요점은 이것이다.

횟필드는 능히 사람들의 마음을 사로잡는 능력을 가진 자였다. 사이비 교주들처럼 행동하지 않고도, 언제나 원하는 것을 청중들로부터 끄집어낼 수 있었음에도 불구하고, 그는 아무 것도 가지지 않았다. 물론 그는 모든 것을 가진 자처럼 살았음이 틀림없다. 그는 무척 검소하게 산 경건한 사람이었다. 그가 목사 안수식을 받은 날 주교 공관에서 축하 연회가 있었다. 식탁 위에 펼쳐진 진수성찬을 보고는 마음속으로 비난하면서, 그의 일기에 그때의 상황을 이렇게 기록하였다: '주교님의 만찬장에서 다행히 육욕을 억제했다… 어쩌면 내 생각이 너무 경직된 것일 수도 있지만, 그래도 무슨 수를 써서라도 주교님을 이끌어 금욕과 자기 부인의 한 예를 볼 수 있게 해 주고 싶었다. 버넷 주교와 마찬가지로 나는 주교의 식탁에서 사치를 몰아낼 수 있기를 바랄 뿐이다.'[23]

그가 미국의 조지아에 갔을 때 프레데리카 교구 사역자의 자격으로 1년에 50파운드의 사례금을 받게 되었는데, 그는 이것조차도 받기를 거부했다.[24] 이유는 하나님께서 자신의 필요를 채워 주실 것을 바라보

---

22 달리모어가 소개한 그의 고백, '횟필드 씨는 정말로 나의 회심을 위해 기도했지만, 그 기도가 하나님의 귀에 들렸다고 믿을 만한 만족스러운 회답은 없었다'라고 한 말 때문이다 (상게서, 1103).
23 달리모어, 상게서, 113.
24 달리모어, 상게서, 130.

고자 했기 때문이다. 하나님이 부르신 것이 분명하다면 자신의 필요도 능히 공급하실 것이라는 믿음 때문이었다. 물론 이는 지나친 행위요 오만함이라고 비난을 살 수도 있는 일이었다. 그러나 휫필드의 요점은 사람들에 연연해 하지 않고 오직 부르신 주님만을 앙망하고 의지하겠다는 표현의 행동이었다. 분명한 것은 이러한 행동이 자신에 대한 명백한 소명의식과 하나님에 대한 확고한 신뢰가 없으면, 결코 실행하기 힘든 결단이라는 것이다. 그렇다고 해서 목회자가 사례비를 많이 받는다고 해서 소명이 부족하고, 하나님에 대한 믿음이 부족하다는 말은 절대 아니니 오해가 없길 바란다. 모든 주의 종들의 상황과 형편이 다 다른 것이고, 무엇보다 또한 주의 일을 열심히 하고 받는 대가는 참으로 감사한 일이다. 이것 또한 하나님이 주의 종들에게 은혜로 주신 것이기 때문이다. 그러므로 모든 목회자가 교회에서 주는 사례를 거절하고 오직 하나님이 주시는 것으로만 살아야 한다고 말해서도 안 된다. 요는 휫필드에게 있어서 이러한 행동은 세상의 모든 안위와 안락은 다 내려놓고 오직 부르신 주님만을 바라보고 가겠다는 의지의 표현이었다. 그에게 주님 외에 더 귀하고 소중한 것은 없었다. 휫필드는 하나님의 이름과 그의 영광을 위하여, 그리고 그분의 뜻을 이루기 위하여 자신의 안위와 평안을 기꺼이 내던졌다. 그는 우리의 부유함을 위하여 스스로 가난해지신 예수님을 본받았다.

경건은 말씀하신 하나님, 부르신 하나님, 함께 하시는 하나님을 날마다 경험하는 것이다. 신뢰하는 것이다. 이것이 없으면 우리 스스로의 만족에 의존하는 생명이 없는 종교생활을 할 뿐이다. 그 당시 성직자들의 삶을 보면 형식주의 혹은 냉소주의에 빠져있었으므로 통렬한

멸시의 대상이었다: '성직자들의 대다수가 세속에 물들어 있었고, 자신의 본분이 무엇인지 알지도 못하고 신경도 쓰지 않았다… 그들은 사냥을 다니며 총도 쏘고, 농사도 짓고, 욕설도 하며, 술에 취하고 도박도 했다. 그들은 예수 그리스도와 그분이 십자가에 달려 돌아가셨다는 사실만 빼고는 세상 모든 것을 다 알기로 작정한 것 같았다. 그들이 모이는 것은, 보통 교회와 왕을 위해 건배하고 세속적 생각, 편견, 무지 가운데 의례적인 말로 서로를 추켜세우기 위해서였다. 이들이 자기 집으로 물러가는 것은, 될수록 아무 일도 하지 않고 가능한 한 설교도 하지 않기 위해서였다. 설교라도 할라치면 그것은 말로 다할 수 없고 설명할 수 없을 정도로 형편없는 설교여서 차라리 그들이 빈 의자에 대고 설교했다고 생각하는 게 마음 편했다.'[25]

횟필드의 설교를 처음 들은 당시 귀족 중 한 사람인 볼링브룩 경은 그에게 달려와 '신의 속성을 아주 제대로 다루었다'고 평한 사람이었다. 그가 얼마 후에 헌팅턴 부인에게 보내는 편지에서 밝히기를 '횟필드 씨는 우리 시대의 가장 특별한 사람입니다… 그는 능력도 상당하더군요, 누구도 막을 수 없는 그 열심, 그 순전하고 더할 나위없는 경건과 탁월성이라니'라고 언급하면서 당대 횟필드를 못 마땅하게 여기던 주교들과 성직자들에 대해서는 '성직자들 중에는 솔직히 선하거나 정직한 이가 별로 없으니까요'라고 평가했다.[26] 경솔함과 무지함과 배

---

25 달리모어, 상게서, 133. 귀족들 역시 당대 성직자들 중에는 정직한 자가 거의 없고 대부분이 거짓말을 잘 하는 자들로 간주하였다. 이탤릭체는 필자의 것임.

26 달리모어, 상게서, 908.

교가 그들의 삶의 특징이었고, 속물적인 모습들로 인해 사제들은 세간에 비난의 대상이었다. 그렇지만 믿음이 있는 사람들의 눈에 비친 휫필드의 사역과 삶은 수많은 이들을 그리스도 앞으로 나오게 하는 실로 그리스도의 향기를 발하는 아름다운 것이었다. 어둠이 짙게 깔려있을 때 빛의 유용함이 더 찬란하듯이 말이다.

오늘날 목회자들의 삶은 어떠한가? 예수 그리스도와 그의 십자가에 못 박힌 것 외에는 아무 것도 알지 아니하기로 작정했다는 사도들의 길과 정반대의 길을 갔던 휫필드 당대 국교회 성직자들과는 다르다고 자신 있게 말할 수 있는 자들이 얼마나 될까? 상당수의 성직자들이 참으로 회개할 일에 일조하고 있는 것은 아닌지 염려된다. 최근에 나는 어느 교회에서 요한복음 3장 16절의 말씀을 가지고 하나님의 사랑이라는 제목의 말씀을 전했다. 그 교회 선임 장로께서 하시는 말씀이, '자신이 이 교회에 출석했을 때가 1980년대부터인데, 지금까지 여느 강사로부터 혹은 목사로부터 이 말씀을 본문으로 삼아 설교를 들은 것은 오늘이 처음이었다'고 했다. 그만큼 복음을 듣기가 매우 힘든 시절임을 반증하는 것이다. 18세기 만이 아니라 오늘 우리들에게도 대부흥이 절실하게 요구된다. 그 길은 우리의 원대로 할 수 있는 것이 아니고, 오직 하나님의 주권적인 역사이지만, 하나님께서는 언제나 시대를 초월하여 주님의 신실한 종들을 통해서 이 위대한 일들을 이루어 가신다.

그렇다면 하나님께서 쓰시고자 하는 분들이 있다면 어떤 사람들이겠는가? 복음에 미친 사람일 것이다. 그리스도께 전적으로 자기 자신을 드리고 그의 영광을 무엇보다 우선시하는 일꾼들일 것이다. 말만 많이 하고 실천은 하지 않는 자들은 분명 아닐 것이다. 길리스 박사는 횟필드가 한 말을 통해서 복음사역자가 어떠해야 함을 증언하고 있다: "복음사역자는 흠이 없어야 한다!" 오해하지는 말자. 횟필드가 흠이 없다는 말이 아니다. 그러나 그는 삶과 가르침이 일치되는 사람이었다. 그것이 경건이다.' 한 스코틀랜드의 장로교 목사는 이렇게 말했다: '그의 삶과 대화는 그가 하는 설교의 복사판이다. 그렇게 박수갈채를 받으면서도 그렇게 겸손하고 온갖 비방과 모욕 가운데서도 그렇게 온유하고 오래 참으며, 원수를 사랑하고 그리스도를 영화롭게 하고 뭇 영혼들을 구원하며, 어떤 경우에도 초조해 하지 않고 하나님의 뜻을 묵묵히 따르며… 그러면서도 모든 일에 늘 찬양과 감사를 드리는 그런 사람을 만난다는 것은 정말 보기 드문 경우이다.'[27]

    그의 경건은 겸손히 하나님과 동행하는 삶이었다. 사실 그는 누구에게나 친절하였고 겸손하였다. 당시의 미국에서 흑인 노예들이 갖은 학대와 부림을 당하고 인격의 존엄성마저 짓밟혀 짐승취급 받던 노예들을 불쌍히 여기며, 그러한 노예들에 대한 행위를 비판했다. 더 나아가 그는 그 누구도 하지 않던 흑인 노예들에게도 다가가서 하나님의 말씀을 전하며, 저들의 영혼을 위해서 기도했다. 아이들에게도 친근히 다가가 하나님의 말씀으로 그들을 교화했다. 그는 귀족과 서민을 차별하지 않았다. 귀족들에게나 일반 서민들에게나 한결같이 예의바른 모습으로 대했다. 특히 그가 귀족들에게 지나치게 자기비하적이라

---

27   달리모어, 상게서, 731. 이탤릭체는 필자의 것임.

고 비난받은 것에 대해서 J. P. 글래드스톤(Gladstone)은 이렇게 항변했다: '그가 이렇게 자기 자신을 변변찮게 여기는… 이유는 그의 강렬한 경건에 뿌리를 두고 있었다. 세상에 그보다 더 보잘 것 없는 영혼은 없었다. 그보다 더 거리낌 없이 만인의 종을 자처하는 사람도 없었다. 천하고도 천한 사람이 눈곱만큼만 친절을 베풀어도 그처럼 감사해 하고 놀라워하는 사람도 없었다. 그는 자신이 모든 사람을 섬겨야 한다고, 모든 이들의 짐을 져주어야 하며 그들의 상실에 대해 함께 울어주어야 한다고 생각했다… 일평생 그는 자신이 뭔가 조금이라도 중요한 사람이라고 생각한 적이 없고, 비할 바 없는 능력에 대해 자부심을 느낀 적도 없다. 그 모든 것을 그저 어린아이처럼 단순하게 누리고 활용했을 뿐이다.'[28]

하나님과 동행하는 그의 겸손한 삶은 그의 인격에 광채와 고결함을 더해 주었다. 휫필드와 하루 저녁을 함께 보낸 제임스 허비는 그를 이렇게 표현하였다: '나로서는 우리 주님을 그토록 아름답게 본받은 사람, 구주의 형상을 그토록 생생하게 보여주며, 하나님 안에서 그토록 기뻐하고 인간에게는 그토록 널리 자애를 베풀며, 하나님의 거룩한 약속을 그토록 흔들림 없이 신뢰하며, 하나님의 영광을 위해 그토록 뜨거운 열심을 보이는 사람을 본 적이 없다. 게다가 이런 그의 태도에는 시무룩한 기색이나 터무니없는 언동이 전혀 없고 더없이 호감가는 쾌활함으로 상대를 기분 좋게 해주며, 그의 모든 행동은 지극히

---

28 달리모어, 상게서, 920.

냉정한 이성과 성경의 지혜로 적절히 조정된다. 그래서 나는 그에게 지혜자라고 찬사를 보내지 않고는 배길 수가 없다… "덕행 있는 남자가 많으나 그대는 모든 남자보다 뛰어나도다"(잠 31:29).'29 그는 '이렇게 오래 살고도 그렇게 한 일이 별로 없다는 사실이 수치스럽다'며 한껏 자신을 낮추었다. 이 시기는 휫필드가 복음사역자로서 한창 명성을 날리던 37세의 나이 때였다. 참으로 고개를 들 수 없게 하는 경이로운 겸손이다. 또한 앞서 휫필드의 장례식에서 언급한 바와 같이 그의 겸손은 평생을 휫필드와 대립관계로 있던 찰스 웨슬리마저도 칭송해 마지않았다:30

제임스 스티븐 경의 표현처럼 그는 '무지한 사람, 불쌍한 사람, 가난한 사람의 유익을 추구하는 것 말고 달리 좋아하는 일이 없었다. 그들을 위해서라면 궁핍 앞에서 뒷걸음질 치지 않았고 모욕당하거나 적대당하는 것을 마다하지 않았다. 그런 부당한 행위에 그는 모든 것을 감내하는 온유함과 거부할 수 없는 사랑이라는 무기로 맞섰다. 그의 자비의 샘은 고갈되는 일이 없었고 오직 밖으로 흘러넘치는 도리밖에 없었다.'31

또한 그의 겸손은 그렇게 위대한 일꾼으로 쓰임을 받으면서도 상대방이 하나님의 사람이라는 확신이 들면 가리지 않고 기꺼이 조언을 구하며 배우고자 했다. 스스로를 하나님의 일에 '풋내기'로 간주하고

---

29 달리모어, 상게서, 922.
30 달리모어, 상게서, 1178.
31 달리모어, 상게서, 1178.

나이 드신 분들의 경륜과 영적 은사를 나눠받고 싶은 마음으로 겸손하게 나아갔다. 그는 항상 숙련된 사람의 훈계를 갈망하였고 교훈들을 귀담아 들었다.

하나님은 겸손한 자에게 은혜를 베푸시고 교만한 자를 물리치신다는 평범한 진리를 휫필드는 그대로 믿고 실천한 사람이었다. 그래서 성품과 행실에 있어서 젊은 날 과격하게 발언하고 거듭나지 못한 목사들은 목사가 아니라고 질책하여 반발을 사고 오해를 불러오기도 했다. 하지만 휫필드는 말만이 아닌, 말씀과 행위가 일치하는 삶을 살고자 본인 스스로 노력했고, 실제로 그는 그러한 삶을 이 땅에서 구현한 이 세대에 보기 드문 목회자로서 그에 대한 비판과 비난은 휫필드에겐 어울리지 않았다. 그는 예수님이 걸어가신 삶을 그대로 살아가고자 했던 온전한 그리스도인이었다.

휫필드에 대하여 중상모략적인 말과 글들이 조지아 주를 비롯하여 미국 동남부 지역에 확산되었을 때, 그를 강력하게 변호해준 찰스턴 독립교회 목회자인 조수아 스미스가 그의 성결한 삶과 기도의 능력, 품격 있는 몸가짐, 이타적인 태도, 부지런함 등을 언급하면서 이러한 글을 남겼다: '자선 행위에 관해 말하자면, 그와 같은 마음을 가진 사람도 별로 없다… 집 없이 떠돌아다니는 고아들, 아버지도 없고 어머니도 없고 돈도 없고 친구도 없는 가엾고 무력한 아이들을 그는 찾아내서 데려와 가족으로 입양한다… 이는 하나님을 아주 기쁘시게 하는 희생이다. 그는 사방으로 다니며 나눠 주고 가난한 이들에게 베푼다.

그러므로 누구도 그를 몰인정한 사람이라고 부르지 말자….'³²

그는 명백한 명예훼손인 것들에 대해서도 대부분 무대응으로 임했으며, 오히려 위해서 기도하였고 심판의 날에 하나님이 판단해 주실 것을 믿고 맡겼다. 툭하면 법정 다툼까지 이어지는 오늘날의 행태하고는 정말 대조가 되는 그의 경건생활이었다. 사람들의 칭찬을 들을 때에도 그는 하나님이 사용하시는 도구보다 하나님을 더 많이 바라볼 것을 주문하였다.³³ 그렇기 때문에 '그는 비난과 욕설에도 끄덕하지 않았다. 욕을 먹을 때 그는 욕으로 응수하지 않고 모든 원수들을 위해 진심으로 기도했다. 그래서 진리에 대적하던 사람이 오히려 그 진리를 향해 마음을 돌이킬 정도였다. 그는 그리스도를 위해 자기 삶을 내놓고, 뭇 영혼들을 섬기는 일에 자신의 삶을 바칠 것이며 또 쓰임 받을 것이라고 자기 입으로 고백하였다. 그런 사람은 사람이 사람에게 줄 수 있는 최고의 사랑과 존경을 받을 만한 자이다.'³⁴ 스미스의 지적처럼 휫필드는 자신을 핍박하는 자들에 대하여 분노를 가지기보다는 도리어 그들을 긍휼히 여겨 기도하는 자세를 취했다. 그리고 핍박자 사울을 회심시키신 하나님께서 그들도 회심시켜 주시기를 소망했다. 하나님은 악을 선으로 바꾸시는 분임을 확신한 것이다. 그리스도 안에서 스스로 바보가 되는 길을 갔다. 그것이 그의 경건의 능력이었다. 특

---

32 달리모어, 상게서, 553.
33 달리모어, 상게서, 431.
34 조지 스미스, 조지 휫필드의 성품과 설교(1740), 달리모어, 상게서, 549에서 인용된 것임.

히 신학적 오류가 있는 자들과의 분쟁이 생길 때에도 성경에 계시된 진리를 분명하게 말하되 '사람에 대한 존경을 잃지 않고 온유와 겸손과 사랑으로 할 수 있는 은혜를' 달라고 늘 기도하였다.

그는 '온 세상이 자신의 교구'라는 거대한 꿈을 안고서 주님이 그를 부르시면 어디든지 가서 영원한 복음을 선포할 준비가 된 사람이었다. 그의 유일한 슬픔은 '그리스도를 위해 더 이상 아무 일도 할 수 없게 되는 것'이었다.[35] 그러한 일이 발생되지 않기를 갈망하며 교만해지지 않기 위해서 항상 자기를 성찰하는 일을 게을리 하지 않았다. 따라서 그는 동역자들에게도 '책뿐만 아니라 자기 마음도 연구할' 것을 촉구하였다. 그는 '하나님께서 보시는 모종의 흑암 가운데 있는 죄, 타락한 인간 본성 안에 존재하는 죄, 그리고 무엇보다 그 자신의 마음속에 거하는 죄'를 면밀하게 살피며 주님 앞에서 씨름하기를 주저하지 않았다. 한 때는 이것이 너무 심하여 자신이 쓸모없는 무자격자라는 의식 때문에 은퇴를 하는 것이 최선이라는 생각도 자주 했었다. 그를 비방하고 모욕했던 대적자들의 행위들을 오늘날 우리가 받는다면 극단적인 방법을 택할 수도 있는 극심한 상황이 빈번하게 발생되었지만, 그는 그때마다 자신에게 주어지는 하나님의 능력으로 나간다면 그 모든 공격들을 물리치고 승리할 것을 확신하였다. 끊임없이 눈물로 나아가며 어디론가 사라져버렸으면 좋겠다는 유혹들 가운데서 '비할 바 없

35　달리모어, 상게서, 429.

는 열심과 불굴의 용기로 엄청난 대중 앞에 섰던' 횟필드였다.[36]

그는 언제나 죄책의 무게에 대해 깊이 자각하고 있었다. 그것이 그로 하여금 주님의 십자가를 더욱 붙들게 하는 자리로 나아가게 했다. 그 실천적 훈련은 하나님의 거룩한 자비를 수없이 많이 경험하게 했다. 그 경험에서 죄인들에게 하나님의 은혜의 품 안으로 들어올 것을 촉구하였고 그리스도 안에서 자유함을 맛보게 했다. '그는 자기 자신의 죄를 대수롭지 않게 여기는 사람이 과연 다른 사람의 구원에 간절히 관심을 가질 수 있을 거라고 보는가?'라고 반문하면서 '위선적인 망나니들은' 하나님께서 사용하지 않는다는 것을 천명하였다.[37] 그렇기 때문에 그는 항상 속에 내주하고 있는 죄성과의 싸움을 포기하지 않고 자기 성찰을 냉철하게 수행했다.

한편 횟필드는 무엇보다 하나님 앞에 바르게 서지 못한 자들이 하나님의 거룩한 성직을 행한다는 것에 대해 분노하며, 그런 자들을 향해 거침없이 질책한다. '눈먼 안내자가 교회로 보냄을 받았다는 것을 생각할 때 몸속에서 심장이 피를 흘리는 것 같은 느낌이었다'며 잘못된 교회 지도자가 사람들의 영혼을 황폐화할 것에 대해 큰 우려를 표명하고 있다. 그러면서 예수님의 진리를 설교하지도 않고 그 진리대로 살지도 못하는 국교회 성직자들을 향하여 이렇게 외쳤다: '그리스도의 영광과 뭇 영혼들의 유익을 조금이라도 생각한다면 나팔처럼 목

---

36 달리모어, 상게서, 432 참고.
37 달리모어, 상게서, 588 참고.

소리를 높여야 할 것이다. 우리 국교회 사역자들이 종교개혁의 교리에서 얼마나 멀리 이탈했는지를 세상에 알려야 할 것이다.'[38]

따라서 그는 생기가 없는 회중들을 보면서 그 이유를 '죽은 것과 다름없는 목회자들에게 설교를 시켰기 때문'이라고 일갈한다. '죽은 사람이 어떻게 살아 있는 아이를 낳을 수 있겠는가? 사실 하나님은 당신께서 뜻하시기만 하면 마귀를 시켜서도 사람을 회심시키실 수 있다. 그리고 회심치 않은 목회자를 통해서도 그렇게 하실 수 있다. 그러나 나는 하나님께서 그 목적을 위해 마귀나 회심치 않은 목회자를 들어 쓰시는 경우는 거의 없다고 생각한다. 그렇다. 하나님은 복된 성령의 역사를 통해 당신께서 쓰시기에 합당하게 만들어진 그릇을 선택하신다. 내 입장을 말하자면 세상이 천 번 바뀌어도 나는 회심치 않은 사람에게는 안수를 하지 않을 것이다.'[39]

회심치 않은 자들은 거룩하지 못한 자들이요 거룩하지 못한 자들은 하나님을 뵐 수 없는 자들이니 그런 자들이 설교를 한다고 할 때, 성도들은 하나님을 만나기는커녕 하나님이 임재하지 않는 저주의 자리에 나아가게 되는 것이다. 그러므로 '회심치 않은 목회자들', 화평함과 거룩함을 추구하지 아니하는 목회자들은 '기독교회의 독소'라는 그의 말은 정당하다.

휫필드의 경건은 가식이 없는 참된 것이요 위선이나 흉내 또는 모

---

38 달리모어, 상게서, 590.
39 달리모어, 상게서, 592.

조품이 아니라 진짜 능력임을 다음의 한 글에서도 증명된다. 그가 요한 웨슬리 진영이 주장하는 완전주의와 논쟁을 펼칠 때, 몇몇 지인에게 보낸 편지에서 이렇게 말했다: "친애하는 나의 친구여, 그(그리스도)가 거룩하신 것처럼 우리도 거룩하며 그가 행하신 것처럼 우리도 행하기를 힘씁시다. '더욱 그리스도를 닮았는가? 더욱 온유하고 더욱 오래 참는가? 나의 행위가 나의 지식과 일치하는가? 나는 내 주변 사람들을 밝히고 타오르게 하는 빛인가?' 이러한 것들을 날마다 자신에게 질문하도록 하십시오."[40] 이것은 모든 그리스도인들이 날마다 자기를 성찰하는데 유용하게 쓰일 수 있는 잣대일 뿐 아니라, 경건의 능력이 어떠한지 나타내는 것이 될 것이다. 목회자나 성도는 거룩함을 찾기 힘든 시대에 구별된 하나님 나라의 시민권자로 살아가는 백성들이어야 한다. 무엇이 그렇게 만드는가? 말씀과 기도뿐이다. 그렇기 때문에 회심한 설교자, 경건의 모양이 아니라 경건의 능력이 있는 설교자들이 더 없이 필요하다.

휫필드는 경건생활의 힘을 사역의 현장에서 직접 체험했기 때문에, 쉼 없이 계속되는 사역 가운데서 발생한 육체적인 질병의 고통 속에서도 개의치 않고 꿋꿋이 앞만 보고 하나님의 일을 중단 없이 할 수 있었다. 육체의 모든 쇠약함을 그는 경건의 힘으로 극복하고자 했다. 따라서 자신의 몸이 산산 조각나 쓰러질 때까지, 그리스도를 선포하는 일에 매진할 것임을 온 몸으로 보여주며 온 몸으로 실천했다. 자신

---

40 달리모어, 상게서, 701.

을 이렇게 사용하시는 하나님을 오히려 찬양하면서 말이다.

2. 휫필드의 경건과 독서

휫필드는 쉼이 없는 복음사역의 인생을 살았다. 그것도 정착된 사역이 아닌, 머나먼 넓은 대륙을 바다를 건너 항해하며 복음을 전파하는 데 그의 일생을 바쳤다. 마치 기계를 오래 작동하면 마모되어 결국은 못쓰게 되듯이, 그의 몸도 대륙과 대륙으로 이어지는 계속되는 복음사역에 점점 파리해지고 쇠약해져 결국 쓰러지고 몸져누워 일어날 수 없는 상태가 되었음에도, 그의 복음사역은 중단되지 않았다. 아니, 곧 저 너머의 아름다운 나라에서 만날 주님을 기대하며, 더 담대히 말씀을 전파했다. 뿐만 아니라, 동역자와 그리스도 안에서 한 형제자매인 믿음의 사람들과의 소통에도 게을리 하지 않았다. 빈부귀천 지위고하를 막론하고 수많은 사람들을 만나고, 활발한 서신왕래를 통해서 신학적 입장을 전하고, 격려하고 권면하는 일을 쉬지 않고 감당했다.

그러한 가운데서도 눈에 띄는 것은, 과중한 사역과 바쁜 일정 속에서도 그는 일정한 시간을 내서 틈틈이 독서하는 일을 게을리 하지 않았다. 매일 아침 4시에 일어나 연구 시간을 가졌다. 이륜마차를 타고 이동할 때는 마차 안에서도 책을 읽었다. 그는 당대의 중요 복음주의적 출판물들을 늘 곁에 두고 읽었다. 그렇게 하여 그는 종교개혁자들과 청교도들의 글에 정통했으며 해박한 지식을 소유할 수 있었다. 한번은 하버드 대학 도서관의 화재로 그 안의 책들이 모두 소실된 적이 있었다. 그는 영국의 지인들에게 도서목록을 보내어 구입하여 보내달라고 요청했다. 목록 안에 적힌 구체적인 책의 종류는 알 수 없지만, 그의 독서력이 없었다면 불가능한 일이었을 것이다. 풍성한 독서량은 그의 설교 내용에도 반영되어 그의 풍부한 식견과 맞닿아 설교를 더욱 깊이 있고 설득력 있게 전달하는 데 큰 역할을 했을 것이다. 일주일에 40시간 내지 60시간을 설교할 수 있었던 비결이 여기에 있다. 그의 설교는 그의 방대한 독서로 인해 더욱 빛을 발했다.

'성경과 헬라어 신약성경, 그리고 자기 앞에 펼쳐져 있는 다양한 청교도 서적과 함께 무릎 꿇고 앉아 있던 시간은 활력 넘치는 설교사역을 위한 준비였다. 매튜 헨리의 주석이라는 우물에서 배부르게 물을 마셨던 탓에 그가 대중 앞에서 토해 놓는 말은 그 위대한 주석가의 생각과 별반 다르지 않았다. 그 생각은 휫필드 자신의 마음과 영혼 속에서 그의 것으로 흡수되어 사역을 준비하던 시절이나 실제로 설교를 하던 시절 할 것 없이 자연스럽게 밖으로 쏟아져 나왔다.'[41]

그의 이 같은 경건훈련과 독서습관은 베데스다에 대학을 설립하여 운영하고자 할 때, 그 수칙에도 잘 반영되어 있다. 그 내용은 달리모어의 전기 1146-7쪽에 상세하게 언급되어 있는데, 학생들이 읽어야 할 도서목록을 직접 만들어 학생들에게 책읽기를 권장하고 있다. 이는 신학생들을 위한 목록이 아니라 일반학생들을 위한 것이었지만, 당대에 활용 가능한 신학서적들이 어떤 것들인지 그 면모를 엿볼

---

41 달리모어, 상게서, 147.

수 있다. 매튜 헨리(Matthew Henry), 필립 도드리지(Philip Dodridge), 기즈(Guise), 버킷(Bucket), 클라크(Clark)의 주석, 윌슨(Wilson) 사전, 프랑케(Francke) 교수의 성경연구 안내서, 필립 도드리지의 신앙의 기원과 진보, 토마스 보스턴(T. Boston)의 인간본성의 4중 상태, 그의 언약에 관한 저서, 그리스도의 의에 관한 젠크스(Jencks)의 저서, 홀(Hole)의 묵상집, 존 에드워드(J. Edwards)의 설교자, 조셉 트랩(J. Trap)의 신구약 성경론, 매튜 폴(M. Pole) 주석, 로봇 레이튼(R. Layton)의 베드로전서 주해, 존 피어슨(J. Pearson)의 사도신경 강해, 조나단 에드워드의 회복된 진리, 존 오웬(J. Owen)과 존 번연(John Bunyan)의 도서 등이 목록에 담겨 있다.

횟필드는 학생들에게 매일 오전 5시 30분에 아침기도회로 시작해서 밤마다 저녁기도회를 가지게 함으로써 영성을 쌓는 일에 게을리 하지 않게 했고, 읽고 쓰고 말하는 예의범절을 강조하였으며, 1년에 세 번(부활절, 성령강림절, 성탄절) 전교생에게 학칙을 읽어주게 했다. 오락은 금지하였고 시편 찬송 외에는 그 어떤 음악도 허용되지 않았다. 무엇보다도 원아들과 학생들에게 국교회 신조인 39개 조항을 배우고 외우게 했다.42

그의 독서력과 관련하여 그가 얼마나 독서를 통해 명확한 진리를 분별하고 있었는지를, 잉글랜드 국교회에 대한 그의 공헌을 언급하는 라일의 고백을 통해서, 우리는 충분히 짐작할 수 있다: '그는 종교개

---

42   달리모어, 상게서, 1146-47 참고.

혁자들에 의해서 가르쳐진 교리들을 끊임없이 선포하였고, 신앙고백서와 강론을 반복적으로 언급하였다. 그리고 영국의 최고 신학자들의 신학들을 말했다. 그로 인해 많은 사람들로 하여금 생각하게 했으며, 그들 자신들의 원칙들이 무엇인지를 곰곰이 헤아리게 만들었다. 따라서 영국 국교회 복음적인 진영의 발흥과 발전은 다 횟필드로부터 나와서 고동치는 것들이다.'[43] 그는 믿음의 선배들을 통해서 내려진 교훈들을 책을 통해서 자신의 것으로 만들었으며, 그것을 통하여 교회를 더욱 공고히 세우는 사역을 감당할 수 있었다. 그는 전 복음을 설교했으며, 전 복음을 설교한 그대로 살았고, 그 모든 복음을 확산시키는데 평생을 헌신했다.

평생 동지로 함께 일한 사람 중 하나요 웨일즈의 부흥운동에 크게 기여한 하웰 해리스가 횟필드를 처음 만나서 하루를 함께 보내고 쓴 글에서 그는 횟필드에 대해 이렇게 묘사했다: '12시경 개인적으로 만났다. 하나님께서 우리를 위해 이루신 일에 관해 대화를 나누었다. 나의 영혼이 천국으로 충만했다. 그곳에서 횟필드 형제와 함께 잠자리에 들었다… 그는 나보다 더 금욕적이어서 거의 1년 동안 하루에 3,4시간밖에 잠을 자지 않고, 하루 종일 무릎을 꿇고 살며, 늘 성경을 읽고 말씀에 근거하여 기도했다.'[44] 이러한 성경적이고 교리적이며 실천적인 경건생활이 뒷받침된 횟필드의 사역의 현장에 그토록 많은 열매

---

43 J. C. Ryle and R. Elliot, Ibid., 23.
44 달리모어, 상게서, 284.

들이 맺힌 것은 당연한 귀결이었다.

복음사역자로서 그에게서 배울 교훈은 무엇인가? 달리모어는 그의 책 말미에서 역사 속에서 휫필드가 차지하는 위치를 설명하고 나서 그로부터 배울 교훈을 기술했다.[45] 첫째, '휫필드는 복음의 능력에 대해 우리에게 말해준다.' 구속의 은혜의 복음, 이 복음에 대한 강력한 확신을 가지고 반이교도들이나 다름없는 자들에게 설교했다. 250여 년 전에 필요했던 이 복음은 지금도 여전히 유효한 것이다. 복음을 전할 줄 모르는 자는 설교자가 아니요 참 그리스도인이라고 보기 어렵다. 둘째, '휫필드는 설교의 탁월한 역할에 대해 우리에게 말해 준다.' 성경적 설교는 성경에 바탕을 둔 메시지요 설교는 토론이 아닌 선포인 것이다. 대화가 아니라 주 여호와께서 말씀하신다고 단언하는 것이다. 경건의 능력이 없는 설교자들로서는 이 같은 사역이 불가능한 것이다. 셋째, 휫필드는 참된 신앙부흥을 우리에게 말해준다. 현대 교회 지도자들은 인위적인 쇼맨십, 선정적인 음악과 드라마 등을 의지하고 교리나 신앙적 바탕이 전혀 없는 신앙고백을 이끌어내려고 한다. 그러나 참된 부흥은 '하나님의 주권적 역사요 강력한 성령 부으심의 역사'이다. 진리에 깊이 뿌리를 내리게 하는 자가 진리의 일꾼이다.

45　달리모어, 상게서, 1198-1200. 참고

3. 나가는 말

One point ministry 원장이신 스티븐 로우슨(Stephen Lawson) 박사는 작년에 그가 행한 〈왜 조지 횟필드인가?〉라는 강연에서 8가지 이유를 제시하였다.[46] 첫째, 횟필드는 오직 그리스도를 향한 헌신자였다. 그는 그리스도께 전적으로 자신을 드린 사람이었다. 그는 그리스도와 깊이 동행한 사람이었다. 많은 목사들이 강단을 말씀으로 채우려는 것 대신에 예배당에 사람들로 채우려고 애쓰고 있다. 그러나 횟필드는 그리스도로 충만한 강단을 만들었다. 그것은 그가 매일 아침마다 말씀과 기도로 씨름하는 것에서부터 나온 것이다. 둘째, 횟필드는 순수한 복음, 타협점이 없는 복음만을 전했다. 그는 어디를 가든 중생과 피 묻은 십자가, 빈 무덤, 승천하신 구세주 그리스도를 전했다. 그는 사람들이 듣기 좋아하는 것들에 대해서 말하지 않고 사람들이 들어야 할 것들만 말했다. 우리의 죄, 우리의 더러운 심령, 회개의 필요성, 구주 예수 그리스도, 성령과 믿음 및 거룩함에 대해서 설교했다. 그의 설교는 명확하고 단순하였다. 머리로는 그리스도를 소유하고 있지만 마음에는 소유하지 못한 자들에게 통렬하게 회개를 촉구하고 그리스도를 소유해야 함을 역설하였다. 셋째, 횟필드는 열정을 다해 설교했다. 잠든 교회를 깨우려면 큰 소리로 외쳐야 한다면서, 종종 목이 상하고 그로 인해 피를 토하는 데까지 이르러도, 그는 사력을 다해 설

---

46 The Power of God in George Whitefield's Life - Stephen Lawson, Youtube에서 들을 수 있음.

교했다. 그는 타오르는 불길이었다. 경건의 능력이 뒷받침되지 않고서는 불가능한 일이었다. 메마른 뼈들이 살아나게 하는 강력한 불이었다. 넷째, 횟필드는 초월자에 대한 깊은 신학적 이해를 가진 자였다. 다섯째, 그는 영혼을 건지는 추수꾼으로서 구령의 열정을 소유한 사람, 사람 낚는 어부였다. 여섯째, 그는 불굴의 정신을 가진 사람이었다. 그를 죽게 한 것은 강단이었다. 그러나 동시에 그를 살린 것도 강단이었다. 그는 하나님의 말씀을 전하다 죽는 것을 최상의 복으로 여겼다. 설교하다가 생을 마친 이유가 그것이었다. 그는 먹기 위해서 산 것이 아니라, 살기 위해서 설교하기 위해서 먹은 자였다. 일곱째, 그는 위로부터 임하는 초자연적인 능력을 부여받은 자였다. 단순히 진리를 말하는 것과 설교하는 것 사이에는 엄청난 차이가 있다. 정통 교리를 잘 말할 수는 있지만 설교가 아닌 경우가 참으로 많이 있다. 횟필드는 설교가 무엇인지를 보여준 사람이었다. 그는 설교 스타일을 개조한 사람이었다고 해도 틀리지 않는다. 존 뉴톤은 1770년에 횟필드의 설교 방식에 대해서 이렇게 말했다: '주님께서는 횟필드에게 독특한 설교방식을 주셨다. 그는 누구도 모방하지 않았고 나는 그의 설교 방식을 제대로 흉내내는 사람을 한번도 본 적이 없다… 친숙한 말솜씨, 몸짓에 담긴 힘, 아주 무관심한 사람들조차도 이야기에 주목하게 만드는 경이로운 재능 등, 그의 설교를 들어본 사람에게는 굳이 설명할 필요도 없고, 그의 설교를 들어본 적이 없는 사람에게는 아무리 설명해도 헛일일 것이다… 살아 있는 어떤 사람도 횟필드 같은 방식으로는 할 수 없을 것이다… 그는 복음의 메시지가 면밀하고도 생생하게 사람의 양심으로 스며들게 하는 방식을 도입했으며, 내가 믿기로 이 시대의 가장 훌륭하고 걸출한 설교자들은 자신이 그런 면에서 휫필드에게 빚진 자라는 사실을 부끄러워하거나 그 사실을 부인할 수 없을 것이다.'[47] 마지막 여덟째, 휫필드는 자기를 살피는 겸손한 사람이었다고 평가하였다. 그의 겸손은 이미 우리가 앞에서 살펴보았다. 그처럼 위대한 사람이 자신을 철저히 낮추고 오직 그리스도만을 높여드리기에 힘썼다. 자신은 사라지고 오직 그리스도만 나타나게 하려는 일관된 그의 태도가, 오늘날까지 사람들의 가슴을 울리는 일꾼으로 남아 있는 이유가 아닐까 생각한다.

왜 휫필드인가? 라는 질문에는 충분히 답이 되었을 것이다. 그보다 한 세기 전에 스코틀랜드에 살았던 사무엘 루터포드(S. Rutherford, 1600-1661) 목사를 가리켜서 사람들은 그가 '항상 기도하고 있고, 항상 설교하고 있고, 항상 병자를 심방하고 있으며, 항상 학교에서 가르치고 있고, 항상 뭔가를 쓰고 있고, 항상 읽거나 연구하고 있다'[48]고 한 것과 같이 휫필드의 삶 역시 그와 유사하다. 휫필드가 휫필드인 것은 하나님께로부터 부름을 받은 자로서 인도함을 확실히 받았다는 것이다. 그리고 그는 그 인도하심에 어떤 변명이나 항변도 하지 않고 묵묵히 주어진 하나님의 일에 순종했다. 사람의 의지나 생각으로가 아니라 철저히 기록된 말씀으로 인도받았고 그 말씀 앞에 순종의 본을 보였다. 그 일을 더욱 빛나게 하기 위해서, 아니 지극히 작은 자 중에 더

47　달리모어, 상게서, 1195-96.
48　Alexander Smellie, *Men of the Covenant*, London: Andrew Melrose, 1909, 65.

작은 자에 불과한 자신을 사용해 주시는 주님을 더욱 드러내고 영광을 크게 돌리기 위해서 스스로를 죽이는 훈련을 줄기차게 감당했다.

횟필드의 사역은 말씀을 깊이 탐구하고 기도하며 헌신하려 하기보다는 사역의 단물만 마시기를 원하는 이들에게 깊은 도전을 던져주고 있다. 그는 끊임없이 기도했고 부지런히 연구했으며 쉴 새 없이 말씀을 전하였다. '주님을 위해서 아무 것도 할 수 없는 것이 그의 인생에 있어서 가장 슬픈 일'이라는 그의 고백이 보여주듯, 어떠한 고난과 고통 가운데에서도 하나님의 일을 감당한다는 그 자체가 그에게 있어 가장 큰 행복이었고, 기쁨이었다.

자신을 추종하는 자들이 있을까 염려하여 일찍부터 수장 자리를 포기하였고 자신의 이름으로 그 어떤 조직도 허용하지 않았다. 그는 참으로 하나님의 충성스러운 일꾼이었고, 진정 그리스도의 심장을 품은 사람이었다. 스스로를 무익한 종으로 여기고 하나님의 도구에 눈과 귀가 쏠릴 것을 염려하여 도구에 관심을 기울이지 말고 그를 도구로 쓰시고 계신 주님을 더욱 바랄 것을 촉구하였던 횟필드, 그를 그렇게 사용하신 하나님께 존귀와 영광을 돌린다. 그리고 이 시대에도 희어져 추수하게 된 밭에서 담대히 권세 있게 그러면서도 겸손하게 일할 추수할 일꾼들을 보내달라고 간구한다.

제 １ ６ 장

설교자로서 휫필드:
그의 설교사역의 특징

1. 설교자로서 조지 휫필드

사도 바울 이후로 기독교가 낳은 최대의 설교자요 전도자라 평가받는 휫필드, 그의 설교사역의 특징을 눈여겨보는 것은 설교자로서 당연한 것이다. 설교는 신학의 종합예술이다. 그 속에 성경신학과 조직신학, 역사신학이 다 융해되어 하나님의 살아 있는 말씀으로 청중에게 다가간다. 설교자는 자신의 의견이나 생각을 개진하기 위해서 강단에 선 자가 아니다. 그의 입에 넣어주신 주인의 말씀을 대언하는 자이다. 성경의 진리를 선언하는 것이다. 그렇기 때문에 설교자는 말씀에 능통한 자여야 한다. '존 번연의 몸에 어디를 찔러도 그 몸에서 흐르는 피가 말씀의 피였다'는 스펄전의 평가처럼 모든 설교자들이 그래야 한다. 설교자는 복음을 전하라고 부름을 받은 자이기 때문에, 그로부터 복음의 진리가 끊임없이 흘러나와야 한다. '믿음은 들음에서 나며 들음은 그리스도의 말씀으로 말미암았느니라'고 성경은 분명히 말씀하고 있기 때문이다(롬 10:17). 그렇기 때문에 말씀을 전파하도록 부름을 받은 자들이 그 말씀을 들려줌으로써 청중은 믿음으로 주님의 이름을 부르게 된다. 누구든지 그의 이름을 부르는 자는 구원을 얻는다(롬 10:13). 이 일에 가장 모범을 보인 사역자를 지목하라면 단연 휫필드이다.

물론 앞서 그의 사역에서 살펴본 바와 같이, 그는 한 지역 교회에 머물면서 목양에 전념한 사람은 아니었다. 그는 평생을 순회설교자로 살았다. 그는 진정한 의미에서 전도자였다. 지금은 존재하지 않는다고 믿고 있는 '사도, 선지자 및 복음 전하는 자'의 반열에 있었다고 해도 부정할 사람은 거의 없을 것이다. 그만큼 그는 사도적 권위를 가지고 외친 선지자였고 전도자였다. 과연 그는 어떻게 설교를 했을까? 음향시설이 전혀 없었던 그 시대에 어떻게 그는 수만 명 앞에서 설교를 할 수 있었을까? 상상이 가지 않는 일이지만 그의 생애를 보면서 그 비결을 읽을 수 있다.

본 장은 설교자로서 주님의 말씀을 맡은 이 시대의 주의 종들에게, 휫필드가 붙들었던 설교관을 제시하고자 한다. 동일한 주님을 모시고 동일한 성경을 전하는 자들의 이 시대 사역 현장에도 휫필드가 경험한 하나님의 영광스러운 임재하심이 가득하게 나타나기를 갈망한다. 이 글에서는 그의 사역의 현장에 대해서 언급하지는 않을 것이다. 이것에 대해서는 이미 앞의 생애 부분에서 살펴본 바 있기 때문이다. 또한 설교사역의 열매를 낳게 한 원천이 무엇이었는지에 대해서도, 이 또한 그의 경건생활을 다루면서 살펴보았기 때문에, 본 장에서는 역시 다루시는 않을 것이다. 다만 여기서는 그의 설교의 특징 중 신적인 요소, 즉 성령의 부어주심의 역사와 그가 설교자로서 혹은 전달자로서 가진 그의 천부적인 열정과 은사 부분이 어떠했는지를 눈여겨보고자 한다.

물론 이 모든 것도 다 그에게 종합적으로 뒤섞여 나타나는 것이기 때문에 따로 떼어서 설명한다는 것은 쉬운 일이 아니다. 그리고 이미 그의 설교를 분석하는 글들은 참으로 많이 있다. 최근에 그의 설교사역을 조명하면서 한국인으로서 박사학위까지 받은 사람도 나왔다.[1] 권호는 이 논문에서 휫필드의 효과적인 설교사역에는 연극배우적인 특성이 있음을 지적했다. 그가 가진 매혹적인 음성과 자연스러운 몸동작, 상상력의 시각적 효과를 제시하였다. 그리고 수사학적인 특성도 제시했는데, 전하고자 하는 것에 대한 명확한 설명과 질의 및 격렬한 감성적 표현 등을 언급하였다. 그리고 신학적 기초를 언급하면서, 그가 옥스퍼드 대학에서 회심에 대한 체험과 인간에 대한 이해, 전적인 은혜의 교리를 굳게 붙들었음에 근거를 두었다. 마지막으로는 종교적인 문화적 영향도 다루었다. 당대의 종교적인 형식주의를 예리하게 간파하고 중생체험을 강조한 것이 먹혀들었다는 것이다. 학문적인 접근으로 쓸 수밖에 없는 논문이지만, 아쉬운 것은 신적인 요소, 그의 설교에 부어진 성령의 강력한 나타남과 능력에 대한 언급이 별로 없었다는 점이다. 그러한 물리적인 요소를 다 갖추었다고 해서 휫필드

---

[1] 권호, *The Foundations of George Whitefield's Effective Oratory*, Ph, D Thesis of Southwestern Baptist Theological Seminary, 2011.

가 경험한 역사가 동일하게 나타나는 것은 아니기 때문이다. 기독교 역사 속에서 하나님께서 당신의 교회를 위하여 하신 엄청난 일들에 대한 영적인 설명은 그의 설교를 다룸에 있어서 결코 빠트려서는 안 되는 대목이다.

나는 그의 설교사역에 대하여 기본적으로 그의 신학적 배경을 먼저 살펴보고자 한다. 그리고 그의 설교의 주된 내용들 및 성령의 역사하심 가운데 나타나는 전달 효과 등을 소개하면서 그의 설교사역의 진면목을 들여다보고자 한다.

2. 신학적 배경

휫필드의 신학적 배경은 기본적으로 하나님의 절대 주권을 강조하는 칼빈주의 신학이었다. 물론 그가 처음부터 칼빈주의를 견고하게 붙든 것은 아니었다. 그는 초기 홀리 클럽 회원들과 함께 공유했듯이 하나님의 값없이 베푸신 은혜에 대해서 잘 이해하지 못하였다. 금욕적인 생활을 통해서 자기 스스로 구원에 이르겠다는 열정을 가지고 종교생활에 깊이 몰두했었다. 그리고 홀리 클럽의 규율을 철저하게 지켰다.

그러나 헨리 스쿠걸의 『인간의 영혼 속에 있는 하나님의 생명』이라는 책을 통해서 하나님께 값없이 받는 은혜가 무엇인지를 경험하게 되었다. 그 후로 그는 율법과 엄격한 규율과 생활수칙에 매이지 않는 그리스도 안에서의 진정한 자유함을 얻게 되었다. 주님의 은혜로 그의 계명을 지키는 자발적 순종에 이르렀다. 두려움과 공포심에 의한 복종이 아니라, 은혜 받은 자로서의 기쁨에 찬 순종이 되었던 것이다. 결국 그는 1739년에 이르러서 '오직 믿음으로만 의롭게 된다'라는 개념에 분명한 확신을 가지게 되었다. 이때부터 이 진리들을 기초로 삼아서 구원에 대한 하나님의 의도가 무엇인지를 확립한 칼빈주의 신학체계를 가지게 되었다. 그리고 자신을 더욱 전적으로 주님의 능하신 손에 맡기면서 '나는 주님의 것, 오직 주님만의 것입니다'라고 외치며 더욱 확신 있게 복음사역자로서의 주어진 사명을 충실히 감당해갔다.[2]

그가 속해 있고 사랑한 국교회의 39개 신조들은[3] 대부분 교리적으로 칼빈의 종교개혁 사상을 채택한 것들이었다. 휫필드는 그 신조들을 늘 읽고 묵상했고 그 내용을 익히 알고 있었다. 그러나 그가 회심하기 전까지는 그 내용들을 잘 이해하였다고는 할 수 없다. 왜냐하면 그의 대학 초기 생활의 종교적 습관들은 칼빈주의라기보다는 알미니안주의에 더 가까웠었기 때문이다. 그는 은혜의 교리에 대한 분명한 확신을 가지면서, 철저한 칼빈주의자들이었던 스코틀랜드의 어스킨 형제들과의 편지 교류나[4] '젠킨스(Jenkins)의 책, 중생에 관한 해먼드의

---

2   달리모어, 휫필드의 전기, 복 있는 사람, 오현미 역, 2015, 100.

3   39개 신조는 1552년에 켄터베리 대주교인 토마스 크랜머와 런던 주교인 니콜라스 리들리에 의해서 만들어진 42개 신조였다. 그러다가 1563년과 1571년에 개정되어 현재까지 사용되고 있는 성공회의 신조로서 교리적인 부분은 대체로 칼빈주의 신앙을 담고 있다. 교회 정치 체제는 감독주의를 채택하고 있고 로마가톨릭의 예전의식을 답습하고 있다. www.churchsociety.org/⋯/Cway_064_Allister1 참고

4   어스킨이 보낸 장문의 편지는 광범위한 성경주해와 깊이 있는 추론을 곁들인 칼빈주의 교리를 언명한 신학논문과 같았다고 한다. 달리모어, 상게서, 434.

책, 토마스 보스톤의 『인간 본성의 4중 상태』, 랄프 어스킨의 『설교집』, 존 에드워드의 『설교자』' 등을 읽으면서 칼빈주의 신학적 체계를 견고히 세워갔다고 볼 수 있다. 특히 그는 존 에드워드의 『설교자』를 읽고 이렇게 말했다: '여기 오직 믿음으로만 의롭게 된다는 것, 그리스도의 전가된 의, 우리에게 자유의지는 없다는 것 등에 대해 그 대학인들 앞에서 공공연히 고백한 장대한 선언문이 있으니 가히 황금 글자로 기록해 둘 만한다.'[5]

이와 같은 독서들을 통해서 휫필드는 칼빈주의 신학을 그의 신앙 체험 속에 녹아내리게 했다. 그리하여 한때 신학의 동지로서 절친했던 웨슬리와의 신학적 견해차이로 인한 갈등 상황 속에서도 흔들림 없이 말씀으로 체득화 된 바른 신학적 지식을 견고히 따를 수 있었다. 그는 단지 그의 신학을 머리로만 이해한 것이 아니라, 가슴으로 체험하였다. 이것은 그의 설교사역에서도 그대로 드러나 이른바 경험적 설교라는 그의 설교의 특징을 잘 말해주고 있다.

특히 그는 주 예수 그리스도께서 자신의 의라고 하는 사실에 깊이 감격해 하며, 사탄은 결코 그를 고소할 수 없음을 담대하게 말했다. 왜냐하면 그 의의 옷은 자기 자신이 만든 것이 아니라, 주님의 의의 옷을 입고 있기 때문이다. 자신은 그러한 은혜를 입을 만한 자격이 없음에도 불구하고 하나님이 무한한 자비로 의의 옷을 입게 하셨으며, 이 의는 곧 하나님이 값없이 주신 은혜로운 선물이라는 것에 그는 감사와

---

5 달리모어, 상게서, 434.

찬양으로 하나님께 영광을 돌렸다.

이렇게 값없이 은혜를 받았다는 사실은 그를 주님을 향한 사랑으로 더 타오르게 했고, 주님의 일을 향한 열정으로 끓어오르게 했으며, 그의 자녀들을 향한 긍휼의 마음이 그의 사역 속에서 솟구치게 했던 것이다. 그는 어떻게 이러한 진리를 터득할 수 있었는가? 그가 처음 미국에 도착했을 때 이렇게 선언하였다: '내가 믿는 교리는 예수 그리스도와 그의 사도들에게서 취한 것이다. 나는 하나님에게서 그것을 배웠다.' 그리고 그로부터 2년이 지난 후에는 '내가 칼빈주의 체계를 받아들이는 것은 칼빈이 아니라 예수 그리스도께서 그것을 내게 가르쳐주셨기 때문'이라고 고백했다.6

그의 이러한 신학적 확신은 그의 사역의 현장에서 직면한 수많은 환난과 고통의 시간들을 극복해 내는 원동력이 되었다. 그는 그리스도 예수 안에서만 의롭다함을 받게 된다는 '이 교리가 내 영혼을 거룩한 불길로 채우고, 내 구주 하나님께 대해 더 큰 확신을 가질 수 있게 해 준다'며 하나님께 더 확신 있게 나아가게 하는 동력임을 밝혔다. 이어서 '오직 종교개혁의 교리만이 인간을 가장 낮추고 주 예수를 가장 높이는 교리'라고 천명하였다.7

이 교리 안에서 그는 요한 웨슬리로부터 집중 공격을 받은 하나님의 선택교리와 궁극적인 성도의 견인교리를 결코 포기하지 않았다.

---

6   달리모어, 상게서, 435.
7   달리모어, 상게서, 437.

그가 이해한 선택과 인간의 구원 및 성화와 영화의 모든 신학적 체계는 칼빈주의 교리체계와 같은 것이었다: '나는 우리가 성자로 말미암아 성부께 영원히 선택되었고 성자의 보혈을 통해 값없이 의롭다 인정받으며, 그 결과로 우리가 성화되고, 또 이 모든 과정의 결과로 우리가 궁극적으로 견인하게 되고 영화롭게 되는 것을 성령으로써 확신케 하시는 하나님을 찬양합니다. 나는 이 모든 것을 하나님께서 하나로 이어 주셨음을 확신합니다. 이것은 어떤 인간도, 또는 마귀도 갈라놓을 수 없을 것입니다… 내가 확신하기로 하나님께서는 우리가 믿음에서 떨어지지 않도록 종말까지 우리를 지키실 것입니다. 복음을 이런 관점에서 생각하십시오. 그러면 복음이 하나의 일관성 있는 체계로 드러날 것입니다.'[8] 이러한 칼빈주의 교리적 체계는 그가 익히 밝혀온 대로 직접적으로 칼빈의 책들을 읽고 깨달은 진리는 아니었다. 실재로 그는 칼빈의 책을 전혀 읽지 않았다.[9] 그렇다면 어디서 배웠는가? 그것은 단지 자신의 추론적 사고의 결과물로서 얻어진 것이 아니라 성경의 가르침을 통해 몸소 체험한 산지식들이었다.

그러나 간과하지 말아야 할 것은 그가 성경을 연구하면서 매튜 헨리의 주석을 즐겨 사용했다는 사실이다. 매튜 헨리의 주석은 철저하

---

8 달리모어, 상게서, 437.
9 달리모어, 상게서, 616. '아 저는 칼빈이 쓴 글은 아무 것도 읽어본 적이 없습니다. 제가 믿는 교리는 그리스도와 그분의 사도들에게서 받은 것이고, 저는 하나님께 가르침 받았으며 하나님께서 저를 처음 보내시고 저를 처음 일깨우시기를 기뻐하셨던 만큼 지금도 여전히 그리하실 것이라고 저는 생각합니다.' 웨슬리와의 논쟁을 하면서 그에게 쓴 편지 중에서 한 말.

게 칼빈주의 신학을 바탕으로 한 것이기 때문에, 그가 비록 칼빈의 저서들을 직접 접하지는 않았을지라도 그 주석을 이용한 성경읽기는 그로 하여금 칼빈주의 사상체계에 대해 깊숙이 스며들게 만든 것이다. 더욱이 그가 성경을 연구한 방식은 그 말씀의 본질적인 의미를 온전히 파악해서 자기 것으로 완전히 체화될 때까지 읽고 또 묵상하며 기도하는 방식으로 철저하게 행해졌기 때문에[10] 자신이 의식하지 못했을지라도 어느새 그러한 교리체계에 도달해 있었을 것이다. 달리모어는 이렇게 해석하였다: '그는 이따금 칼빈주의라는 말을 쓰기는 했지만, 그 말에 큰 중요성을 부여하지는 않았다. 그는 자신의 신학적 입장이 성경에서 발견한 것이라는 점을 훨씬 더 중시했으며 그 입장을 은혜의 교리라는 표현으로 자주 언급했다.'[11]

철저한 성경연구를 통한 설교자로서 견고한 성경적 지식과 매튜 헨리의 『주석』 책을 통한 신학적 바탕은 그의 구령 열정의 사역이 흔들림 없이 나아가게 한 동력이었다. 달리모어는 이렇게 부연 설명했다: '회심 직후 그는 인간의 마음속에서 이뤄지는 하나님의 역사로서의 구원 개념에 대해 많은 것을 깨달았고, 성경을 연구하고 개혁주의자들과 청교도의 글을 읽으면서 이런 진리들을 영혼으로 확증했다는 것을 알 수 있다. 그는 이런 견해들을 자신의 설교에 점점 명확히 표현했다. 예를 들면 칭의와 영화, 구속의 인침으로 성령께서 내주하시는

---

10 달리모어, 상게서, 97.
11 달리모어, 상게서, 439.

것, 하나님께서 구원하실 특정 숫자로서의 택자, 구원 때 주시는 하나님의 선물로서 그리스도의 의가 전가되는 것이 서로 불가분의 관계로 연결되어 있는 것 등이다.'[12]

3. 설교자로서 소명의식

휫필드에게 있어서 설교사역은 '이방 세상을 향해 하나님을 대변하는 두렵고 떨리는 일'이었다.[13] 그렇기 때문에 하나님께 부름을 받았다는 자기 확신은 모든 설교자들에게 요구된다고 보았다. 부름에 대한 그 확신이야말로 휫필드의 사역에 있어서 항상 영적 권위와 용기를 불어넣는 시발점이었다. 더욱이 목사직은 '반역하는 세상 앞에 서서 하나님을 대변하는 무서운 직분'인데[14] 그 직임에 부름을 받지 않고 감당한다는 것은 있을 수 없는 일이었다. 사도 바울도 그가 쓴 서신의 서두에서 언제나 자신이 부름 받은 자라는 것을 독자들에게 강렬하게 인식시켜 주고 있다(롬 1:1 갈 1:1 고전 1:1 고후 1:1 엡 1:1 등). 특히 '사람들에게서 난 것도 아니요 사람으로 말미암은 것도 아니요 오직 예수 그리스도와 그를 죽은 자 가운데서 살리신 하나님 아버지로 말미암아 사도 된 바울'(갈 1:1)로 소개한 이 말씀은 자신의 사도권을 강력

---

12 달리모어, 상게서, 433.

13 달리모어, 상게서, 102.

14 달리모어, 상게서, 1176.

하게 천명한 것 중 대표적인 것이다.

마찬가지로 휫필드 역시 그가 사람들 앞에 섰을 때, 항상 그리스도 예수의 부름을 받은 일꾼이라는 소명감으로부터 당당하게 외칠 수 있었다. 그의 권위는 하나님의 부르심을 바탕으로 한 하나님의 말씀으로 말미암은 것이었다. 따라서 사람들 눈에 그는 마치 하늘로부터 온 하나님의 사자처럼 보였다.[15] 권세 있고 위엄이 넘친 설교자였다. 그는 신적 소명이라는 관점에서 평신도들이 나서서 설교하는 것을 달갑게 여기지 않았다. 그는 사역자가 되려면 '하나님의 부르심이 있어야 하고 적정한 준비 과정을 거쳐야 하며 안수를 받아야 한다'는 합법적인 과정을 크게 강조했다.[16]

설교자는 하나님이 주신 말씀을 반드시 선포해야 할 책임과 의무가 있는 사람이다. 휫필드는 예정론과 성도의 견인교리 문제, 그리고 완전주의에 대해 웨슬리와 논쟁에 휩싸여 있을 때, 절박한 심정을 이렇게 표현했다: '하나님의 자녀들이 오류에 빠질 위험에 처해 있습니다. 아니, 많은 이들이 오도되고 있으니, 그들은 하나님께서 저의 사역을 통해 공들여 자녀 삼으신 사람들입니다… 그래서 저는 제가 육체를 따라 사람을 알지 않는다는 것, 그리고 나의 주님이요 주인이신 예수 그리스도께 대한 나의 의무를 저버리면서까지 어떤 사람을 고려하지 않는다는 것을 세상에 알릴 수밖에 없습니다.'[17] 설교는 교회의 머

---

15 달리모어, 상게서, 134.
16 달리모어, 상게서, 326.
17 달리모어, 상게서, 689.

리이신 예수 그리스도께서 제정하신 방편이다. 즉, 복음의 말씀 선포는 믿는 자들을 구원하시는 수단인 것이다. 그 일을 위하여 부름을 받은 자가 설교자이니 은혜의 말씀을 분명하고 명료하게 전하는 것이야 말로 설교자로서 최우선적인 책무인 것이다. 횟필드는 이 사명에 온 몸을 던졌다. 오로지 복음을 전파하는 일에 자신의 모든 것을 바쳤다. 그가 복음사역을 감당하면서 평소 고백해 온 말처럼 몸이 쇠퇴하여 닳아 없어질지언정 복음을 전하는 일을 잠시도 멈추지 않았다. 그는 단 한번도 일신의 안위와 평안을 추구하지 않았다. 오히려 주님의 사명을 다하다 죽는 길을 택했다. 마지막 날에 하나님 앞에서 정산해야 할 것이라는 자각이 있었기 때문이다.

위엄 있는 설교자로서 그가 전하는 복음의 위력은 가는 곳마다 하나님의 큰 역사와 은혜로 흘러넘치게 했다. 하지만 그를 사로잡고 있는 소명에 대한 자기 인식은 그로 하여금 교만하지 않고 끝까지 자신을 드러내지 않는 겸손함을 유지할 수 있게 해주었다. 이것이 그를 더욱 위대한 설교자가 되게 하였다. 그는 영원하신 그리스도의 날 아침에 구주 예수께로부터 인정을 받는다는 것이 얼마나 귀한 것인지를 누구보다 잘 알았기에, 이 땅에서 사람들의 찬사와 환호에 결코 마음을 두지 않았다. 그는 이렇게 말했다: '사람의 기준으로 판단 받는 것은 사소한 일이다. 나는 내 주님 앞에서 서든지 넘어지든지 할 것이다. 잠시 후면 우리 모두가 반드시 그리스도의 심판대 앞에 서야 할 것이며, 거기서 나는 내가 설교한 교리들을 엄밀하게 설명하게 될 것

이다.'[18]

휫필드는 하나님의 부름을 받은 복음 선포자로서 죽기까지 충성을 다한 사람이었다. 사람들의 열광적인 반응에 자신을 맡기지 아니하고 자신을 불러주신 주님의 공의로운 판단에 내맡겼다. 이것이 그의 설교사역에서 하나님의 영광을 크게 드높이는 열매들을 맺게 한 기본 원리라고 해도 틀리지 않는다. 어떤 의미에서 그의 사전에 게으름은 없다고 말할 수 있을 정도로 부지런하게 움직였고 일말의 틈도 허용하지 않았다. 그의 일지나 설교집들이 출판되자마자 동이 나고 재판 삼판 들어갈 만큼 엄청난 호응을 얻은 것은, 그의 인간적인 특징도 [19] 한몫했다고 할 수 있지만, 그는 무엇보다도 성령의 큰 능력으로 설교를 했기 때문이다. 그것이 설교자의 권위였다. 그에 대해서 부정적인 생각을 가졌던 버틀러 주교는 '이 나라에 이제 불이 붙었다. 그리고 나는 안다. 지옥의 마귀들이 다 달라붙어도 이 불을 끌 수 없으리라는 것을'[20]이라며 휫필드의 설교사역을 높이 샀다.

---

18 달리모어, 상게서, 152.
19 휫필드는 상당히 정겨운 사람이었던 것 같다. 그는 사랑의 띠로 사람들을 끌어 모으려고 애썼고 다른 사람들을 칭찬하기를 좋아했다. 사람들의 필요도 무엇인지 알고 어디를 가든 의복, 의약품, 책, 철물류, 식료품들을 가지고 다니며 나누어 주었고 이러한 선물들이 있었기에 따스한 환대를 받았다. 그리고 외모적으로도 흰 피부에 곱상한 사람이었고 활기 넘치는 유쾌한 기질을 가지고 있었으며 아주 날렵하게 행동하고 움직이는 그의 인간적 면모도 사람들에게 효과적으로 다가가는 요인이 될 수 있다. 목소리 역시 우렁차고 국직하고 단어와 문장을 완벽하게 발음하는 목소리의 억양과 몸 움직임 등도 무시못할 요소들이다. 달리모어, 상게서, 225, 226, 466.
20 달리모어, 상게서, 281.

그의 설교를 의혹의 눈초리를 가지고 들은 장로교 목사 펨버턴(Pemberton)도 익명으로 기고한 글에서 이렇게 말했다: '내 평생에 그토록 진지하게 집중하는 청중은 처음 보았다. 횟필드 씨는 권위 있게 설교했다. 그가 하는 말들은 다 확실한 입장 표명이었고 그 말에는 생명과 힘이 있었다. 사람들의 눈과 귀가 다 그의 입에 집중했다. 그들은 그의 입에서 나오는 말 한 마디 한 마디를 다 게걸스럽게 집어삼켰다… 나는 이전에 그와 같은 광경을 본 적도 들은 적도 없었다. 그리고 혼잣말을 했다. 하나님이 이 진리의 사람과 함께 계신 것이 분명해… 그는 생생하고 화려한 상상력을 발휘하며… 그의 머리에서는 어떤 상황이든지 그에 알맞은 기억들이 술술 풀려 나오고, 내가 보기에는 메모도 전혀 없이 설교하는 것 같다. 목소리는 맑고 듣기 좋으며 목소리를 구사하는 능력 또한 훌륭하다… 목소리의 억양과 몸의 움직임 하나하나가 다 뭔가를 말하며… 메시지를 전하는 그의 태도가 어떤 기술의 산물이라고 한다면, 그의 이 기술은 완벽의 경지에 이른 것이 분명하다.'[21] 그는 성령 충만한 사람이었다. 그는 예수 그리스도를 알았고 경험한 자였다. 그렇기 때문에 자신의 소명에 충실하되 겸손하게 기도하면서 성령의 나타남과 능력으로 효과 있는 사역을 감당할 수 있었다.

---

21 달리모어, 상게서, 466.

4. 횟필드의 설교 방식과 내용

횟필드는 어떻게 설교를 했을까? 그는 국교회 소속 사역자로서 여느 국교회 사제들이 다 그러했듯이 처음엔 원고대로 읽어가는 방식으로 설교를 했다. 그러나 그가 조지아로 가면서부터 원고를 사용하기는 했어도 자유롭고 즉흥적인 설교를 선호했다. 원고는 하나의 보조 수단에 불과한 것이었으며 사역이 더욱 분주해지고 설교 횟수가 늘어나면서 원고가 전혀 없는 즉흥 설교를 했다. 설교 준비할 겨를도 없었기 때문에 설교 개요라도 적은 것을 찾을 수 없었다고 그를 마지막 2년 동안 곁에서 그의 손발이 되어준 코넬리우스 윈터가 말했다.[22] 윈터는 그가 4천 명이나 되는 회중들에게 설교하면서도 마치 '그들을 한 사람 한 사람에게 직접 이야기하는 것처럼 설교하는 독특한 기술을 갖고 있었다'고 했다. 또한 그와 같은 설교는 하나님의 능력으로 하지 않고는 불가능한 일이라고 지적했다.[23] 그렇게 진지하고 장엄하게 설교를 하면서도 그는 또 '많든 적든 울지 않는 때가 별로 없었다.' 그것을 흉잡아 비난하는 자들에게 설교하면서 이렇게 말했다: '제가 운다고 흉을 보시지만, 자기 영혼이 멸망의 경계에 서 있는데도 불구하고 여러분 자신은 울지 않으니 제가 어찌 울지 않을 수 있습니까? 여러분들은 어쩌면 지금 마지막 설교를 듣고 있는 것일 수도 있고, 그리스도

---

22 달리모어, 상게서, 1134.
23 달리모어, 상게서, 1136.

께서 주시는 기회가 여러분들에게 더 이상은 없을 수도 있습니다.'[24]

휫필드는 설교를 시작할 때 논리적인 방식으로 전개해가면서도, 성령의 나타남과 능력으로 강론한 청교도들의 설교 방식을 그대로 따라했다. 즉, 본문에 대한 배경 설명을 통해서 성경의 진리를 철저하게 풀어 설명하여 줌으로써 먼저 이성적으로 납득하게 했다. 그런 다음에는 청중의 의지적 결단을 촉구하는 감정적 호소가 이어졌다. 여기에 성령의 강력한 나타남이 수반되었다. 특히 휫필드는 청중들의 사회적 신분여하에 따라 다르게 설교한 사람이 아니었다. 귀족이든 평범한 사람이든 청중들의 세상적인 지위와 명성의 대단함은 조금도 염두에 두지 않았다. 다만 그들 모두도 다 죄로 인하여 살다가 죽어갈 존재로 보았다. 그들도 날 때부터 죄인인 동시에 죄인의 길을 선택하며 살아가고 있고 그 죄 가운데서 죽게 되는 무기력한 존재들로서 구원이 절대적으로 필요한 자들로만 인식하고 하나님의 말씀을 전파하였다. 귀족들에게서도 큰 반향을 일으키는 것은 당연하였다. 앞서 언급했던 체스터필드 백작도 그의 설교에 큰 감동을 받고 이렇게 말했다. '휫필드 씨의 웅변에는 경쟁 상대가 없고 그의 열심은 고갈될 줄 모른다. 그 달변, 그 열심에 경탄하지 않는다는 것은 안목이 전혀 없고 감수성이 둔하다는 증거일 것이다. 그런 몰 취향과 무신경은 누구도 탐내지 않는다.'[25] 그는 이어서 "게다가 그의 설교에는 얼마나 힘이 넘치

---

24 달리모어, 상게서, 1137.
25 달리모어, 상게서, 908.

는지! 그의 말은 마음을 녹이는 긍휼과 함께 쏟아져 나오고, 그의 음성은 청중에 대한 사랑과 연민으로 갈라지며, '큰 기쁨의 좋은 소식' 곧 예수 그리스도의 복음을 선포하는 그의 눈에서는 눈물이 넘쳐흐른다"[26]며 그의 설교를 극찬했다.

불가지론 철학자인 데이빗 흄(David Hume)은 스코틀랜드에서 그의 설교를 처음 듣고서 한 말이 '그의 설교는 20마일을 가서라도 들을 만한 가치가 있다'고 평하였다. 그러면서 그가 들은 휫필드의 설교의 끝마무리를 생생하게 기록했다: '이 자리에 함께 했던 천사가 이제 이 성소의 문턱을 넘어 하늘로 올라가려 합니다. 하늘에 오르는 그 천사가 이 수많은 사람들 가운데서 한 죄인이 그 잘못된 길에서 돌이켰다는 소식도 지니지 못한 채 가는 건 아닐까요?' "그는 자신의 외침에 효과를 더하기 위해 발을 구르면서 두 손을 치켜들고 시선은 하늘을 향한 채 눈물을 쏟으며 큰 소리로 부르짖었다. '멈춰요 가브리엘(Gabriel)! 멈춰요, 가브리엘!, 멈춰요, 천국 문으로 들어가기 전, 한 죄인이 하나님께로 돌아왔다는 소식을 가지고 가세요!' 그리고 그는 아주 단순하되 힘이 넘치는 말로 이른바 죄인인 인간에 대한 구주의 사랑을 설명하기 시작했다. 그러자 좌중은 온통 눈물바다가 되었다. 이제까지 그 어떤 설교자에게서도 보거나 들은 적이 없는 생동감 있고 자연스런 동작이 곁들여진 그런 설교였다."[27]

---

26 달리모어, 상게서, 907.
27 달리모어, 상게서, 914.

휫필드는 이처럼 자신의 설교사역에 성령의 강력한 역사하심을 늘 기대했다. 그래서 겸손히 하나님의 영을 바라며 기도하며 강단으로 나아갔다. 그는 이렇게 말했다: '성령 하나님의 도우심이 없이 그 누가 성경을 깨달을 수 있습니까? 우리가 성경을 이해하도록 예수 그리스도께서 반드시 우리의 지성을 열어주셔야만 합니다. 성령 하나님께서 반드시 그리스도의 것들을 취하여 우리에게 보여주셔야만 합니다. 이런 사실은 모든 방편들에 관해서도 마찬가지입니다. 만일 성령 하나님께서 밝히 비추어주시지 않는다면, 나의 설교나 여러분의 청취가 무슨 의미가 있겠습니까? 만일 내가 하나님께서 자신의 성령으로 말씀과 동행하신다고 생각하지 않는다면 나는 다시는 설교하지 않을 것입니다.'[28]

그는 성령의 역사하심과 더불어 열정적으로 설교를 한 사람이었다. 펄펄 살아 있는 설교였다. 하나님의 권능의 역사가 나타남은 당연한 것이었다. 지루하다든지 딱딱하거나 냉랭한 설교를 한 적이 없다. 그가 눈물을 흘리며 설교하였다는 것은 '변호사인양' 논증적인 설교를 한 것이 아니라 '목격자인양' 설교한 것이요, 자신의 직무에 충실하고자 함이 아니라 오로지 청중의 영적 유익에만 신경 쓰는 일꾼임을 나타내는 것이었다. 제 삼자에게 들은 것을 그대로 옮기는 것이 아니라 본인이 직접 보고 들은 것을 생생한 언어로 전달하는 것이었다. 그것도 듣는 회중의 권익을 위한 것임을 확신케 하는 것이었기에 듣는 이들이

---

28 L. Tyerman, *The Life of the Reverend George Whitefield*, II. 459. 한국개혁주의 설교연구원 23주년 기념 강좌 강의안, 2015, 146에서 인용.

실감나게 들을 수밖에 없었다. 내용 자체도 성경에 충실하였지만 전달하는 그의 표정과 자세 역시 진실이 가득했다. 그런 의미에서 로이드 존스는 설교는 온 몸으로, 즉 '전 인격적'으로 하는 것이라고 하였다.[29] 거기에 열정이 빠져있다는 것은 상상할 수 없는 일이다.

라일의 지적처럼 '횟필드 만큼 런던에서 지속적으로 설교하면서 그렇게 많은 군중을 모아 집중하게 한 성공적인 사역자는 역사 이래 없었다. 그가 방문한 영국과 미국, 아일랜드와 스코틀랜드 등 모든 지역에서 그처럼 보편적으로 대중적 인기를 끈 자도 없었다. 어떤 설교자도 그처럼 34년 동안 지속적으로 청중들의 주목을 유지한 사람은 아무도 없었다. 그를 향한 대중의 인기는 식을 줄 몰랐다. 사역을 시작했을 때나 마칠 때나 똑같이 엄청난 반향을 일으켰다. 군중들의 귀에 대고 반세기 동안 지속적으로 명령하고 전 생애 동안 쉼이 없이 말씀을 선포하였다는 것은 기이한 능력이 함께 하였다는 증거이기도 하다.'[30]

횟필드의 설교는 청각적인 면만이 아니라 시각적면에서도 탁월한 효과를 가져왔다. 땀으로 범벅된 모습으로 일하는 모습 그 자체만으로도 보는 관중들은 감동을 받았다. 앞서 살펴보았듯이 그는 설교 때문에 죽어갔으며 동시에 설교 때문에 살아간 사람이었다. 그가 몹시도 병약한 체질을 가지고 순회사역을 했다는 점을 생각한다면 어떻게 그토록 열정적이었는지 말로 다 표현할 수 없다. '육신이 심히 연약한 중이

---

29 M. Lloyd-Jones, *Preaching and Preachers*, Hodder and Stoughton, 1971, 82.

30 J. C. Ryle and R. Elliot, *Selected Sermons of George Whitefield*, The Banner of Truth Trust, London, 1958, 24.

긴 하지만 나는 마치 독수리 날개를 탄 듯 이동해 다녔다. 잉글랜드, 웨일즈, 스코틀랜드에서 하나님은 나의 보잘 것 없는 사역에 그 어느 때보다 복을 주셨다.'³¹ 설교 자체가 만병통치약이었던 것이다. 더구나 회집된 군중이 대규모였기 때문에 큰 소리를 내는 열정이 없이는 그 많은 청중이 그의 설교를 들을 수 없었을 것이다. 그의 인간적인 노력은 성령의 위력 앞에서 다 가려지고 복음의 광채만 빛나게 하였다.

그가 한 친구에게 보낸 편지를 보면 그의 열정이 선명하게 묻어난다: '사탄에게 포로 되어 제멋대로 휘둘리는 수많은 사람들에게 대한 연민으로 피눈물이 난다'³²라고 했다. 그의 이러한 마귀의 기선을 제압하려는 뜨거운 열정이 그로 하여금 그토록 열정적인 설교를 하도록 이끈 것이다. 사탄의 전략이 어떠하든 영혼들을 건지려는 그의 구령 열정을 막을 자가 없었다. 환난과 핍박도, 그리고 그의 몸을 가누기 힘든 병약한 체질도 그의 열정을 잠재우지 못하였다. 뉴욕에서 아슬아슬하게 버티며 수고하는 그의 사역을 지켜보았던 존 포스터(J.Foster)라는 사람은 이렇게 묘사하였다: '횟필드의 활동은 그가 56세의 나이로 무덤에 들어갈 때까지 휴식이라고 할 수 있는 날을 단 하루도 허용하지 않았다… 우리는 그가 몸이 쇠약해져 때로 병이 난 상태에서도 그 격심한 활동 과정을 계속 이행해 나가는 모습을 번번이 목격했

---

31 달리모어, 상게서, 754. 이러한 열정은 그의 동역자 하웰 해리스에게서도 발견된다; '내 몸이 산산 조각나 쓰러질 때까지 나는 그리스도를 선포할 것이요'(달리모어, 상게서, 800). 이런 고백은 사람들의 열렬한 반응에 흥분되어 한 소리가 아니라 광포한 무리들의 폭행과 살해 위협이 증폭되던 때에 했던 발언이다.

32 달리모어, 상게서, 750.

다… 그는 하루에도 몇 번씩 그것도 며칠씩 연이어 엄청난 규모의 청중을 대상으로 온 몸에 진이 다 빠질 만큼 열정적으로 설교를 했다. 그래서 얼마나 기력이 다했던지 옆에서 도와주지 않으면 말에 올라 다음 약속 장소로 갈 수 없을 정도였다. 하지만 그는 정신이 육신을 그렇게 다스리는 사람이었고 설교에 대한 열정이 온 마음을 지배했기 때문에, 아주 일상적인 활동조차도 불편해질 만큼 무기력에 사로잡힐 때에도 설교를 시작할 수 있을 정도로만 기운을 낼 수 있으면 금세 힘이 생기고 활발해졌다.'[33]

이런 열정을 감히 누가 따라갈 수 있을까? 그 열정은 앞서 살펴본 대로 그가 죽을 때에 남긴 말에도 고스란히 녹아있다: '녹슬어 없어지기보다는 닳아서 없어지는 게 더 낫다!' 산다는 모든 희망이 다 사라질 때까지 그는 입을 벌려 십자가 복음을 외쳤고 발을 옮겨 온 세상을 누볐다. 대서양을 사이로 양 대륙을 오고가며 하늘의 뇌성을 발한 위대한 설교자요 사람 낚는 어부로서의 열정을 쏟았다. 한편 그의 열정은 부실한 내용이 전혀 없었다. 우리가 알다시피 쉴 틈이 없을 정도였고 잠도 제대로 잘 여유조차도 없을 정도로 분주한 일정이었다. 설교를 준비할 겨를이 전혀 없어서 즉흥 설교를 주로 한 것이었음에도 불구하고 그 내용들이 전혀 쓸모없는 것들이 아니었다는 사실이 놀랍다. 그것은 앞에서 살펴본 그의 경건훈련과 독서활동에서 그 원인을 찾을 수 있다. 즉 그가 기도와 연구를 게을리 하지 아니한 철저한 준비

---

33   달리모어, 상게서, 520.

과정들이 있었기 때문에 가능했다. 그는 이렇게 말했다: '기도 없이 연구하는 하는 것은 무신론이며 연구 없이 기도하는 것은 뻔뻔스러운 것이다.'[34] 즉흥 설교라고 해서 전혀 설교 준비 없이 무작위로 하는 것이 아니라는 것이다. 철저한 준비 없이는 이성적인 인간의 머리에서 가슴으로 결단하는 곳까지 내려가게 하는 것은 불가능하다. 그렇다면 그는 어떤 메시지를 전했는가? 그의 설교 목적은 무엇이었는가?

 횟필드의 설교는 그리스도를 맴도는 신학에서 한 치도 벗어나지 않았다. 언제나 그리스도로 충만했고 그리스도를 보여주었다. 그의 설교의 주 특징이 성경에 충실한 것이었기 때문에 성경에서 밝히 드러내고 있는 것은 메시아이신 주 예수 그리스도였다. 그는 그리스도와 연합된 사람으로서 그리스도와 교제함을 풍요롭게 즐긴 사람이었다. 그렇기 때문에 청중들에게 그리스도를 보여주는 일은 당연한 것이었다. 그리스도만이라도 들려주는 설교자를 찾기도 힘든 세상에서 그리스도를 보여주는 설교자가 되라고 요구하는 것이 무리인 것처럼 들릴지 모르겠다. 그러나 진정한 설교자는 누구인가? 성삼위하나님의 어전회의에 늘 참석하여 거기서 보고 듣고 익힌 것을 전인격적으로 전달하는 것이 설교자인 것이다. 횟필드는 특별한 예외적인 상황이 아니라면, 새벽 4시에 일어나서 기도하며 연구하였고 아침 6시부터 설교사역에 나서 밤 10까지 항상 외치고 항상 기도하고 항상 읽고

---

34 L. Tyerman, *The Life of the Reverend George Whitefield*, I. 433, 박태현의 '조지 횟필드의 성령 설교론'에서 발췌. 한국개혁주의 설교연구원 23주년 기념 세미나 강의안, 2015, 154.

항상 사람들을 만나 상담하는 등 항상 뭔가를 한 사람이었다. 심지어 잠을 잘 때까지도 하나님을 깊이 생각하며 침소에 들었기 때문에 밤새 하나님이 주신 말씀을 전하는 일이 잦았던 것이다.

그의 설교에는 깊은 신학적 진리가 풍성하게 드러났다. 그의 주된 설교 주제인 십자가에 못 박히신 그리스도를 전하는 것에는 신학 혹은 교리적 가르침이 배제된 체 증거 될 수 없었다. 특히 그의 하나님의 값 없이 베푸시는 은혜(Free Grace of God)라는 설교, 이른바 '값없는 은혜'는 인간의 전적 타락을 다룬 원죄 문제와 중생의 필요성, 그리고 이신칭의, 영원하고 무조건적인 선택 및 성도의 견인 교리를 풍요롭게 나타내고 있다. 성부의 사랑과 성자의 희생적 사랑, 성령의 감화 감동의 변혁의 역사가 다 드러나는 전형적인 교리 설교였다.

오늘날 한국의 교회들에게서 들려지는 메시지의 상당수가 기독교의 기본적인 교리들을 접하기가 매우 어려운 현실임을 감안할 때 휫필드의 설교사역은 깊은 도전과 교훈을 주고도 남는다. 교리적 설교를 하려면 준비를 많이 해야 한다는 부담감 때문에 젖만 주려는 유혹에 쉽게 빠진다. 한국의 목회 현실상 하나님과 독대하며 말씀을 깊이 연구하는 시간이 턱없이 부족하다. 따라서 행정 업무를 비롯한 여러 모임들과 잡무들을 줄여야 한다. 그렇지 않고서는 설교 표절 문제는 늘 대두될 것이며 설교를 해도 진리보다는 일리 있는 허탄한 이야기들이 강단을 점령하게 되는 것을 피할 수 없을 것이다.

그러나 분주한 것을 가지고 말한다면 휫필드 만큼 바쁜 목회자들이 과연 있을까? 그의 전 생애가 촌음도 헛되이 보내지 아니한 것이었음을 보았다. 그럼에도 불구하고 한번도 헛된 설교를 한 적이 없다는 사람들의 평가는 물론 남아 있는 설교집들이 증명하듯이 신학적으로 매우 견고한 설교들이 전부라는 사실 앞에서 핑계를 삼을 만한 것이 무엇이 있겠는가? 이미 앞에서 살펴본 바와 같이 몸에 밴 철저한 성경연구와 개인 경건훈련이 없고서는 불가능한 것이었다. '매일 설교하는 것이 주일 설교를 최고로 잘 준비하는 것'이라고 말한 것과 같이 그의 설교는 그야말로 논리가 분명하고 요점이 선명한, 평이한 설교였지만 기본적인 교리들이 풍성하게 묻어 있는 것들이었다. 그 출처가 다 그가 섭렵한 종교개혁자들의 글과 청교도들의 글에서부터 우러난 것들이었다. 기초공사가 탄탄하여 그 엄청난 사역의 무게를 지탱할 수 있었던 것이었다. 물론 그는 예수 그리스도와 사도들로부터 배운 것이라고 고백하였지만 매튜 헨리의 주석 자체가 다 청교도 사상의 깊은 뿌리 위에 세워진 것이기 때문에 개혁주의 신학의 범주를 벗어날 수 없었다고 보아야 한다.

신학을 공부하는 후보생들은 이 점을 명심하고 뿌리 깊은 기초공사를 잘 다져야 할 것이다. 평생 전하고 가르쳐야 할 것은 성경 진리이다. 성경에 능통한 사람이 되어야 하는 것이다. 성경에 능통한 능력을 입증한 앞서간 사역자들의 글들을 부지런히 섭취해야 한다. 적당히 공부해서는 적당한 사역 밖에는 달리 기대할 것이 없다. '설교단에 선 휫필드는 한 마디로 서재에 앉은 휫필드의 반영이었다.'[35]

휫필드는 사랑으로 진리를 말한 설교자였다. 사실 그에 대해 논박

---

35 달리모어, 상게서, 147.

하는 글들이 수를 헤아리기 어려울 정도로 많이 쏟아져 나왔다. 그의 명성이 높아갈수록 비난의 수위도 높아졌다. 웨슬리와의 논쟁에서 터져 나온 것들을 제외하고도 1739년에 발간된 49개의 인쇄물 중에 달랑 10개만 휫필드에게 우호적인 글들이었다. 그리고 1739-40년 사이에 발간된 200종류의 반(反) 메쏘디스트들에 대한 인쇄물 중 무려 154개가 휫필드 개인을 향한 것이었다.[36] 휫필드의 전기 작가 중 한 사람인 타이어만(L. Tyerman)은 당시 배포된 문건들 중 상당수가 너무나도 지저분하고 악의로 가득 차 있어서 그 내용들을 도저히 인용할 수도 없다고 했다.[37] 그러나 휫필드는 그들에게 일일이 반박하는 것 대신 무대응으로 임하면서 반격해야 한다는 사람들의 말에 이렇게 독려하였다: '논쟁하지 마십시오, 사랑하십시오… 지극히 거룩한 믿음으로 서로를 세워 주십시오, 사랑하는 나의 형제들이여!'[38] 그는 영적인 거인의 길을 묵묵히 갔던 것이다. 하나님의 심판에 맡길 뿐이었다. 그는 원수들을 사랑한 사람이요, 그리스도의 심장을 품은 자였다.

    이러한 입장이었기 때문에 그의 사역에서는 휫필드에게서만 볼 수 있는 특징적인 독특한 현상이 나타났다. 하나는 휫필드의 설교를 듣

---

36 달리모어, 상게서, 365.

37 달리모어, 상게서, 367에서 인용되었음. 〈해석자를 해석하다〉에서는 휫필드의 가증스럽고 은밀한 죄가 있다고 말했고, 〈그 우두머리 메쏘디스트 조지 휫필드의 삶과 모험에 관련된 진실하고 은밀한 기억〉이라는 책자와 〈휫필드의 육욕적인 기질〉, 〈메쏘디스트: 휫필드와 그의 추종자들에게 보내는 유머스러운 풍자시〉와 같은 것들이 있었다. 비열하고 더러운 거짓말들로 일관된 것들이었다.

38 달리모어, 상게서, 378.

는 청중들 사이에 생긴 특이한 관행으로서 죄에 대한 자각과 함께 그 죄에서 벗어나고자 각자 쪽지를 써서 설교하고 있는 휫필드에게 전달하는 것이었다. 이것은 청중들에 대한 이해도를 높였고 동시에 매일 만나는 자들이 아니었음에도 불구하고 그리스도 안에서 매우 밀접한 교분과 친밀감을 형성해 간 방식이었다. 이 일은 성도들이 자발적으로 그렇게 한 것이었다. 이 일에 대하여 귀찮게 여겼을 수도 있었지만 그는 언제나 그리스도의 사랑의 마음으로 그들에게 관대함을 나타냈다. 또 한 가지는 씨를 뿌리고 열매를 수확한다는 사역의 원칙대로 움직였다. 이것은 1737년 이후부터 지속적으로 그의 순회 설교사역에서 실천한 방도였다. 즉, 설교하고 떠나 간 후에 다시 돌아와서 자신이 뿌린 씨가 얼마나 자라 열매를 맺었는지를 점검한 것이다. 달리모어가 지적한 것과 같이 이러한 사역은 사역의 '영속성'과 '어떤 통일성'을 가지게 했다. 이것은 후에 지역별 신앙운동의 모임들이 결성되게 한 발판이 되었다. 이들의 모임을 휫필드파(Whitefieldites)라고 불렀다. 물론 휫필드 자신은 휫필드파라는 말 대신에 자기 자신을 '메쏘디스트'라고 소개하였다. 더욱이 '자신과 동일한 믿음을 가진 다른 사람들까지 이 이름으로 불렀으니 그가 이렇게 본을 보인 덕분에 대중도 이 이름을 사용하게 되었다.'[39]

반면에 일반적으로 감리회의 창시자로 잘못 알려진 웨슬리의 추종자들은 이때에 메쏘디스트라는 말을 거의 사용하지 않았다. 휫필드의

---

39 달리모어, 상게서, 409.

추종자들에 의해서 사용된 메쏘디즘(Methodism)은 새로운 교파 형성을 위한 이름이 아니었다. 휫필드에 있어서 그 명칭은 단지 '복음주의적 교리를 고수하고 사람에 대해 열정적 태도를 취하는 것을 지칭하는 용어'였다.[40]

그는 심한 편견과 분파적인 사람들의 열심들이 다 사라지고 주님의 종들이 다 하나로 연합되기를 힘쓴 화평의 사도였다. 그는 모든 분파에서 참되고 더럽혀지지 않은 신앙이 부흥되기를 열망한 국제적인 전도자였다. 그래서 스코틀랜드를 14회나 방문했고 미국은 7회 방문했으며, 아일랜드는 2차례 갔고 웨일즈는 수시로 드나들었다. 사랑의 마음으로 진리를 선포하고 그 진리 안에서 하나 되기를 갈망한 자였다.

5. 설교의 결과와 특징

휫필드는 설교학을 강의했거나 책을 쓴 사람이 아니다. 그가 직접적으로 설교와 관련된 학문적인 책을 저술했거나 연구한 것은 아니지만, 우리는 그가 남긴 설교들과 일기, 그리고 당시 함께 일했던 동역자들과 지인들이 나긴 휫필드에 대한 기록을 등을 통해서 그의 설교의 면모를 충분히 추론할 수 있다.

먼저 그의 설교관에 있어서 왜 설교했는가에 대한 질문의 답을 찾

---

40 달리모어, 상게서, 412.

아보자. 뉴욕의 한 옥외 집회에 참석한 장로교 펨버턴 목사는 횟필드 자신이 설교를 하는 목적에 대해 언급한 말을 기록으로 남겨 두었다: '그는 설교할 때 목적으로 두는 것이 사람들을 그리스도께로 데려오고, 그들을 그릇된 확신에서 건져내며, 또한 죽은 상태나 다름없는 형식의 틀에서 그들을 일으켜 세우고, 이들 가운데 초기 기독교 신앙을 부활시키는 것이라고 선언했다.' 우리는 여기서 횟필드의 설교에 대한 생각을 잘 읽어볼 수 있다. 그가 영혼구령 열정에 일생을 헌신했던 이유는 하나님의 복음의 말씀을 선포하여 죄와 허물로 죽은 영혼들을 그리스도께로 나아오게 하는 회심자들을 만드는 것이었다. 즉, 죽은 영혼들을 그리스도의 영으로 새롭게 살리는 일을 하고자 한 것이다, 그리고 거짓된 확신을 일깨워서 하나님을 헛되이 경배하지 않고 올바른 지식을 따라 바르게 섬기며, 주 안에서 행하며 그에게 깊이 뿌리 내리도록 함이 그의 설교의 목표였다. 이미 회심은 했어도 형식적인 종교생활에 만족하는 자들을 각성시켜서, 더욱 복음의 진리에 굳게 서게 하고 진리의 기둥과 터인 주님의 교회를 더욱 흥왕케 하는 것도 간과하지 않았다.

사실, 횟필드가 언급한 설교의 목적에 해당하는 것은 하나님께 부름 받은 주의 사역자로서, 한 지역에서 지역목회를 하는 목사이든 아니면, 횟필드와 같이 전 세계를 자신의 교구로 삼고 복음을 전하는 순회전도자이든 막론하고 하나님의 사명자라는 확고한 인식이 있는 목회자라면, 모두가 가지고 있는 공통적인 생각일 것이다. 즉, 자신이 전하는 하나님의 말씀의 우선 목표는 하나님이 맡겨주신 영혼을 구원하고, 자신에게 맡겨진 영혼들을 그리스도께로 인도하는 것이 가장 중요한 과제일 것이다.

그렇다면 문제는 명백하다. 어떻게 설교해야 하는가의 문제이다. 즉, 영혼구원이라는 하나의 대전제를 위한 설교의 목적에 부합하기 위해서는 어떻게 설교해야 하는가? 그것은 기록된 진리의 말씀만을 선포해야 한다. 즉, 하나님의 진리의 말씀이 아니면 그러한 영혼구원의 역사는 불가능한 일이다. 각양각색의 세상의 잡다한 프로그램이나 인간의 찰나적인 방편을 통해서 그리스도께 인도하고, 온전한 그리스도인으로 만든다는 발상은 성경에 근거하고 있지 않는 사람들이 고안한 것에 불과한 것이다. 이것은 결코 하나님의 진리 가운데서 나온 것이 아니다. 하나님께서도 말씀 선포라는 방편이 매우 어리석은 방식이라고 인정하시지만 말씀 선포라는 그 방편을 통해서 믿는 자들을 구원하시기를 기뻐하셨다(고전 1:21).

설교자 휫필드는 그 하나님의 제정하신 방편을 최대한으로 활용한 사람이었다. 더구나 그는 설교하는 일을 '이방 세상을 향해 하나님을 대변하는 두렵고 떨리는 일'이라는 인식을 가진 그로서는 사람들이 들어야 할 하나님의 진리에 충실하려는 몸부림은 당연한 것이었다. 그는 사람들을 기쁘게 하려고 나서지 않았다. 심지어 그것이 친구를 잃는다는 생각하기 싫은 것이라 할지라도 진리를 위해서, 그리고 하나님의 뜻을 이루기 위해서 말씀 선포 사역에 충실한 길을 갔다.

그래서 그는 설교자는 반드시 '회심한 사람이 해야 한다'고 역설했다. 죽은 사람이 죽은 사람을 살릴 수 없기 때문이다. 수많은 사람들이 그의 설교를 듣고 은혜를 받고 영혼이 새로이 소생케 되는 은혜를 입은 것은, 그가 증거 하는 하나님의 일이 생기와 의미와 능력으로 충만해 있었기 때문이다. 거기엔 어떤 인위적인 요소가 개입될 소지가 전혀 없었다. 물론 그의 설교 행위에는 그의 몸에 배인 극적 표현들, 풍부한 상상력과 풍부한 음량이 다 드러나는 것이었지만, 억지로 꾸며낸 것이 아니라 지극히 자연스러운 것들이었다. '불타오르는 진실성이 그의 설교의 가장 두드러진 특징이었다. 그의 설교 구사는 한 마디로 그의 온 삶을 불태운 영적 열정이 밖으로 흘러넘치는 것과 다름이 없었다'는 달리모어의 평가는 옳은 것이다.[41] 횟필드는 모든 목사들이 다 하나님을 향한 타오르는 열심으로 그 삶을 불태우는 '타오르는 불길'이기를 갈망하였다. 횟필드에게 있어서 그러한 영적 열정은 죄인들을 향한 외침으로 더욱 타올랐다. 그는 실로 지옥으로 향해 달려가고 있는 영혼들을 구하려는 뜨거운 열정이 식을 줄 몰랐던 설교자였으며 '오로지 사랑만을 호흡한' 설교자였다.[42]

횟필드의 설교를 들은 사람들에게서 나타나는 반응은 가히 폭발적이었다. 그 갈망이 어찌나 열렬하고 격렬한 것이었는지 설교를 들은 청중들은 비통하게 부르짖고 울지 않을 수 없었다. 그가 부사제(준목, 강도사)로서 처음 설교했을 때에, 이미 15명이나 미쳤다고 한 것과 같이 회개하고 주님께로 돌아오는 일들이 넘쳐났다. 희어져 추수하는 일들이 곳곳에서 벌어졌다.

특히 그가 필라델피아에서 처음 설교를 했을 때 그 파급 효과는 대

---

41 달리모어, 상게서, 135.
42 달리모어, 상게서, 836.

단했다. '다수의 거의 모든 교파는 물론 어떤 교파와도 상관이 없던 많은 사람들까지 구원받기 위해서는 어떻게 해야 하는지 간절히 알고 싶어 했다. 수많은 사람들이 영적 가르침을 받고자 휫필드에게 몰려들어서, 하루에 2차례씩 규칙적으로 예배하였고, 그것이 1년간 계속되었다. 그리고 주일에는 보통 3차례씩 예배하였으며, 4차례 하는 경우도 자주 있었다. 그가 설교를 하는 날이면, 장사를 하는 사람들은 생업인 가게 문도 닫은 채, 설교를 들을 정도로 사람들은 그의 설교에 깊이 매료되어 있었다. 휫필드의 이러한 영향력으로 함께 모여 기도하고 신앙적 모임을 갖는 단체가 필라델피아에만 26개나 생겨났다.'[43] 경건과 신앙서적들이 불티나게 팔렸으며, 어디서나 시편 찬송을 불렀고 신령한 노래들을 부르며 즐거워하였다. 식민지 지역에서의 신앙적 면모가 급속도로 변하게 된 것이다. 그 모든 결과들이 다 휫필드 사역의 열매들이었다.

한번은 보스톤에서 그의 설교를 듣고자 몰려든 사람들 사이에 벌어진 사고로 5명이나 목숨을 잃는 일이 발생했다. 이 일로 인해서 휫필드는 마음이 매우 힘들고 아팠지만, 그렇다고 이 일이 그의 사역을 막는 장애물이 될 수는 없었다. 그는 곧 다시 박차고 일어나 더 힘 있게 설교사역에 매진했다.

그는 남녀노소 신분고하를 막론하고 누구에게나 다가가서 복음을 전했다. 어린아이에게도 복음을 전했으며, 대학생들에게도 복음을 전

---

43 달리모어, 상게서, 528.

했다. 흑인 노예들에게까지도 하나님의 사랑으로 다가가 그들을 그리스도께로 인도했다. 흑인들에게 복음을 전한다는 것은 당시로서는 일종의 파격이며 모험이었다. 왜냐하면 당시 흑인 노예라면 인간으로서의 기본적인 인격체로 인정받지 못하고, 짐승이나 매 한가지로 취급받던 자들이었기 때문이다. 그러나 횟필드는 이러한 당시의 분위기를 의식하지 않았다. 영혼을 구원하는 일이라면, 그는 어떤 사회적 제약도, 편견도 두지 않았다. 오직 말씀만이 그를 나아가게도 하고, 멈추게도 하는 행동강령이었기 때문이다.

온 몸의 기운이 다 빠져나간 것 같고, 다리가 풀려서 주저앉을 것 같은 지치고 힘든 상황에서도 그는 주저 않지 않았다. 곧 쓰러져 죽을 것 같은 육체의 절박한 곤고함 가운데서도 그는 결코 말씀 전하는 일을 멈추지 않았다. 아니, 더욱 하나님의 말씀을 전하다 주님 뵈올 날을 소망했다. 따라서 역설적으로 그가 육체의 고통 중에 하는 설교가 그에게 더 큰 기쁨과 위안이 되었다.

그의 설교는 교리적이고 경험적일 뿐 아니라 매우 실천적 적용이 강했다. 그는 설교를 마무리할 때 그 자리에 모인 '통치자들, 목회자들, 일반 성도들 모두에게 특별히 말씀을 적용해서 설명'하곤 했다.[44] 그의 설교를 들은 2만 3천여 명 중 한 사람이었던 토마스 프린스는 이렇게 말했다: '그의 설교는 들을 때마다 엄중하고도 기운찼다. 그는… 듣는 사람의 마음과 양심을 직접 조준하는 것 같았고, 파멸을 불러오

---

44 달리모어, 상게서, 574.

는 그들의 망상을 폭로하고, 그들의 신앙에 얼마나 은밀하고 위선적인 평계가 많은지 보여주어 모든 기만적 피난처에서 그들을 다 몰아내려 하는 것 같았다… 자기 죄를 끔찍하고도 깊이 자각하는 과정을 그 자신이 거쳐 왔기 때문에, 그는 그 경험을 바탕으로 하나님의 엄위와 율법의 신령함, 정결함, 광범위함, 엄정함은 물론 하나님의 영광스러운 거룩하심과 죄에 대한 진노, 그리고 저주받은 자를 징벌하시는 하나님의 공의, 진리, 권능에 대해 그토록 생생하게 설명할 수 있었던 것 같다… 그의 설교 덕분에 죄를 자각시키는 화살이 가장 고집 센 죄인들의 마음까지 깊이 뚫고 들어가 그리스도의 발 앞에 엎드려 겸손히 그분께 복종하게 만드는 것 같았다.'[45]

횟필드가 보스톤을 떠난 지 1년 반이 지나도록 구주를 찾는 사람들의 행진은 계속되었다고 한다. 30개의 신앙단체들이 세워졌다. 예배당은 늘 사람들로 붐볐다. 뉴잉글랜드의 조나단 벨처(J. Belcher) 총독은 횟필드를 가리켜 사도 바울로 불렀다. 총독임에도 불구하고 그에게 최고의 존경을 표했다. 최선을 다해서 섬겼다. 횟필드가 이동할 때에는 자신의 마차에 태워서 이동시키기까지 했으며, 도심 밖 80km까지도 그를 따라다니지 않고는 못 배겼을 정도였다고 한다.[46] 그 총독은 1745년에 뉴저지 총독이 되었고, 그 이듬해에 장로교 학교인 뉴저지 대학을 세우는 데 큰 공헌을 했다.

45　달리모어, 상게서, 575-76.
46　달리모어, 상게서, 577.

또한 당대 뉴잉글랜드의 최고의 신학자요 설교가인 조나단 에드워드의 교회에서 설교를 했을 때에도, 에드워드 부부가 설교 시간 내내 울면서 말씀을 경청했을 정도로 휫필드의 설교의 효과는 강렬했다.[47] 에드워드의 부인 사라는 이 날의 경험을 오빠에게 보내는 편지에서 이렇게 기록했다: '그분은 많이 배우고 세련된 사람뿐만 아니라, 무식한 사람까지도 감동시킨답니다… 그분은 매우 신실하고 경건한 사람이고, 게다가 최선의 방식으로 사람의 마음에 이르러 영향을 끼치는 걸 유일한 목표로 삼는 것 같아요. 그분은 사랑으로 달아오른 뜨거운 가슴에서 말씀을 길어 올려, 격랑과 같은 웅변으로 쏟아놓지요. 저항할 수가 없어요.'[48] 그는 마치 여호와의 보좌 앞에 무릎을 꿇고 앉아 고뇌 가운데 동료 인간들을 위해 탄원하고 있는 것처럼 거룩하고 위엄 있는 모습으로 말씀을 전하였다.

그의 설교가 이렇게 효력 있는 것 중에 하나는 순간의 상황을 활용하여 복음을 전하는 능력이 가히 탁월하였다는 것이다. 보스톤에서 설교를 할 때의 일이다. 그는 설교 중에 하늘에 지나가는 구름을 가리키면서 인생의 무상을 가르쳤는데, 지금 눈 깜짝 할 사이에 지나가는 저 구름처럼 우리 인생이 지나갈 때, 그때 우리는 어디에 있겠는지를 반문하며, 조만간 하나님의 심판대 앞에 서게 될 인생들을 지나가는 구름에 비유해 강력한 메시지로 분출한 것이다. 같은 메시지에서 부

---

47 달리모어, 상게서, 578.
48 달리모어, 상게서, 580. 이탤릭체는 필자의 것임.

자들에게 직접적으로 외쳤다. '이득을 추구하느라 주님을 날마다 십자가에 못 박으면서 그분으로 인해 받는 것은 무엇 때문에 중요하게 여기느냐'며 그들의 이중성을 직접 고발하면서, 지옥에 떨어지지 않게 되기를 촉구하며 회개하라고 외쳤다. 그러자 하늘에서 번개가 내리쳤다. 그 순간을 놓치지 않고 '여호와의 진노한 눈길이 번득입니다. 들어 보세요!'라며 회중의 이목을 집중시켰다. 이어서 천둥이 꽝꽝거리며 울리자 그는 손가락을 들어 올려 귀 기울여 듣는 듯한 자세를 취하며 말하기를 '전능하신 주님께서 노를 발하시며 지나가는 음성입니다'라며 하나님의 심판과 연결시켜 말씀을 이어갔다. 그리고 곧 이어 천둥소리가 멎고 해가 솟아오르면서 하늘 저편으로 장엄한 무지개가 나타났다. 그 순간도 그는 놓치지 않고 모인 회중들로 하여금 저편의 무지개를 바라보게 하고, 저 아름다운 무지개를 만드신 분을 찬양하라며, 순간적으로 일어나는 여러 현상들을 설교의 내용을 더욱 풍성하게 하는 소재로 삼아 더욱 설득력 있고, 은혜로운 한편의 설교가 되게끔 했다.[49] 이런 설교를 들은 자들의 심령에 말씀의 검이 예리하게 다가오지 않는다는 것이 도리어 기적일 것이다.

횃필드는 같은 임무를 맡은 목회자들에게 이렇게 당부하였다: '친애하는 나의 형제들에게 권면의 말을 한 마디 드리오니… 그대들은 하나님께서 일으켜 세우사 길과 산울타리 가로 나가서, 시내의 거리와 골목으로 나가서 가여운 죄인들을 강권하여 데려오게 하는 이들

---

49 달리모어, 상게서, 584-5.

이라(눅 14:21-23)… 오 나의 형제들이여, 귀하신 우리 주님의 교회를 불쌍히 여기십시오, 이 교회는 주님께서 자기 피로 값 주고 사신 것이니, 단 한 사람도 목자 없는 양이 되게 하지 말 것이며, 더 나아가 눈먼 자가 눈먼 자들을 인도하면서 지식이 없음으로 이들을 망하게 만드는 일이 없어야 할 것입니다.'[50]

마지막으로 타오르는 불길로서 '진노하시는 하나님의 손 안에 붙잡혀 있는 죄인들을' 구원하여 '건강한 몸에 깃든 번성하는 영혼'을 만드는 복음에 충실한 설교자들이 들불처럼 솟아나기를 갈망한다. 주여 추수할 일꾼들을 보내어 주소서! 사랑으로 후끈 달아오른 심장으로 죄인들을 그리스도의 발 앞에 복종케 하는 진리의 일꾼들을 보내어 주소서!

교리적이고 경험적이고 실천적인 설교자, 전파하는 말씀을 온 몸으로 드러내고자 했던 설교자, 오직 보내신 주인의 음성만 들려주고자 혼신의 힘을 기울인 설교자, 청중들의 영혼을 사로잡아 그리스도에게 복종시키고자 모든 힘을 다 쏟아낸 설교자, 분열과 다툼을 피하고 그리스도 안에서 서로 사랑하며 화평을 추구한 설교자, 사탄의 위력을 무기력하게 만들어버린 설교자, 휫필드 같은 일꾼을 보내어 주소서!

Soli Deo Gloria!

---

50 달리모어, 상게서, 949.

 참고문헌

Andrew Gifford, *Eighteen Sermons of George Whitefield*, Joseph Gurney, London, 1771.

Paterson Gladstone, *George Whitefield*, Hodder and Stoughton, London, 1902.

Michael A. G. Haykin, *The Revived Puritan*, The Spirituality of George Whitefield, Joshua Press, 2000.

Thomas Kidd, *George Whitefield: America Spiritual Founding Father*, Yale University Press, 2014.

Robert Philip, *The Life and Times of George Whitefield*, The Banner of Truth, 2007(reprint, 1837).

J. C. Ryle and R. Elliot, *Selected Sermon of George Whitefield*, The Banner of Truth, London, 1958.

J. H. Stringer, 'Seventeenth Century Influences on the Evangelical Revival of the Eighteen Century', London Bible College Lecture, 1955.

Luke Tyerman, *The Life of the Rev. George Whitefield*, New York: Anson D. F. Randolph & Company, 1877, 2 volumes.

George Whitefield Journals, The Banner of Truth, 1985.

아놀드 달리모어의 조지 휫필드, 오현미 역, 복 있는 사람, 2015.

조지 휫필드의 일기, 엄경희 역, 지평서원, 2002.